MEGA READER FRANÇAIS
MEGA READER FRENCH

ISBN: 978-1-987949-66-7

Dear Reader and Language Learner!

You're reading the Kindle learner edition of our Bermuda Word pop-up e-books which we sell at learn-to-read-foreign-languages.com. Before you start reading French, please read this explanation of our method.

Since we want you to read French and to learn French, our method consists primarily of word-for-word literal translations, but we add idiomatic English if this helps understanding the sentence.

For example for French:
Il y avait du vin
It there had of the wine
[There was wine]

This method means that we use a dual interlinear format. By contrasting the color scheme of the original sentence and the interlinear 'information' we keep the original text immersive.

Also take a look at the e-books with integrated learning software that we offer at learn-to-read-foreign-languages.com! See Discount on last page!

Thanks for your patience and enjoy the story and learning French!

Kees van den End

LEARN-TO-READ-FOREIGN-LANGUAGES.COM
Copyright © 2006-2015 Bermuda Word

3 Titre & Table des Matières

TABLE DES MATIÈRES
TABLE OF THE CONTENTS
()

Histoires Pour Les Debutants
Stories For The Beginners
()

Âne, Bélier, Canard
Donkey Ram Duck

Demoiselle, Escargot, Fourmi, Gâteau
Miss Snail Ant Cake
(Dragonfly)

Hirondelle, Ibis, Jouets, Kangourou
Swallow Ibis Toys Kangaroo

Loup, Moineau, Neige
Wolf Sparrow Snow

Oreille, Pois
Ear Peas

Queue, Rossignol, Sapin
Tail Nightingale Fir

Tortue, Univers
Turtle Univers

4 Titre & Table des Matières

Violettes, Xavier, Yvonne, Zero
Violets   Xavier   Yvonne   Zero

Contes De Fées
Stories Of Fairies

Les Trois Ours
The Three Bears

Les Trois Souhaits
The Three Wishes

Blanche-Neige
White Snow

La Rose Mousseuse
The Rose Mossy

Le Chat et le Renard
The Cat And The Fox

La Ville Submergée
The Town Submerged
           (Drowned)

Les Quatre Saisons
The Four Seasons

5 Titre & Table des Matières

Les Trois Citrons
The Three Lemons

Contes Français
Stories French

Guy de Maupassant - L'Aventure De Walter Schnaffs I
Guy de Maupassant   The Adventure Of Walter Schnaffs I

Guy de Maupassant - L'Aventure De Walter Schnaffs II
Guy de Maupassant   The Adventure Of Walter Schnaffs II

Honoré de Balzac - Un Drame Au Bord De La Mer I
Honoré de Balzac   A Drama By the Side Of The Sea I

Honoré de Balzac - Un Drame Au Bord De La Mer II
Honoré de Balzac   A Drama By the Side Of The Sea II

Honoré de Balzac - Un Drame Au Bord De La Mer III
Honoré de Balzac   A Drama By the Side Of The Sea III

Histoires Romantiques
Stories Romantic

Maupassant - Le Bonheur - Première Partie
             The Happiness First Part

6 Titre & Table des Matières

Maupassant - Le Bonheur - Deuxième Partie
The Happiness Second Part

Maupassant - La Confession
The Confession

Zola - Le Carnet De Danse
The Notebook Of Dance
[The Ballroom Diary]

Maupassant - Souvenir
Memory

Zola - Un Bain
A Bath

Honoré de Balzac - L'Amour Masqué
Honoré de Balzac — The Love Masked

I - L'Inconnue
I — The Unknown
(The Stranger)

II - Trois Semaines
II — Three Weeks

III - Les Conditions
III — The Conditions

7   Titre & Table des Matières

IV - La Lettre Finale
IV   The Letter Final

V - Triste Exil
V   Sad Exile

VI - Une Fille
VI   A Girl

VII - Une Affaire Meurtrière
VII   An Affair Deadly

VIII - Confidence
VIII   Trust

IX - Le Malade
IX   The Sick (Patient)

X - La Passion
X   The Passion

XI - Nouvelle Rencontre
XI   New Encounter

XII - Bonheur
XII   Happiness

8   ABC

9 ABC

Âne
Donkey

Il y avait, dans un village, une pauvre vieille femme qui
It there had in a village a poor old woman who
(There was)

n'avait pour toute compagnie qu'un petit âne. Elle l'aimait
not had for all company but a little donkey She him loved
(had) (only a)

beaucoup, car il était intelligent et bon, et il paraissait
much because he was intelligent and good and he appeared

content de porter sur son dos les légumes du jardin
satisfied of to carry on his back the vegetables of the garden

au marché de la ville.
to the market of the town

Mais de méchants garçons se moquaient de la vieille
But of naughty boys made fun of the old
( )

femme et de son petit âne quand ils la rencontraient.
woman and of her little donkey when they her encountered

Un jour, ils crièrent à la vieille femme:
One day they shouted to the old woman

"Bonjour, la mère âne!"
Hello the mother donkey
( )

10 ABC

"Bonjour, mes fils!" leur répondit-elle.
  Hello   my   sons   them   answered she

L'âne eut l'air de se moquer d'eux à son tour en
The donkey had the impression of to make fun of them at his turn while
(gave)

remuant ses oreilles, et les méchants garçons ne
moving his ears and the naughty boys not

trouvèrent plus rien à dire.
found more nothing to say
(anymore)

11 ABC

12 ABC

13 ABC

Bélier
Ram

Berthe était une petite fille très étourdie qui laissait toujours les portes ouvertes. Sa mère, qui était une fermière, la grondait souvent:

Car, pendant l'absence de Berthe, les chiens, les poules et même les petits cochons salissaient tout.

Mais Berthe ne se corrigeait pas de son étourderie.

Un jour que sa mère était au marché, Berthe alla jouer dans le jardin en oubliant, selon son habitude, de fermer la porte.

14 ABC

Le bélier de la ferme s'échappa de la bergerie et
The ram of the farm escaped from the stable and

entra tranquillement dans la maison.
entered quietly in the house

Comme il ne trouva personne en bas, il monta par
As he not found anyone in below he went up by

l'escalier au premier étage, où il y avait la belle
the staircase to the first floor where (it) there had the nice looking
                [second floor in U.S.A.]   (was)

chambre des parents de Berthe, avec une armoire à
room of the parents of Berthe with a cupboard to
                                                    (of)

glace.
glass

Quand le bélier vit son image dans cette glace, il crut
When the ram saw his image in this glass he believed
                                      (windowpane)

que c'était un autre bélier, et il le menaça de ses
that it was an other ram and he it threatened with its

cornes; mais l'autre fit le même mouvement.
horns but the other made the same movement

15 ABC

Furieux,   il   se   dressa   sur   ses   pattes;   mais   l'autre   se
Furious   he   himself   raised   on   his   legs   but   the other   himself

dressa   aussi.
raised   also

Alors   le   bélier   se   jeta   de   toutes   ses   forces   contre   la
Then   the   ram   himself threw   of   all   his   forces   against   the
                                    (with)

glace   et   il   la   brisa   en   mille   morceaux.
glass   and   he   it   broke   in   (a) thousand   pieces

Puis   il   descendit   l'escalier   et   quitta   la   maison,   très   fier
Then   he   descended   the staircase   and   left   the   house   very   proud

d'avoir   mis   l'autre   bélier   en   fuite.
to have   put   the other   ram   in   flight
                            (to)

Le   soir,   Berthe   fut   sévèrement   punie   par   sa   mère,   et
The   evening   Berthe   was   severely   punished   by   her   mother   and

je   vous   jure   qu'elle   ne   laisse   plus   les   portes   ouvertes.
I   you   swear   that she   not   leaves   more   the   doors   open
                                            (anymore)

17 ABC

Canard
Duck

Une cane couvait une douzaine d'œufs qu'on avait mis sous elle.
A   female duck bred   a   dozen   of eggs that they had put   under her
                                      (eggs)   (that the farmers)

Onze de ces œufs ressemblaient à tous les œufs de cane, mais le douzième était plus gros et d'une espèce différente.
Eleven of these eggs resembled   to all the eggs of female duck but the eleventh was more big and of a kind different
                                  ()

La cane était très fière de cet œuf; elle le montrait à toutes les voisines qui venaient la voir et elle disait:
The female duck was very proud of this egg she it showed to all the neighbours that came her to see and she said

"Voyez comme il est gros! Je suis sûre qu'il en sortira un superbe caneton.."
See how it is big I am sure that it of it will come out a superb male duck
                            (that)

18 ABC

Au bout de quelque temps, la mère cane entendit, dans
At the end of some time the mother female duck heard in

l'intérieur des onze œufs ordinaires, de petits coups de
the interior of the eleven eggs ordinary () of small ticking of

bec, puis des pépiements.
beak Then of the () tweeting

Puis elle vit sortir des coquilles onze petits canards
then she saw go out of the shells eleven small ducks

charmants, habillés de duvet jaune. Mais le douzième
charming dressed of down yellow But the eleventh

œuf tardait à éclore.
egg waited to hatch

Et, bien que cela inquiétât un peu la mère, elle
And although that worried a bit the mother she

se disait:
to herself said

"L'enfant n'en sera que plus beau."
The child not of it will be than more beautiful

Et patiemment elle se remit à couver..
And patiently she herself again set to hatch

19   ABC

Mais, quand enfin l'œuf éclata, la pauvre mère fut
But   when finally the egg broke out the poor mother was

épouvantée.
terrified

Ce n'était pas du tout un superbe caneton, mais un
this not was at all   a superb male duck but   a

vilain petit animal, avec un cou trop long, un corps
ugly   little animal with a neck too long a body

trop gros, et qui marchait les pattes en dedans, sans
too big   and who marched the paws   in within   without
                                              [inside]

aucune élégance.
any   elegance

Les onze frères et sœurs se moquaient de lui, et la
The eleven brothers and sisters made fun   of him and the

mère elle-même, quand elle conduisait ses enfants à la
mother her self   when she led   her children to the

mare, avait honte de lui parce que tout le monde disait
pond had   shame of him because   all the world said
     (was) (ashamed)   [everyone]

sur son passage:
on his passage

"Oh! voyez donc ce vilain petit canard!."
Oh   see then this ugly   little duck

20 ABC

Personne ne voulait jouer avec lui, et le pauvre petit
Nobody not wanted to play with him And the poor little one

fut bien malheureux.
was well unhappy
    (very)

Il tendait son cou trop long vers le ciel comme pour
He stretched his neck too long towards the sky as if for

dire: "Ah! pourquoi suis-je né?" ou bien, le rabattant
to say Ah why am I born or well it folding
                                    [or]

tristement le long de son corps, il restait à rêver dans
sadly the length of his body he remained to dream in
         [along]

un coin.
a corner

Un jour que les autres l'avaient houspillé plus que de
One day that the others him had mauled more than of

coutume, il prit le parti de quitter sa famille. Il marcha
usual he took the part of to leave his family He walked
              [chose to]

longtemps devant lui et arriva près d'un lac où
a long time ahead of him and arrived near of a lake where

nageaient des cygnes.
swam of the swans
      ()

21 ABC

"Ah!" dit le vilain petit canard, "que ces oiseaux sont beaux! Pour sûr ils me chasseront, car je suis trop laid.."

Et il se disposait à se retirer, lorsqu'une grand'mère cygne, qui se reposait sur la rive, l'interpella:

"Hep! mon enfant, d'où viens-tu et comment t'appelles-tu?"

"Je viens de la basse-cour, madame, et je m'appelle canard. Je suis parti parce que mes camarades me trouvent trop laid et ne veulent pas jouer avec moi."

"Pauvre petit!" dit la grand'mère. "Le fait est que tu
 Poor little one said the grandmother   The fact is that you

n'es pas bien joli, mais cela vient de ce que tu es
 not are not very pretty but that comes of this that you are
 ()

fatigué et triste.."
 tired and sad

"Attends un peu que je t'examine. Tu me rappelles un
 Wait a bit that I you examine   You me remind of a

petit-fils que j'ai perdu..."
 small son that I have lost
 [grandson]

"Oui, il n'y a aucun doute là-dessus, tu n'es
 Yes it not there has no doubt there upon you not are
       (there is)   ()   (are)

pas du tout un petit canard, tu es bien un cygne.
 not at all a little duck you are well a swan
                                           (really)

C'est la fermière qui a dû glisser un de nos œufs
 It is the farmer woman who has must slip one of our eggs
                                    (had to)

parmi les œufs de cane;"
 among the eggs of female duck
              (of a)

23 ABC

"Et celle que tu as prise pour ta mère n'était que ta couveuse. Pauvre petit orphelin, viens sur mon cœur!"

Puis la grand'mère appela tous les autres cygnes, et elle leur raconta l'histoire du vilain petit canard.

"Il n'est pas si vilain que ça," dirent les cygnes.

Et un monsieur cygne, avec un magnifique plastron blanc et de beaux pieds vernis, déclara:

"Qu'il reste parmi nous, et dans trois mois je lui donne ma fille en mariage."

24 DEFG

25 DEFG

Demoiselle
Dragonfly (Demoiselle; Miss (unmarried woman))

Savez-vous ce que c'est qu'une demoiselle?
Know you this what it is that a dragonfly
 [what is]

Une demoiselle est une longue et jolie mouche qui
A dragonfly is a long and pretty fly who

habite près des ruisseaux et des étangs sur une feuille
lives close of the streams and of the ponds on a leaf
 (of)

de nénuphar.
of water lily

On l'appelle demoiselle parce qu'elle a la taille fine, un
They call her damsel because that she has the waist fine a
 (thin)

corselet de satin vert, des ailes aussi délicates que la
bodice of satin green of the wings as delicate as the

mousseline de vos robes, et parce qu'elle se pose
muslin of your robes and because that she herself sets

souvent au bord de sa feuille pour se regarder dans
often at the edge of her leaf for herself to look at in

l'eau, comme les vraies demoiselles se regardent dans
the water as the true damsels themselves look at in
 (young ladies)

leur miroir.
their mirror

26 DEFG

27 DEFG

Escargot
Snail

I

Il y avait une fois un monsieur et une madame
It there had one time one gentleman and a lady
(There was)

Escargot qui vivaient sur un chou.
Snail who lived on a cabbage

Ils étaient gros, gras et luisants, et ils auraient pu être
They were big fat and shining and they would have been able to be

heureux.
happy

Mais ils n'avaient pas d'enfant, et cela leur manquait
But they not had not of child and that them missed
( ) (any children)

beaucoup.
a lot

Un jour, vint à passer près de leur chou un pauvre
One day came to pass near of their cabbage a poor

petit escargot maigre qui leur demanda l'aumône.
small snail thin that them asked the alm

28 DEFG

Ils le questionnèrent et ils apprirent qu'il était orphelin.
They him questioned   and they learned   that he was orphan

Aussitôt Mme Escargot, tout attendrie, dit à son mari:
At once Madam Snail   all softened   said to her husband

"Si nous l'adoptions?"
If we adopt him
(What if)

"J'allais te le proposer," répondit M. Escargot.
I went   to you it propose   answered Mr Snail
(I was going)

Et il sortit presque entièrement de sa maison pour
And he stuck out almost wholly   from his house for

embrasser son nouveau fils.
to embrace his new   son

En peu de temps, le petit escargot devint gros, gras
In little of time, the little snail   became big   fat
   (short) ()

et luisant.
and shining

29 DEFG

Alors la mère Escargot dit au père Escargot:
Then the mother Snail said to the father Snail

"Mon ami, il faut marier notre fils. Il faut lui chercher
My friend it is necessary to marry off our son It is necessary (for) him to seek

une jolie fille de notre monde, afin que nous ayons de
a nice girl of our world so that we have of ( )

beaux petits-enfants."
beautiful grandchildren

"J'allais te le proposer," répondit le mari. "Mais à qui
I went yourself it propose answered the husband But to whom
(I was going)

nous adresser pour cela?"
us to address for that
( )

"De mon balcon vert," dit Mme Escargot, "je vois le
From my balcony green said Madam Snail I see the

peuple des fourmis..."
people of the ants

30 DEFG

31 DEFG

Fourmi
Ant

II
II

"Le peuple des fourmis," dit Mme Escargot, "est un
The people of the ants said Madam Snail is a

peuple actif qui va et vient sans cesse sur les routes
people active that goes and comes without stop on the roads

de France et qui doit connaître beaucoup de gens et
of France and who must know many () of people and

être au courant de beaucoup de choses."
be at the running of many of things
 () (informed) ()

"Nous allons demander aux fourmis si elles ne
We go to ask to the ants if they not
 (the)

connaîtraient pas une jeune fille digne d'épouser notre
would know not a young girl worthy of to marry our
 ()

escargoton."
little snail

"J'allais te le proposer," dit le père Escargot. Et il descendit de son balcon avec sa femme pour interroger les fourmis.

Les fourmis répondirent: "Justement, nous avons ce qu'il vous faut."

"A quelques mètres d'ici, dans le trou d'un vieux mur, vit une demoiselle Escargot de la plus jolie coquille, dont on a dernièrement fait cuire les parents. La pauvrette est toute seule au monde."

33 DEFG

"Elle ne restera pas seule longtemps," s'écrièrent
She not will remain not alone a long time exclaimed

ensemble M. et Mme Escargot.
together Mr and Madam Snail

"Allez, je vous prie, la demander en mariage pour
Go I you request her to ask in marriage for

monsieur notre fils."
mr our son

Les fourmis se mirent en route et arrivèrent près du
The ants themselves set off on (the) way and arrived near of the (at)

vieux mur où l'orpheline pleurait ses parents qu'on avait
old wall where the orphan cried her parents that they had

fait cuire.
made cook

34 DEFG

Elle fut si heureuse de la proposition, qu'elle accorda tout de suite sa main, même sans le connaître, au fils adoptif des vieux escargots, et qu'elle se mit en marche, en bavant de joie tout le long du chemin.

Mais elle n'avançait pas vite. Alors les fourmis fabriquèrent avec des brins d'herbe une chaise à porteur qu'elles chargèrent sur leurs épaules.

35 DEFG

Et c'est ainsi que la pauvre orpheline arriva, après
And it is thus that the poor orphan girl arrived after

plusieurs jours, au chou de ses beaux-parents et dans
several days at the cabbage of her in law parents and in

les bras de son fiancé.
the arms of her fiancé

36 DEFG

37 DEFG

Gâteau
Cake

On avait donné à deux enfants un gros gâteau et un
One had given to two children a large cake and a

petit, en leur disant: "Partagez!"
small while them saying Share

Les deux enfants étaient une petite fille de six ans et
The two children were a little girl of six years and

un petit garçon de quatre ans.
a small boy of four years

"Tiens!" dit la petite fille, "prends ce joli petit gâteau.
Hold said the little girl take this pretty little cake
(Look)

Moi, je mangerai ce vilain gros."
Me I shall eat this ugly big
(big one)

"J'aime mieux le vilain gros," dit le petit garçon.
I love better the ugly big said the little boy
(more) (big one)

"Mais puisqu'il est vilain!"
But because it is ugly
[But it's ugly]

"Oui, mais il est gros!"
Yes but it is big

38 HIJK

39 HIJK

Hirondelle
Swallow

Tout le monde sait que les hirondelles s'en vont l'hiver
All the world knows that the swallows themselves of it go the winter
[Everybody] (they go away)
dans les pays chauds et ne reviennent qu'au printemps.
in the countries warm and not come back than at the spring
(don't)

Pour faire ce long voyage, les mères hirondelles
for to make this long journey the mothers swallows
(mother)
rassemblent leurs petits autour d'elles.
gather their little ones around of them
(them)

Mais une pauvre petite hirondelle, qui était tombée du
But a poor little swallow who was fallen from the
(had)
nid un jour de grand vent, boitait encore un peu et
nest one day of big wind limped still a bit and
(strong)
ne put pas s'envoler avec ses frères et sœurs.
not could not fly away with her brothers and sisters
( )

Elle resta tristement au bord du toit, d'où elle vit s'éloigner sa famille, et elle serait certainement morte de faim, de froid et de chagrin, si les enfants de la maison ne l'avaient recueillie.

Ils la mirent dans une cage, à côté du poêle; ils la nourrirent de mouches et de vers, si bien que l'hirondelle était en très bonne santé et ne boitait plus du tout au retour du printemps.

Et quand les parents de l'hirondelle revinrent des pays chauds, les enfants ouvrirent la cage.

41 HIJK

La petite hirondelle reconnut sa mère et, avec des cris
The little swallow recognized her mother and with ( ) of the cries

de joie, elle se jeta dans ses ailes.
of joy she herself threw in her wings

42 HIJK

43 HIJK

Ibis
Ibis

Dans la basse-cour d'un château se trouva, parmi toutes sortes de volailles, un ibis rose.
In the low courtyard of a castle was found among all kinds of fowl an ibis pink
[area for small animals and birds]

Il avait été rapporté d'Égypte par le fils de la maison, qui était grand voyageur.
He had been taken along from Egypt by the son of the house who was (a) great traveller

Au commencement, on eut beaucoup d'égards pour ce noble étranger. Aussitôt que l'ibis déployait ses ailes, les pigeons roucoulaient:
At the beginning they had a lot of politeness for this noble stranger As soon that the ibis unfolded its wings the doves cooed
(as)

"Oh! que c'est beau! On dirait des pêchers en fleur!"
Oh what it is beautiful One would say of the peach trees in bloom
()

44 HIJK

Les poules admiraient la courbe élégante de son bec.
The hens admired the curve elegant of its beak

Les canards, qui sont si bas sur pattes, regardaient
The ducks who are so low on legs watched

avec envie les longues jambes de l'ibis, qui semblaient
with envy the long legs of the ibis that appeared

peintes au ripolin rose.
painted at the (with) brand of paint (ripolin) pink

Flatté, l'ibis marchait de long en large.
Flattered the ibis marched of long in wide [all about]

Il leur parlait de sa patrie l'Égypte, du Nil, des
He to them spoke of his homeland the Egypt (Egypt) of the Nile of the

autruches, des pyramides et des minarets du Caire.
ostriches of the pyramids and of the minarets of the (of) Cairo

D'abord on l'avait écouté avec respect; mais peu à peu
Initially they him had listened to with respect but little by little

on trouva qu'il racontait toujours la même chose.
they found that he told always the same thing

45 HIJK

Le dindon disait avec colère:
The turkey said with anger

"Quel rabâcheur!"
What bore
(a bore)

La pintade se moquait de son nez d'ivrogne, et un
The guinea fowl herself made fun of of his nose of drunkard and a

caneton poussa l'impertinence jusqu'à lui demander combien
male duck pushed the impertinence up to him to ask how much
(let go)

les baguettes qui lui servaient de jambes lui avaient
the little sticks that to him served of legs him had
(as)

coûté le centimètre.
cost the centimeter

Alors le pauvre ibis rose se retira dans un coin. Et il
Then the poor ibis pink himself withdrew in a corner And he

se tenait tout raide sur une patte, rêvant de son pays,
himself kept all stiff on one paw dreaming of his country

du Nil, des pyramides et des minarets.
of the Nile of the pyramids and of the minarets

46 HIJK

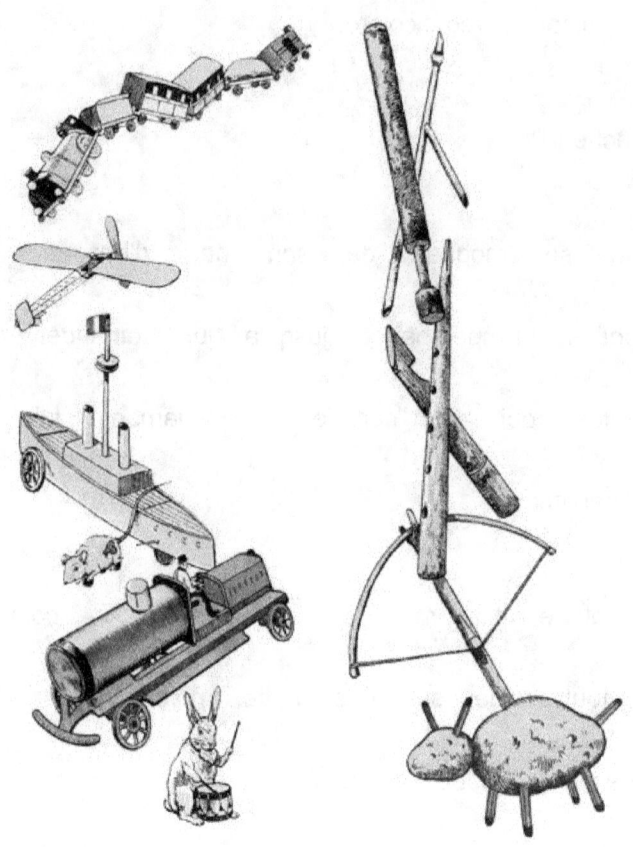

47 HIJK

Jouets
Toys

Un petit garçon de la ville, Robert, avait des jouets à mécanique, très chers, qu'il fallait toujours remonter, qui se cassaient très souvent et qui ne l'amusaient pas du tout.

Un jour, il rencontra un petit garçon de la campagne, Mathieu, à qui ses parents ne donnaient pas de jouets, mais qui fabriquait lui-même des sifflets, des canons ou des pompes avec du sureau, des noyaux d'abricots et des pailles.

48 HIJK

"Oh! que c'est joli et amusant!" dit Robert. "Apprends-moi
 Oh what it is pretty and fun said Robert Teach me

comment tu fais."
 how you do
 (do that)

Mathieu le lui apprit.
 Mathieu it him taught

Robert vendit à une vieille marchande de bric-à-brac ses
 Robert sold to an old merchant of odds and ends his

jouets mécaniques devenus inutiles, et, avec les sous
 toys mechanical become useless and with the pennies
 (which had become)

qu'il en retira, il acheta des gâteaux, que les deux
 that he of it got out he bought of the cakes that the two
 ()

enfants mangèrent de grand appétit.
 children ate with large appetite

49 HIJK

HIJK

51   HIJK

Kangourou
Kangaroo

Du temps où les kangourous vivaient dans le paradis terrestre, leurs pattes de devant étaient aussi longues que celles de derrière.

Mais, à cause de cette longueur de leurs pattes, les kangourous étaient devenus extrêmement voleurs. Ils n'avaient qu'à étendre le bras pour attraper les branches et cueillir les plus beaux fruits, qu'ils enfouissaient ensuite dans la grande poche qu'ils portent sur le ventre.

52 HIJK

Ainsi ils dépouillaient les arbres du paradis.
This way they stripped the trees of the paradise

Les autres bêtes, qui ne pouvaient pas en faire autant,
The other animals which not could not of it do as much (the same)
se plaignirent au bon Dieu.
complained with the good God

Le bon Dieu fit venir devant lui les kangourous et,
The good God made come before him the kangaroos and
pour qu'il leur fût plus difficile de voler les fruits, il
for that it for them (it) was more difficult of to steal the fruits he
leur raccourcit les pattes de devant.
of them shortened the paws of front

Depuis ce temps-là, les kangourous ont ces moignons
Since this time there the kangaroos have these stumps
                ()
que vous voyez sur l'image, et la poche de leur
that you see on the picture and the pocket of their
ventre ne leur sert plus que pour y cacher leurs petits.
belly not them serves more than for there hide their little ones

53 HIJK

54 LMN

Loup
Wolf

Quand le loup eut mangé les six petits biquets, il se
When the wolf had eaten the six small kids (little goats) he himself

sentit le ventre si lourd, qu'il alla faire un somme
felt the belly so heavy that he went to make a nap

derrière le puits.
behind the well

Il avait oublié de manger le septième petit biquet, qui
He had forgotten to eat the seventh little kid (little goat) who

s'était caché sous le lit.
herself was (had) hidden under the bed

Aussi, quand la mère chèvre revint du marché avec un
So when the mother goat returned from the market with a

panier au bras, ce fut ce petit biquet qui lui apprit
basket on the arm it was this little kid (little goat) that her taught (told)

que le loup avait mangé ses six petits frères.
that the wolf had eaten her six little brothers.

"Ah! mes enfants! mes chers enfants!" chevrotait la chèvre en essuyant ses yeux avec un coin de son tablier.

Mais, retrouvant son courage, elle prit son dernier-né par la main et se mit à la recherche du loup. Elle ne fut pas longtemps à le trouver qui dormait sur ses deux oreilles derrière le puits et qui ronflait de toutes ses forces.

"Attends, brigand! dit la mère chèvre; tu vas voir!"

Et, tirant de son panier un couteau de cuisine, d'un seul coup elle fend le ventre du loup dans toute sa longueur, et les six petits biquets sautent au cou de leur mère. Car le loup les avait avalés si goulûment, qu'il n'avait pas pris le temps de les mâcher et qu'ils étaient encore en vie.

La chèvre et les biquets rirent et pleurèrent ensemble un instant; puis la mère dit:

"Ce n'est pas tout! Allez vite me chercher six grosses pierres. Je vais les mettre à votre place dans le ventre du loup, et je lui recoudrai la peau."

"Comme cela, il ne s'apercevra de rien à son réveil."
As that   he not will notice   of anything at his   waking up
(That way)   ()

Quand tout fut terminé, la mère et les enfants allèrent
When all was finished the mother and the children went

se cacher, pour voir ce que ferait le loup.
to hide themselves for to see this that would do the wolf

Au bout d'un moment, il se réveilla, se frotta les
At the end of a moment he himself woke up himself rubbed the
(After a)   (woke up)

paupières, puis se tâta le ventre.
eyelids   then himself patted the belly

"Comme il est dur!" grogna-t-il.
How   it is hard growled he

"Sans doute je n'ai pas bien digéré. Ah! je sais, j'ai
Without doubt I not have not well digested Ah I know I have

oublié de boire."
forgotten of to drink

Et, se levant, il alla vers le puits. Dans son ventre, les six pierres faisaient un bruit étrange.

"Je ne sais vraiment pas ce qui cogne comme cela dans mon ventre!" dit le loup.

Et il se pencha pour boire. Mais ce mouvement précipita les pierres l'une sur l'autre dans l'estomac du loup, leur poids l'entraîna en avant, et le vieux brigand tomba la tête en bas dans le fond du puits.

Alors la chèvre et ses sept petits dansèrent autour du puits une ronde joyeuse.

61 LMN

Moineau
Sparrow

Dans un champ de millet, les moineaux venaient picorer les épis.
In a field of millet the sparrows came to peck the ears (of the millet plants)

Le chat du meunier les guettait depuis longtemps, sans réussir à les attraper; car, aussitôt qu'il s'approchait, les oiseaux s'envolaient.
The cat of the miller them observed since long without to succeed to them catch because as soon as that he came closer the birds flew away

"Je vous prendrai quand même, petits nigauds," dit le chat en méditant une ruse.
I you will get anyway little simpletons said the cat in (while) thinking of a trick

Il alla tremper une de ses pattes de devant dans le
He went dip one of his paws of front in the

ruisseau, puis il courut au moulin la plonger dans un
stream then he ran to the mill it to dip in a

tas de millet en grain, de façon que les grains restèrent
heap of millet in grain of way that the grains stayed
　　　　　(millet grain)　　　　(so)

collés autour de sa patte mouillée.
stuck around of his paw made wet

"Ainsi, se dit-il, ma patte ressemblera à un gros épi
thus (to) himself said he my paw will resemble to a large ear
　　　　　　　　　　　　　　　　　　　　　　　　　　()

de millet, et les oiseaux s'y laisseront prendre."
of millet and the birds themselves there let take
　　　　　　　　　　　　　　　　(will let themselves) (catch)

A cloche-pied, il gagne le champ de millet, s'y couche
On hopping foot he gains the field of millet himself therdies
(Limping) (reaches)

sur le dos et lève la patte en l'air.
on the back and raises the paw in the air

63 LMN

Les oiseaux la prirent pour un épi et se mirent à en
The birds it took for an ear and themselves set to of it
                                              (began)

picorer les grains. Alors vite, avec l'autre patte, le chat
peck the grains Then fast with the other paw the cat

les attrapa.
them caught

Bientôt les moineaux s'aperçurent du piège, et ils
Soon the sparrows perceived of the trap and they
                                        (the)

cherchèrent un autre champ.
sought an other field

Mais l'un d'eux, qui avait failli être mangé, en garda
But the one of them who had just missed to be eaten from it kept
    (one)

une telle frayeur, qu'il prit désormais chaque épi pour
a such fright that he took from then on every ear for

une patte de chat, et jura de ne plus manger que
a paw of cat and swore of not anymore to eat than
                                                  (but)

des fruits pendus aux branches des arbres.
of the fruits hung on the branches of the trees
()   (hanging)

Neige

Quatre petites filles regardaient par la fenêtre la neige tomber. Elles étaient nées en Orient, où il ne fait jamais très froid, et c'était la première fois qu'elles voyaient de la neige.

"Qu'est-ce que cela peut bien être?" dit Léila, la plus petite.

"Je sais," répondit Cora.

"On fait le ménage au ciel, et c'est la Sainte Vierge qui bat son lit de plumes."

"Pas du tout," déclara Myriam;

"ce ne sont pas des plumes, mais des petits bouts de papier, et ce sont les anges qui vident les corbeilles où le petit Jésus a jeté les lettres que les enfants lui écrivent à Noël. Oui, oui, j'en suis sûre, je reconnais mon papier."

"Moi," dit Séphora la gourmande, "je crois que c'est du sucre. Si seulement on pouvait goûter!"

Mais Daniel, leur grand frère, qui avait tout entendu, se mit à rire:

67   LMN

"Ni   sucre,   ni   lettres   déchirées,   ni   plumes!   C'est   de   la
Neither sugar nor letters torn nor feathers It is of the
                                                         ()
neige,   de   la   neige   comme   il y en a   tous   les   ans   en
snow of the snow as it there of it has all the years in
      ()   (they have)
Europe,   de   la   neige   avec   laquelle   on   fait   des   boules
Europe of the snow with which one makes of the balls
       ()   ()
de   neige   et   un   bonhomme   de   neige."
of snow and a fellow of snow
              (man)

"Nous   en   ferons   un   demain,   si   vous   êtes   sages."
We of it will make one tomorrow if you are sensible

"Quel   dommage   que   ce   ne   soit   pas   du   sucre!"   soupira
What waste that this not is not of the sugar sighed
                   (it) ()   (no) ()
Séphora   en   passant   sa   langue   sur   la   vitre.
Séphora in passing her tongue on the window pane glass
          (licking)

68 OP

69 OP

Oreille
Ear

Quand Noé eut rassemblé les animaux devant l'arche, il se dit:
When Noah had gathered the animals in front of the ark he himself said

"Toutes ces bêtes vont sûrement se disputer et se mordre les oreilles. Il serait donc prudent de leur enlever les oreilles avant leur entrée dans l'arche. On les leur rendra à la sortie."
All these animals go surely each other fight and bite each other the ears It would be then sensible of them to take away the ears before their entry into the ark One (We) these them will give back at the exit (going out)

Il fit installer un vestiaire et donna l'ordre à ses fils d'y ranger les oreilles, à mesure que les bêtes se présenteraient.
He made install a cloakroom and gave the order to his sons of there to store the ears in measure (order) that the animals themselves would present (would present themselves)

Le premier fut le chameau; puis vint le cheval, puis la vache, puis le chien, le mouton, le cochon, le chat, l'éléphant, le lapin, et enfin l'âne.

Et tous, comme Noé l'avait commandé, ôtèrent leurs oreilles, et tous reçurent en échange un numéro de vestiaire, attaché à un cordon qu'ils passèrent autour de leur cou.

Grâce à ces précautions, la paix régna dans l'arche pendant les quarante jours que dura le déluge.

Le quarante et unième jour, Noé dit aux animaux:

71 OP

"Voilà le beau temps revenu. Je vais vous rendre vos oreilles, et vous pourrez retourner chez vous."
See there the beautiful weather returned. I go you give back your ears, and you can go back [go home] to you.

Alors, l'une après l'autre, toutes les bêtes passèrent au vestiaire, et elles reçurent leurs oreilles en échange du numéro.
Then the one after the other all the animals passed at the cloakroom, and they received their ears in exchange of the number (for the).

Le chameau arriva l'avant-dernier.
The camel arrived the front last (second).

Il ne restait plus que deux paires d'oreilles: les siennes, très grandes, et celles de l'âne, toutes petites.
It not remained more than two pairs of ears: his, very large, and those of the donkey, all small (very).
(There)

Mais avant que le bon chameau put montrer son numéro, l'âne lui passa entre les jambes et se mit à brailler:
But before that the good camel could show his number, the donkey him passed between the legs and started to bawl:

"Monsieur Noé! monsieur Noé! donnez-moi mes oreilles. C'est cette grande paire-là. Je suis très pressé!" Le père Noé était si fatigué, qu'il ne fit pas attention au faux numéro que lui remit l'âne sournois. "Tu me casses la tête! Tiens, voilà ton bien, décampe!" Et Noé donna les superbes oreilles du chameau à l'âne, qui s'enfuit en pétaradant de joie.

Quand le chameau ouvrit enfin ses babines pour réclamer son dû, il n'y avait plus dans le vestiaire que les oreilles de l'âne, dont il dut se contenter.

73 OP

Et voilà pourquoi le chameau, qui est une bête de grande taille, a des oreilles si courtes, tandis que l'âne, qui est beaucoup plus petit, en a de si longues.

75 OP

Pois
Pea

Il y avait une fois un prince qui voulait se marier.

Il voulait épouser une princesse, mais aucune de celles qu'on lui présenta ne lui parut assez princesse.

Or, un jour d'orage, on sonna à la grille du château.

Le roi alla ouvrir lui-même, et il trouva devant la grille une jeune fille dont les vêtements étaient trempés, les cheveux défaits et les souliers couverts de boue.

Elle avait presque l'air d'une mendiante.

Mais, quand le roi lui demanda qui elle était, elle
But when the king her asked who she was she

répondit qu'elle était une princesse.
answered that she was a princess

Le roi la fit entrer au château.
The king her made enter into the castle

"Nous allons bien voir si c'est une princesse," pensa la
We go well see if this is a princess thought the
[We shall see] (she is)

reine.
queen

Elle ordonna aux servantes de préparer un lit pour la
She ordered to the servants of to prepare a bed for the
(the)

jeune fille, mais de mettre un pois sous les vingt
young girl but of to put a pea under the twenty

matelas qui composaient ce lit.
mattresses which formed this bed

77 OP

Le lendemain, la reine demanda à la jeune fille comment elle avait dormi.

"Très mal," répondit-elle. "Il y avait je ne sais quoi de dur et de rond dans mon lit; j'en ai des bleus sur tout le corps."

"Quel bonheur!" pensa le prince, qui avait écouté derrière la porte.

"Pour avoir la peau si fine, il faut bien que ce soit une véritable princesse."

Et tout de suite il lui demanda sa main.

Queue
Tail

Une famille de rats habitait dans une cave remplie de marchandises.
A family of rats lived in a cellar filled of merchandise.

Les rats s'y trouvaient fort bien, car il y avait beaucoup de choses bonnes à manger, surtout du savon et de la chandelle.
the rats themselves there found quite well because it there had many of things good to eat above all of the soap and of the candle.
(had it) (there were) () ()

Il y avait aussi des tonneaux et des barils.
It there had also of the casks and of the barrels
(There were) () ()

On ne savait pas ce qu'ils contenaient. Mais un jour la mère Rat découvrit un tonneau dont la bonde était partie.
They not knew not that what they contained. But one day the mother Rat discovered a cask of which the plug was gone.
()

Elle flaira, puis elle plongea sa queue dans le trou et
She sniffed then she plunged her tail in the hole and

la retira pour goûter.
it withdrew for to taste

"Quelle chance!" s'écria-t-elle, "c'est du sirop de groseille.
What fortune exclaimed she it is of the syrup of currant

Vite, mes petits, venez vous régaler!"
Quick my little ones come yourself feast

Mais les ratons glissaient sur le ventre du tonneau et
But the little rats slipped on the belly of the cask and

ne pouvaient arriver au sommet. Restés en bas, ils
not could get at the top Remaining in below they

pleuraient de dépit et de gourmandise.
cried of spite and of gluttony

Alors la mère Rat eut une idée.
Then the mother Rat had an idea

81 QRS

Elle alla de nouveau plonger sa queue dans le trou;
She went of new [again] plunge her tail into the hole

puis, quand sa queue fut bien imbibée de sirop, elle
then when her tail was well imbibed of syrup she

courut au bord du tonneau et, se retournant, elle la
ran at the board of the cask and herself turning she it

laissa pendre.
left hang down

Les ratons, en se haussant sur les pattes de derrière,
The little rats by raising themselves on the paws [back paws] of back

purent l'atteindre, et chacun à son tour lécha le bout
could it reach and each to his turn licked the end

de la queue, comme si c'était un sucre d'orge.
of the tail as if it was a sugar [candy stick] of barley

Vingt fois, cent fois, la mère Rat alla de la bonde au
Twenty time (a) hundred times the mother Rat went from the plug to the

bord du tonneau.
side of the cask

En quelques jours il fut à moitié vide, et la queue de
In some days it was to half empty and the tail of
 (a few)   ()

la mère Rat n'était plus assez longue pour tremper
the mother Rat not was anymore enough long for to dip

dans ce qui restait de sirop.
in that which remained of syrup

Mais un peu plus loin il y avait un autre baril qui
But a bit more further it there had an other barrel which
                              (there was)

était à moitié défoncé.
was to half broken
     ()

"Ce sera encore plus commode," se dit la mère Rat.
This will be still more easy to herself said the mother Rat

Et, sans prendre la précaution de flairer, elle plongea
And without to take the precaution of smell she plunged

sa queue au fond du tonneau.
her tail to the bottom of the cask

Mais, quand elle voulut la retirer, elle poussa un cri
But when she wanted it to pull back she emitted a cry

de douleur.
of pain

83 QRS

Sa	queue	ne	venait	pas,	sa	queue	était	collée,	sa
Her	tail	not	came	not ()	her	tail	was	stuck	her

queue	s'était	enfoncée	dans	un	tonneau	de	glu.
tail	was (had)	stuck	in	a	cask	of	glue

85 QRS

Rossignol
Nightingale

L'empereur de Chine avait dans son jardin un rossignol
The emperor of China had in his garden a nightingale

qui s'appelait Bulbul et qui était son ami.
who himself called Bulbul and who was his friend
(was named)

Bulbul venait manger dans sa main, et, la nuit, quand
Bulbul came to eat in his hand and the night when
(at)

l'empereur ne pouvait pas dormir, Bulbul chantait si bien,
the emperor not could not sleep Bulbul sung so well
()

que l'empereur oubliait tous les soucis de son métier.
that the emperor forgot all the worries of his trade

Mais un jour son ministre lui dit:
But one day his minister him said

"Je connais un rossignol qui chante aussi le jour et
I know a nightingale who sings also the day and

qui a un bien beau plumage."
who has a well beautiful feathers
() (quite)

Et il apporta à l'empereur un oiseau peint de brillantes
And he brought to the emperor a bird painted of brilliant
(with)

couleurs et que l'on remontait avec une clef pour le
colors and that it they turned up with a key for it
(they)

faire chanter.
to make sing

Et l'empereur trouva le nouveau rossignol si joli, et il
And the emperor found the new nightingale so pretty and he

écoutait si souvent sa chanson, qu'il oublia son Bulbul.
listened so often its song that he forgot his Bulbul

Et Bulbul serait mort de faim si la petite fille de la
And Bulbul would be died of hunger if the little daughter of the
(would have)

cuisinière ne l'avait adopté.
female cook not it had adopted
(cook)

Mais, à force de remonter le rossignol mécanique, la
But to force of rewind the nightingale mechanical the
[because of too much] (rewinding)

clef cassa, et l'oiseau cessa de chanter.
key broke and the bird stopped of to sing
[stopped singing]

Personne ne put le raccommoder, et l'empereur devint si
Nobody not could it mend and the emperor became so

triste, qu'il tomba gravement malade.
sad that he fell seriously ill

Mais, une nuit qu'il était près de mourir, il entendit soudain à côté de son lit une voix si mélodieuse, qu'il se sentit revenir à la vie.

C'était Bulbul qui chantait. Et Bulbul chanta jusqu'à ce que l'empereur fût complètement guéri.

"Oh! Bulbul," dit l'empereur, "ton plumage est moins joli, et tu ne chantes pas tout le temps comme l'autre; mais tu es un ami, et tu viens quand on a besoin de toi."

Et l'empereur reconnaissant commanda pour Bulbul une cage d'or et une petite couronne de diamants.

88 QRS

Sapin
Fir

Il y avait un petit sapin qui rêvait d'être mât de navire
afin de voyager et de voir le monde.
Quand il fut grand, on l'abattit, on le dépouilla de son écorce, et il devint, selon son vœu, grand mât sur une frégate.
Mais il s'ennuyait à cause de la longueur et de la monotonie des traversées.
"Ah!" disait-il, "comme il faisait bon dans ma forêt natale!"

"J'avais   de la   mousse   à   mes   pieds   et   quelquefois   des
 I had   of the   moss   at   my   feet   and sometimes   of the
              ()   ()
nids   dans   mes   branches;   et   les   petits   enfants
nests   in   my   branches   and   the   small   children

ramassaient   mes   aiguilles,   et   souvent   ils   dansaient   des
gathered   my   needles   and   often   they   danced   of the

rondes   en   chantant   autour   de   mon   tronc."
rounds   while   singing   around   of   my   trunk
                                              ()

"Et   maintenant   je   suis   tout   sec,   tout   nu   et   tout   seul.
and   now   I   am   all   dry   all   nude   and   all   alone

Ah!   si   j'avais   su!   Si   seulement   j'avais   pu   être
Ah   if   I had   known   If   only   I had   been able   to be

mât de   cocagne!"
mast of Cockaigne
(slippery pole on a fair)

Et   il   soupira   si   fort,   que   tous   les   cordages   en
And   he   sighed   so   strong   that   all   the   ropes   from it

craquèrent.
creaked

91   QRS

Mais à ce moment un vol d'hirondelles passa au-dessus de la mer.

Elles venaient des pays du Nord et s'en allaient en Égypte.

Elles descendirent sur le navire et se posèrent sur le mât, qu'elles couvrirent presque entièrement de leurs ailes.

Le mât entendit même leurs petits cœurs battre, et leurs plumes qui le frôlaient faisaient comme un bruissement de feuilles.

Il écoutait ce qu'elles disaient entre elles.
He listened to that what they said between them
[to each other]

Elles parlaient justement de son pays, d'où elles
They spoke just of his country from where they
(at that moment)

venaient. Et le pauvre sapin se sentit si heureux, qu'il
came And the poor fir himself felt so happy that he

s'endormit en se figurant qu'on l'avait ramené dans sa
fell asleep while himself imagining that one him had taken back in his

forêt.
forest

93 QRS

94 TU

95 TU

Tortue
Tortoise

Jean, Pierre et Paul étaient allés aux courses avec
Jean Pierre and Paul were gone to the races with

leurs parents.
their parents

Ils avaient vu courir des chevaux, et cela les avait
They had seen run of the horses and that them had
           [the horseraces]

beaucoup amusés.
much entertained

Rentrés à la maison, Jean dit à ses frères:
Having come back the house Jean said to his brothers
        (at home)

"Si nous faisions courir, nous aussi?"
If we shall make run we also

"Mais nous n'avons pas de chevaux," répondit Pierre.
But we not have not of horses answered Pierre
              () ()

96 TU

"Qu'est-ce que cela fait? Nous avons chacun une tortue,
What is it what that does We have each a tortoise
[That doesn't matter]

et des tortues peuvent tous aussi bien courir que des
and of the tortoises can all as well run as of the
() ()

chevaux; plus lentement, voilà tout."
horses more slowly see there all

Chaque enfant alla donc chercher sa tortue.
Every child went so look for his tortoise

Puis ils choisirent trois beaux escargots, qui seraient les
Then they chose three nice snails who would be the

jockeys.
jockeys

Jean apporta sa boîte à couleurs, et il peignit à
Jean brought his box to colors and he painted onto
     (of)

chaque escargot une casaque différente, une jaune, une
every snail a jersey different a yellow a
              (of a jockey)

rouge, une verte.
red a green

Il voulut aussi leur fabriquer des casquettes.

Mais les escargots dirent: "Non, merci," et rentrèrent leurs cornes.

Les trois enfants préparèrent une piste dans le jardin, avec des poteaux au bout, et une tribune avec des roses et des œillets, qui figuraient les dames élégantes.

Puis ils alignèrent leurs trois tortues montées par les trois escargots, et Jean donna le signal du départ.

Mais, hélas! aucune des trois tortues ne bougea.
But   alas   none   of the three turtles   not moved
                                              ()

Alors Pierre courut chercher son tambour, et Paul
Then Pierre ran   to seek   his drum   and Paul

chatouilla la queue des tortues avec des brindilles.
tickled   the tail of the tortoises with of the twigs
                                              ()

Les tortues se décidèrent enfin à partir.
The tortoises decided   finally to to set off

Mais, au lieu d'aller droit devant elles, elles allaient à
but at the place of to go straight ahead of them they went to
     (in) (stead)

droite ou à gauche, et la tortue de Paul revint même
(the) right or to (the) left and the tortoise of Paul returned even

en arrière.
backwards

Alors Jean eut une idée:
Then Jean had an idea

"Si nous mettions des salades au lieu de poteaux!"
If we place   of the salads in the place of posts
               ()   (in)

99 TU

Et vite, au bout de la piste, les enfants plantèrent trois
And quickly at the end of the course the children planted three

belles salades.
beautiful salads

Quand les tortues virent cette appétissante verdure, elles
When the tortoises saw this appetizing greenery they

se mirent en marche toutes seules, et celle de Jean
set off moving all alone and the one of Jean
(by themselves)

avança si rapidement que son jockey, je veux dire son
advanced so quickly that her jockey I want to say her

escargot, roula à terre.
snail rolled onto (the) ground

Elle arriva la première au but; et, pour sa récompense,
She arrived the first at the goal and for her reward
(finish)

on lui donna à manger les poteaux, je veux dire les
they her gave to eat the posts I want to say the

salades, et même les roses et les œillets de la
salads and even the roses and the carnations of the

tribune, qui figuraient les dames élégantes.
tribune who represented the ladies elegant

100 TU

Univers
Univers

C'est un bien grand mot et une bien grande chose
It is a well big word and a very big thing

aussi; car cela veut dire le monde entier.
also because that wants to say the world whole
 [signifies]

Mais cela peut signifier aussi l'endroit où l'on vit, où
But that can mean also the place where there one lives where

l'on a ses habitudes et où l'on est heureux.
the one has her usual live and where the one is happy
(one) (one)

Ainsi, la salle à manger est l'univers de la mouche.
Thus the room to eat is the universe of the fly

L'étang est l'univers du poisson.
The pond is the universe of the fish

La prairie est l'univers de la vache.
The meadow is the universe of the cow

La forêt est l'univers du lapin.
The forest is the universe of the rabbit

102 TU

Le village **ou** la **ville est** votre **univers à** vous, **mes**
The village or the city is your universe to you my
  [your own universe]

enfants; et, **quand** vous **serez** grands, **ce** sera **la**
children and when you will be big this will be the

France entière, **avec** ses **mers,** ses **îles,** ses **colonies,**
France whole with her seas her islands her colonies

et tout **ce** que **vous** saurez **voir,** et **tout** ce **que** vous
and all that what you would see and all that what you

saurez comprendre.
will understand
(can)

103 TU

104 VXYZ

105 VXYZ

Violettes
Violets

Vous savez, mes enfants, que les violettes sont
You know my children that the violets are

l'emblème de la modestie.
the emblem of the modesty

Car elles poussent dans les bois obscurs, à l'ombre
Because they grow in the woods dark at (in) the shade

d'autres plantes; et même elles cachent leur visage
of other plants and even they hide their face

délicat derrière leurs grandes feuilles vertes, comme font
delicate behind their large leaves green as do

les jeunes filles timides derrière leur éventail.
the young girls timid behind their fan

Or, un jour, un poète se promena dans une forêt où
Now one day a poet walked in a forest where

il y avait beaucoup de violettes qui embaumaient l'air
it there had many of violets which filled with fragrance the air
(there were) ()

délicieusement.
deliciously

Grisé par ce parfum, il fit des vers en l'honneur de
Drunk by this perfume he made of the verses in the honor of
(of)

l'humble fleur des bois, et il les récita tout haut.
the humble flower of the woods and he them recited all loud

A ses pieds, une violette l'entendit.
At his feet a violet him heard

107 VXYZ

Elle crut qu'il ne parlait que pour elle, et de se
She believed that he not spoke but for her and to herself
savoir ainsi chantée par un poète, cela lui fit oublier
know so sung by a poet that her made forget
(so much)
toute modestie.
all modesty

Elle allongea son cou derrière ses feuilles, tourna
She stretched her neck behind her leaves turned
vaniteusement sa tête à gauche et à droite, et se
with vanity her head to (the) left and to (the) right and herself
mira avec complaisance dans une grosse goutte de
watched with complacency in a big drop of
rosée qui était restée pendue à un brin d'herbe.
dew which was left over hung to a stalk with plants

"Ah!" disait-elle, "que je suis jolie et que je sens bon! Je dois être plus jolie que les autres fleurs, et mon parfum doit être plus agréable que tous les autres parfums de la forêt, puisque c'est sur moi seule que le poète a fait des vers."

Mais à ce moment passa la vieille fée des bois qui est la surveillante des fleurs.

109 VXYZ

Avec sa baguette, elle donna une tape sur la joue de la violette.

"Petite impudente!" dit-elle, "rentrez sous votre feuille, et pour vous punir de votre vanité, je vous enlève votre parfum."

Violette fut désolée.

Elle pleura tant, qu'une jeune fée, qui venait en promenade de ce côté, eut pitié d'elle.

"Pauvre petite," dit-elle, "je ne peux plus te rendre ton parfum; mais, puisque tu as tant de chagrin, je fais de tes larmes des pétales plus clairs, des pétales mauves; et du moins, si tu n'es pas odorante, tu seras plus jolie."

111 VXYZ

Et, ayant dit, la fée changea la violette des bois en
And having spoken the fairy changed the violet of the woods in

une violette de Parme.
a violet of Parma
[Parma violets]

Et voilà pourquoi les violettes de Parme n'ont pas de parfum.
And see there why the violets of Parma do not have not () of the ()
perfume

112 VXYZ

113 VXYZ

Xavier

Le petit Xavier dit à ses petits camarades, Maurice et Jean:

"Jouons! Je serai le cocher, Maurice sera le cheval, et Jean sera le chien qui aboie après la voiture."

Maurice fit très bien le cheval.

Il hennissait, levait les pieds très haut et paraissait s'amuser beaucoup.

Alors Xavier dit:
Then Xavier said

"Je voudrais être le cheval."
I would like to be the horse

"Comme tu voudras," dit le petit Maurice.
As you will want said the little Maurice

Le petit Jean, qui faisait toujours le chien, aboyait de
The little Jean who did always the dog barked of
(played) (still)

toutes ses forces, courait à droite et à gauche, et
all his forces ran to (the) right and to (the) left and

semblait très content.
seemed very happy

Alors Xavier dit:
Then Xavier said

"Je voudrais être le chien."
I would like to be the dog

115 VXYZ

Mais sa mère, qui regardait jouer les trois enfants, dit
_{but his mother who looked at play the three children said}
_{(saw) (playing)}

à Xavier:
_{to Xavier}

"Je crois bien que tu voudrais être à la fois le
_{I believe well that you would like to be at the (same) time the}
_(really)

cocher, le cheval et le chien."
_{coachman the horse and the dog}

"Oh! oui," dit Xavier.
_{Oh yes said Xavier}

"Mais on ne peut pas être tout. Il faut choisir."
_{But one not can not be everything It is necessary to choose}
_( )

"C'est bien ennuyeux."
_{That is well boring}
_(quite)

116 VXYZ

117 VXYZ

Yvonne
Yvonne

Yvonne était une petite fille qui ne pouvait pas se
Yvonne was a little girl who not could not herself
()
tenir tranquille à table.
keep quiet at (the) table

Elle gigotait, elle se penchait à droite, à gauche, en
She wiggled she herself bent to (the) right to (the) left in
avant, en arrière; elle descendait de sa chaise pour
front in back she went down from her chair to
jouer avec le chien Médor, ou elle prenait la chatte
play with the dog Médor or she took the cat
Minouche sur ses genoux.
Minouche on her knees

118 VXYZ

Sa mère la grondait, son père la punissait, mais Yvonne ne se corrigeait pas.

Un jour, c'était un dimanche, il y avait un très bon déjeuner, une crème au chocolat et beaucoup de gâteaux.

Yvonne avait promis d'être sage, parce qu'elle ne voulait pas être privée de dessert.

119 VXYZ

Au commencement, tout alla bien.
At the beginning, all went well.

Mais peu à peu la petite fille fut reprise par sa mauvaise habitude: elle se balança sur sa chaise, en avant et en arrière, tandis que le chien Médor et la chatte Minouche la regardaient avec un air de dire:
But little by little the little girl was again taken by her bad habit: she balanced herself on her chair, in front (forward) and in back (backward), while the dog Médor and the cat Minouche watched her with a look of to say:

"Prends garde! prends garde! Nous connaissons quelqu'un qui va tomber."
"Take care! take care! We know someone that goes to fall."

120 VXYZ

Et en effet, tout à coup, elle perdit l'équilibre.
And in effect all at [suddenly] strike she lost the balance

Elle voulut se retenir à la table; elle se cramponna à
she wanted herself hold on to to the table she herself clung to

la nappe, et patatras!
the sheet (tablecloth) and wham-bam

Tout se renversa sur elle et sur sa chaise, tout, les
All itself turned over on her and on her chair all the

plats, les bouteilles, les verres, les fourchettes et la
dishes the bottles the glasses the forks and the

crème.
crème

Elle eut mal aux bras et aux jambes, et on dut
She had pain on the (in the) arms and on the (in the) legs and they had to

l'emporter dans son lit.
take her in her bed

121 VXYZ

Médor et Minouche se lamentèrent d'abord, puis ils se consolèrent en mangeant sous la table la crème et les gâteaux.

122 VXYZ

123   VXYZ

Zero
Zero

Dans la vie, quand on n'est bon à rien, les autres
In the life when one not is good to nothing the others

vous appellent un "zéro."
you call a zero

Appliquez-vous donc à bien apprendre votre alphabet et
Apply you then to well learn your alphabet and

à lire ces contes, et je vous jure qu'on ne dira
to read these (fairy)tales and I you swear that one not will say

jamais de vous:
never (of) you

"La petite Marie? Le petit Jean? Oh! c'est un zéro."
The little Marie The little Jean Oh that is a zero
(he is)

124 Les Trois Ours

LES TROIS OURS
THE THREE BEARS

Il y avait une fois un, deux, trois ours: Papa ours,
It there had one time one two three bears Papa bear
(There were)

Maman ours, et Petit ours.
Mama bear and Little bear

Les trois ours demeuraient dans une petite maison, dans
The three bears stayed in a small house in
(lived)

une grande forêt.
a large forest

Dans la maison, il y avait trois lits: un grand lit pour
In the house it there had three beds one large bed for
(there were)

Papa ours, un lit moyen pour Maman ours, et un petit
Papa bear one bed middle-sized for Mama bear and one small

lit pour Petit ours.
bed for Little bear

126 Les Trois Ours

Il y avait aussi trois chaises: une grande chaise pour
Papa ours, une chaise moyenne pour Maman ours, et
une petite chaise pour Petit ours.

Il y avait aussi trois assiettes et trois cuillères: une
grande assiette et une grande cuillère pour Papa ours,
une assiette moyenne et une cuillère moyenne pour
Maman ours, et une petite assiette et une petite cuillère
pour Petit ours.

127 Les Trois Ours

Un jour Papa ours dit de sa grande voix: "J'ai faim."
One day Papa bear said of (with) his great (loud) voice I have (am) hunger (hungry)

"Oui," dit Maman ours de sa voix moyenne, "J'ai faim."
Yes said Mama bear of (with) her voice average I have (am) hunger (hungry)

Et Petit ours dit de sa petite voix: "Oui, oui, j'ai faim."
And Little bear said of (with) his little (soft) voice Yes yes I have (am) hunger (hungry)

Les trois ours firent la soupe. Alors ils versèrent la soupe dans les trois assiettes. Ils versèrent une grande portion dans la grande assiette pour Papa ours.
The three bears made the soup. Then they poured the soup in the three plates. They poured one large portion in the large plate for Papa bear.

Les Trois Ours

Ils versèrent une portion moyenne dans l'assiette de
They poured one portion middle-sized in the plate of

Maman ours, et une petite portion dans la petite
Mama bear and one small portion in the small

assiette de Petit ours.
plate of Little bear

Alors Papa ours prit la grande cuillère, goûta la soupe
Then Papa bear took the large spoon tasted the soup

et dit: "La soupe est trop chaude." Maman ours prit la
and said The soup is too hot Mama bear took the

cuillère moyenne, goûta la soupe et dit: "Oui, la soupe
spoon middle-sized tasted the soup and said Yes the soup

est trop chaude," et Petit ours prit la petite cuillère,
is too hot and Little bear took the small spoon

goûta la soupe et dit: "Oui, oui, la soupe est trop
tasted the soup and said Yes yes the soup is too

chaude."
hot

129 Les Trois Ours

Alors Papa ours dit: "Allons nous promener dans la
Then Papa bear said Let us go   walk   in   the

forêt." "Oui," dit Maman ours, "allons nous promener dans
forest Yes   said Mama bear   let us go   walk   in

la forêt ;" et Petit ours dit: "Oui, oui, allons nous
the forest   and Little bear said Yes yes let us go

promener dans la forêt."
walk   in   the forest

Les trois ours partirent. Ils laissèrent la porte de la
The three bears left   They left   the door of the

maison ouverte, et la soupe sur la table. Une petite
house opened   and the soup on the table. One little

fille passa. Elle vit la petite maison, elle vit la porte
girl passed. She saw the small house,   she saw the door

ouverte, et elle vit la soupe sur la table. Elle dit:
opened   and she saw the soup on the table. She said

"J'ai faim," et elle entra dans la maison.
I have hunger and she entered in the house
(I am) (hungry)

Les Trois Ours

Elle prit la grande cuillère, goûta la soupe dans la
She took the large spoon tasted the soup in the

grande assiette, et dit: "Cette soupe est trop chaude."
large plate and said This soup is too hot

Alors elle prit la cuillère moyenne, goûta la soupe dans
Then she took the spoon middle-sized tasted the soup in

l'assiette moyenne, et dit: "Cette soupe est trop froide."
the plate middle-sized and said This soup is too cold

Alors elle prit la petite cuillère, goûta la soupe dans la
Then she took the small spoon tasted the soup in the

petite assiette, et dit: "Cette soupe est excellente." La
small plate and said This soup is excellent The

petite fille mangea toute la soupe.
little girl ate all the soup

Alors la petite fille dit: "Je suis fatiguée, où y a-t-il
Then the little girl said I am tired where there has it
(is)

une chaise?"
a chair

131 Les Trois Ours

Elle vit les trois chaises. Elle alla à la grande chaise,
She saw the three chairs. She went to the large chair

s'assit, et dit: "Cette chaise n'est pas confortable." Elle
sat down and said This chair is not comfortable. She

alla à la chaise moyenne, s'assit, et dit: "Cette chaise
went to the chair middle-sized sat down and said This chair

n'est pas confortable." Alors elle alla à la petite chaise,
is not comfortable. Then she went to the small chair

s'assit, et dit: "Cette chaise est très confortable." Alors
sat down and said This chair is very comfortable. Then

la petite fille sauta de joie et la chaise se cassa!
the little girl jumped of joy and the chair broke

La petite fille dit: "J'ai sommeil, où y a-t-il un lit?" Elle
The little girl said I have sleep where there has it a bed She
(I am) (sleepy) (is there)

vit les trois lits. Elle alla au grand lit, se coucha, et
saw the three beds She went to the large bed laid down and

dit: "Ce lit n'est pas confortable."
said This bed is not comfortable

132 Les Trois Ours

Elle alla au lit moyen, se coucha, et dit: "Ce lit
She went to the bed middle-sized laid down and said This bed

n'est pas confortable." Alors elle alla au petit lit,
is not comfortable Then she went to the small bed

se coucha, et dit: "Ce lit est très confortable," et la
laid down and said This bed is very comfortable and the

petite fille s'endormit.
little girl fell asleep

Vingt minutes après les trois ours arrivèrent. Papa ours
Twenty minutes later the three bears arrived Papa bear

regarda sa grande cuillère et sa grande assiette, et dit
looked at his large spoon and his large plate and said

de sa grande voix: "Quelqu'un est entré et a goûté
of his great voice Somebody is entered and has tasted
(with) (has)

ma soupe." Maman ours regarda sa cuillère et son
my soup Mama bear looked at her spoon and her

assiette, et dit:
plate and said

133 Les Trois Ours

"Oui, quelqu'un est entré et a goûté ma soupe," et
Yes somebody is entered and has tasted my soup and
         (has)

Petit ours regarda sa petite cuillère et sa petite assiette,
Little bear looked at his small spoon and his small plate

et dit de sa petite voix: "Oui, oui, quelqu'un est entré
and said of his little voice Yes yes somebody is entered
     (with)   (has entered)

et a mangé toute ma soupe."
and has eaten all my soup

Papa ours regarda sa grande chaise et dit de sa
Papa bear looked at his large chair and said of his
                                              (with)

grande voix: "Quelqu'un est entré et s'est assis sur ma
great voice Somebody is entered and is sat on my
(loud)   (has)   (has)   (in)

chaise." Maman ours regarda sa chaise, et dit: "Oui,
chair Mama bear looked at her chair and said Yes

quelqu'un est entré et s'est assis sur ma chaise."
somebody is entered and is sat on my chair
        (has)   (has)

134 Les Trois Ours

Et   Petit   ours   regarda   sa   petite   chaise, et   dit   de   sa
And   Little   bear   looked at his   small   chair   said   of   his
                                                                      (with)

petite   voix: "Oui,   oui,   quelqu'un est   entré   et   a   cassé
little   voice   Yes   yes   somebody   is   entered and   has   broken
(soft)

ma   petite   chaise."
my   small   chair

Alors   Papa   ours   regarda   son   grand   lit   et   dit   de   sa
Then   Papa   bear   looked at   his   large   bed   and   said   of   his
                                                                   (with)

grande   voix: "Quelqu'un   est   entré   et   s'est   couché   sur
great   voice   Somebody   is   entered and   is   slept   on
(loud)   (has)   (has)

mon   grand   lit."   Maman   ours   regarda   son   lit,   et   dit:
my   large   bed   Mama   bear   looked at her   bed   and   said

"Oui,   quelqu'un   est   entré   et   s'est   couché   sur   mon   lit."
Yes   somebody   is   entered and   is   slept   on   my   bed
                    (has)   (has)

Et   Petit   ours   regarda   son   petit   lit,   et   dit   de   sa   petite
And   Little   bear   looked at his   small   bed   and   said   of   his   little
                                                                    (with)

voix:
voice

Les Trois Ours

"Oui, oui, une petite fille est couchée sur mon petit
Yes   yes   a   little   girl   is   lying   on   my   little

lit."
bed

Les trois ours s'approchèrent: "Oh!" dit Papa ours, "cette
The   three   bears   approached   Oh   said   Papa   bear   this

petite fille est jolie." Maman ours dit: "Oh, oui, cette
little   girl   is   pretty   Mama   bear   said   Oh   yes   this

petite fille est jolie," et le petit ours dit: "Oh! oui, oui,
little   girl   is   pretty   and   the   little   bear   said   Oh   yes   yes

cette petite fille est très jolie."
this   little   girl   is   very   pretty

A cet instant la petite fille se réveilla. Elle vit Papa
At   this   moment   the   small   girl   awoke   She   saw   Papa

ours, Maman ours, et Petit ours. Elle dit: "Oh! J'ai
bear   Mama   bear   and   Little   bear   She   said   Oh   I have (I am)

peur," et elle sauta du lit et partit vite, vite!
fear (afraid)   and   she   jumped   from the bed   and   got out   quickly   quickly

Les Trois Ours

"Oh!" dit Papa ours de sa grande voix: "La petite fille
Oh said Papa bear of his great voice The little girl
                   (with) (loud)

a peur." "Oui," dit Maman ours, "la petite fille a peur."
has fear Yes said Mama bear the little girl has fear
(is) (afraid)   (is) (afraid)

Et le petit ours dit: "Oui, oui, elle a peur."
And the small bear said Yes yes she has fear
                                                               (is) (afraid)

La petite fille ne visita plus jamais la maison des ours.
The little girl not visited more never the house of the bears
                                                   (anymore)

137 Les Trois Ours

138 Les Trois Souhaits

LES TROIS SOUHAITS
THE THREE WISHES

Il y avait une fois un homme qui était très pauvre. Il
It there had one time a man who was very poor He
(There was)

demeurait avec sa femme dans une misérable petite
resided with his wife in a wretched little
(lived)

maison. Tous les jours l'homme allait à la forêt pour
house All the days the man went to the forest to

couper du bois. Un jour il était dans la forêt et dit:
cut of the wood One day he was in the forest and said
()

"Je suis bien misérable! Je suis pauvre, je suis forcé
I am very miserable I am poor I am forced

de travailler tous les jours. Ma femme a faim, j'ai faim
to work all the days My wife has hunger I have hunger
(is) (hungry) (I am) (hungry)

aussi. Oui, je suis bien misérable!"
also Yes I am very miserable

A cet instant une jolie petite fée parut, et dit:
At this moment a cute little fairy appeared and said

140   Les Trois Souhaits

"Mon pauvre homme, j'ai entendu tout ce que vous
 My   poor   man   I have heard all this that you

avez dit. J'ai compassion de vous, et comme je suis
have said I have pity   of you and as I   am
                        (with)

fée je vous accorderai trois souhaits. Demandez ce que
fairy I you will grant three wishes   Ask   that what

vous voulez, et vos trois souhaits seront accordés."
you want   and your three wishes will be granted

La fée disparut après avoir parlé ainsi, et le pauvre
The fairy disappeared after to have spoken thus and the poor

homme resta tout seul dans la forêt.
man   remained all alone in the forest

Il était très content maintenant, et dit: "Je vais à la
He was very satisfied now   and said I go to the

maison. Je vais dire à ma femme qu'une fée m'a
house   I go say to my wife that a fairy me has

accordé trois souhaits."
granted three wishes

141 Les Trois Souhaits

Le pauvre homme alla à la maison, et dit à sa
The poor man went to the house and said to his

femme: "Ma femme, je suis très content. J'ai vu une
wife My woman I am very satisfied I have seen a
(met)

fée dans la forêt. La fée a dit: 'Mon pauvre homme,
fairy in the forest The fairy has said My poor man

j'ai compassion de vous. Je suis fée, et je vous
I have pity of you I am fairy and I you
(for)

accorderai trois souhaits. Demandez ce que vous voulez.'
will grant three wishes Ask that what you want

Ma femme, je suis très content."
My wife I am very satisfied

"Oh oui," dit la pauvre femme, "je suis très contente
Oh yes said the poor woman I am very satisfied

aussi. Entrez dans la maison, mon cher ami, et nous
also Enter inside the house my dear friend and we

parlerons ensemble de la fée et des trois souhaits."
will speak together of the fairy and of the three wishes

142 Les Trois Souhaits

"Certainement," dit l'homme. Il entra dans la maison,
Certainly said the man He entered in the house

s'assit près de la table, et dit: "Ma femme, j'ai faim.
sat down near of the table and said My wife I have hunger
(at) (I am) (hungry)

Je propose de dîner. Pendant le dîner nous parlerons
I propose to dine During the dinner we will speak

ensemble de la fée et des trois souhaits."
together about the fairy and of the three wishes

Le pauvre homme et la pauvre femme s'assirent
The poor man and the poor woman sat down

près de la table et commencèrent à manger et à
near of the table and began to eat and to
(at)

parler ensemble. Le pauvre homme dit: "Ma femme, nous
speak together The poor man said My woman we

pouvons demander de grandes richesses." "Oui," dit la
can ask of great fortunes Yes said the
()

femme, "nous pouvons demander une jolie maison."
woman we can ask a pretty house

L'homme dit:
The man said

143 Les Trois Souhaits

"Nous pouvons demander un empire." La femme répondit:

"Oui, nous pouvons demander des perles et des diamants en grande quantité."

L'homme dit: "Nous pouvons demander une grande famille, cinq fils et cinq filles."

"Oh," dit la femme, "je préfère six fils et quatre filles."

L'homme et la femme continuèrent ainsi, leur conversation, mais ils ne pouvaient pas décider quels souhaits seraient les plus sages.

144 Les Trois Souhaits

L'homme mangea sa soupe en silence regarda le pain
The man   ate   his   soup   in   silence looked at the bread

sec, et dit: "Oh! j'aimerais avoir une bonne grosse
dry and said   Oh   I would like to have one good   big

saucisse pour dîner." Au même instant une grosse
sausage   to   dine   At the same moment a   big

saucisse tomba sur la table. L'homme regarda la
sausage   fell   on the table The man looked at the

saucisse avec la plus grande surprise, la femme aussi.
sausage   with the greatest   surprise   the woman also

Alors la femme dit: "Oh, mon mari, vous avez été très
Then the woman said   Oh   my husband you have been very

imprudent. Vous avez demandé une saucisse seulement.
careless   You   have asked   a   sausage   only

Un souhait est accordé. Maintenant il reste seulement
One wish   is   granted   Now   it remain only
                                          (there)

deux souhaits." "Oui," dit l'homme, "j'ai été imprudent,
two   wishes   Yes   said the man   I have been careless

mais il y a encore deux souhaits."
but it there has still two   wishes
   (there are still)

145 Les Trois Souhaits

"Nous pouvons demander de grandes richesses et un empire." "Oui," dit la femme, "nous pouvons demander encore de grandes richesses et un empire, mais nous ne pouvons pas demander dix enfants. Vous avez été si imprudent. Vous avez demandé une saucisse. Vous préférez une saucisse, sans doute, à une grande famille." Et la pauvre femme continua ses lamentations et répéta si souvent: "Vous avez été très imprudent," que l'homme perdit patience et dit: "Je suis fatigué de vos lamentations: je voudrais que cette saucisse fût pendue au bout de votre nez!"

Les Trois Souhaits

Un instant après la saucisse était pendue au bout du nez de la pauvre femme. La pauvre femme était très surprise, et l'homme aussi. La femme commença à se lamenter encore plus, et dit à son mari: "Ah, mon mari, vous êtes bien imprudent. Vous avez demandé une saucisse, et maintenant vous avez demandé que cette saucisse fût pendue au bout de mon nez. C'est terrible. Deux souhaits sont accordés. Maintenant il reste seulement un souhait!"

"Oui," dit l'homme. "Mais nous pouvons demander de grandes richesses."

147 Les Trois Souhaits

"Oui," dit la femme, "mais j'ai une saucisse pendue au
Yes   said the woman   but   I have a sausage   hung at the

bout du nez. Je suis ridicule. J'étais jolie, maintenant je
end of the nose. I am ridiculous. I was pretty, now I

suis laide, et c'est de votre faute!" et la pauvre femme
am ugly and it is of your (because of) fault and the poor woman

pleura.
cried

L'homme regarda sa femme, et dit: "Oh, j'aimerais que
The man looked at his woman and said Oh I would like that

cette saucisse ne fût pas ici." À l'instant la saucisse
that sausage not was not here At the instant the sausage
           ()

disparut, et l'homme et la femme étaient aussi pauvres
disappeared and the man and the woman were as poor

qu'avant. La femme se lamenta, l'homme aussi, mais les
as before The woman herself deplored the man also but the
              (was complaining)

trois souhaits avaient été accordés, et l'homme se trouva
three wishes had been granted and the man himself found

obligé de manger son pain sec.
obliged to eat his bread dry

148 Les Trois Souhaits

Après	le	dîner	il	retourna	à	la	forêt	pour	couper	du
After	the	dinner	he	returned	to	the	forest	to	cut	of the ()

bois.	Il	dit:	"Je	suis	bien	bien	misérable,"	mais	la	fée
wood	He	said	I	am	very	very	miserable	but	the	fairy

n'arriva	pas,	et	il	resta	toujours	pauvre.
not arrived not (did not arrive)		and	he	remained	always	poor

Il	n'avait	pas	de	richesses,	il	n'avait	pas	d'empire,	il
He	not had not (did not have)		of the ()	fortunes	he	not had not (did not have)		of empire (an empire)	he

n'avait	pas	de	perles,	il	n'avait	pas	de	diamants,	il
not had not (did not have)		of ()	pearls	he	not had not (did not have)		of ()	diamonds	he

n'avait	pas	de	fils,	il	n'avait	pas	de	filles,	et	il
not had not (did not have)		of ()	sons	he	not had not (did not have)		of ()	daughters	and	he

n'avait	pas	même	une	saucisse	pour	son	dîner.
not had not (did not have)		even	a	sausage	for	his	dinner

Sa	femme	continua	à	pleurer,	et	elle	disait	tous	les
His	wife	continued	to	cry	and	she	said	all	the

jours	à	son	mari:
days	to	her	husband

149 Les Trois Souhaits

"Ah, si vous n'aviez pas été si imprudent, nous serions riches et contents, et nous aurions une grande famille. Hélas! hélas!"

150 Blanche Neige

BLANCHE-NEIGE
WHITE-SNOW
(SNOW WHITE)

Il y avait un paysan appelé Ivan, sa femme se nommait
It there had   a   peasant called Ivan his wife herself named
(There was)   (was called)

Marie. Ces paysans n'avaient pas d'enfants, et ils étaient
Marie These peasants not had not of children and they were
              (did not have)   (children)

très tristes.
very sad

Un jour, en hiver, le paysan était assis à la fenêtre.
One day in winter the peasant was seated at the window
                                      (sitting)

Il vit les enfants du village qui jouaient dans la neige.
He saw the children of the village who played in the snow

Les enfants étaient très occupés. Ils faisaient une bonne
The children were very busy   They made   a   nice

femme de neige.
woman of snow

Blanche Neige

Ivan dit à sa femme: "Ma femme, regardez ces enfants,
Ivan said to his wife My wife look at these children

ils s'amusent, ils font une bonne femme de neige.
they amuse themselves they make a nice woman of snow

Venez dans le jardin, amusons-nous à faire une bonne
Come into the garden let us amuse ourselves by making a nice

femme de neige." Le paysan et sa femme allèrent dans
woman of snow The peasant and his wife went into

le jardin, et la femme dit: "Mon mari, nous n'avons pas
the garden and the woman said My husband we do not have

d'enfants; faisons un enfant de neige."
of children let us make a child of snow
(children)

"Voilà une bonne idée!" dit l'homme. Et il commença à
See there a good idea said the man And he started to
(That is)

façonner un petit corps, de petites mains, de petits
fashion a small body of small hands of small
 (with) (with)

pieds. La femme façonna une petite tête et la plaça
feet The woman fashioned a small head and it placed

sur les épaules de la statue de neige.
on the shoulders of the statue of snow

153 Blanche Neige

Un homme passait sur la route; il les regarda un
A man passed on the road he them looked at one

instant en silence, puis il dit: "Dieu vous aide."
moment in silence then he said God you help

"Merci," dit Ivan.
Thank you said Ivan

"Le secours de Dieu est toujours bon à quelque chose,"
The help of God is always good for something

répondit Marie.
answered Marie

"Que faites-vous donc?" demanda le passant.
What make you then asked the passer by

"Nous faisons une fille de neige," dit Ivan. Et en
We make a girl of snow said Ivan And in

parlant ainsi il fit le nez, le menton, la bouche et les
speaking thus he made the nose the chin the mouth and the

yeux. En quelques minutes l'enfant de neige était finie.
eyes In some minutes the child of snow was finished
       (a few)

154 Blanche Neige

Ivan la regarda avec admiration. Tout à coup il remarqua que la bouche et les yeux s'ouvraient. Les joues et les lèvres changèrent de couleur, et quelques minutes après il vit devant lui une enfant vivante.

"Qui êtes-vous?" dit-il tout surpris de voir une enfant vivante à la place de la petite statue de neige.

"Je suis Blanche-Neige, votre fille," dit l'enfant, et elle embrassa l'homme et la femme, qui commencèrent à pleurer de joie.

155 Blanche Neige

Les parents conduisirent Blanche-Neige dans la maison, et elle commença à grandir très rapidement.

Toutes les petites filles du village arrivèrent chez le paysan pour jouer avec la charmante petite fille. Elle était si bonne et si jolie. Elle était blanche comme la neige, elle avait les yeux bleus comme le ciel, sa longue chevelure dorée était admirable, et bien que ses joues ne fussent pas aussi roses que celles des autres enfants du village, elle était si douce que tout le monde l'aimait beaucoup.

Blanche Neige

L'hiver se passa très rapidement, et Blanche-Neige grandit si vite que quand le soleil du printemps fit verdir l'herbe, elle était aussi grande qu'une fille de douze ou treize ans. Pendant l'hiver Blanche-Neige avait toujours été très gaie, mais quand le beau temps arriva elle était toute triste. La mère Marie remarqua sa tristesse, et dit: "Ma chère enfant, pourquoi êtes-vous triste? Êtes-vous malade?" "Non, je ne suis pas malade, ma bonne mère," répondit l'enfant, et elle resta tranquille dans la maison.

157 Blanche Neige

Les petites filles du village arrivèrent et dirent: "Blanche-Neige, venez avec nous, venez avec nous, nous allons au bois cueillir des fleurs."

"Voilà une bonne idée!" dit Marie. "Allez au bois avec vos petites amies, mon enfant, allez et amusez-vous bien!"

Les enfants partirent. Elles allèrent au bois, elles cueillirent des fleurs, elles firent des bouquets et des couronnes, et quand le soir arriva elles firent un grand feu.

"Maintenant, Blanche-Neige, regardez bien et faites comme nous," dirent-elles, et elles commencèrent à chanter et à danser. Elles sautèrent aussi l'une après l'autre à travers le feu. Tout à coup elles entendirent une exclamation: "Ah!" Toutes les petites filles regardèrent, et un instant après elles remarquèrent que Blanche-Neige n'était plus là.

"Blanche-Neige, où êtes-vous?" crièrent-elles, mais Blanche-Neige ne répondit pas. Les petites filles cherchèrent en vain, elles ne trouvèrent pas leur petite compagne.

159 Blanche Neige

Ivan, Marie et tous les paysans cherchèrent aussi en
Ivan Marie and all the peasants sought also in

vain, car la petite Blanche-Neige s'était changée en une
vain because the little White Snow was herself changed in a
                                                    (was changed)

petite vapeur au contact du feu, et elle s'était envolée
small vapor at the contact of the fire and she was in flight
(bit of)   (with the)

vers le ciel d'où elle était venue sous la forme d'un
towards the sky from where she was arrival under the form of a
                              (had) (come) (in)

flocon de neige.
flake of snow

160 La Rose Mousseuse

LA ROSE MOUSSEUSE
THE ROSE MOSSY

L'Amour alla un jour se promener dans la forêt. C'était
The Love went one day to walk in the forest It was
(Cupid)

un beau jour au mois de Juin. L'Amour se promena
a beautiful day in the month of June The Love walked
(Cupid)

longtemps, longtemps. Il se promena si longtemps qu'il
long time long time He walked so long that he
(a long time) (a long time)

se trouva enfin fatigué, bien fatigué.
himself found finally tired well tired
(became)

"Oh!" dit L'Amour, "je suis si fatigué!" Et L'Amour
Oh said The Love I am so tired And The Love
(Cupid) (Cupid)

se coucha sur l'herbe verte pour se reposer. Tous les
laid down on the grass green for to rest himself All the

petits oiseaux de la forêt arrivèrent vite, vite pour voir
little birds of the forest arrived quickly quickly for to see

l'Amour.
The Love
(Cupid)

162 La Rose Mousseuse

L'Amour était si joli, si blanc et rose. L'Amour avait de
Cupid was so pretty so white and pink Cupid had of
()

si jolis cheveux blonds et de si jolis yeux bleus.
such pretty hairs fair and of such pretty eyes blue
()

"Oh!" dirent tous les petits oiseaux de la forêt.
Oh said all the little birds of the forest

"Regardez le petit Amour! Comme il est joli! Comme il
Look at the little Cupid How he is pretty How he

est blanc et rose! Quel joli Amour! Quels jolis cheveux
is white and pink What pretty Cupid What pretty hair
(What a)

blonds! Quels jolis yeux bleus!"
fair What pretty eyes blue

Tous les oiseaux se perchèrent sur les branches et
All the birds perched themselves on the branches and

commencèrent à chanter en chœur: "Quel joli petit
began to sing in chorus What pretty little

Amour!"
Cupid

163 La Rose Mousseuse

Le petit Amour ferma ses jolis yeux bleus.
The little Cupid closed his pretty eyes blue

Le petit Amour s'endormit. Il s'endormit profondément.
The little Cupid fell asleep He fell asleep deeply

Les petits oiseaux continuèrent à chanter, "Quel joli petit
The little birds continued to sing What pretty little
(What a)

Amour!"
Cupid

Alors le Soleil dit: "Les petits oiseaux de la forêt
Then the Sun said The little birds of the forest

chantent tous: 'Quel joli petit Amour!' Où est ce joli
sing all What pretty little Cupid Where is this pretty
(What a)

petit Amour?" et le Soleil entra dans la forêt pour
little Cupid and the Sun entered into the forest for

chercher le joli petit Amour.
to seek the pretty little Cupid

164   La Rose Mousseuse

Le Soleil entra dans la forêt, et, guidé par le chant
The Sun entered into the forest and guided by the song

des petits oiseaux, il arriva bientôt à la place où le
of the little birds he arrived soon at the place where the

joli petit Amour était couché sur l'herbe verte.
pretty little Cupid was lying down on the grass green

"Oh!" dit le Soleil, "Quel joli petit Amour! Comme il est
Oh said the Sun What pretty little Cupid How he is
                        (What a)

blanc et rose! Quels jolis cheveux blonds! Quelle est la
white and pink What pretty hair fair What is the

couleur des yeux de ce joli petit Amour?"
color of the eyes of this pretty little Cupid

Le Soleil était curieux, très curieux, mais la Rose qui
The Sun was curious very curious but the Rose who

était là dit: "Non, non, Soleil, vous êtes curieux, très
was there said No no Sun you are curious very

curieux, mais le joli petit Amour dort."
curious but the pretty little Cupid sleeps

165 La Rose Mousseuse

Partez, méchant Soleil, partez vite. L'Amour dort
Leave   mean   Sun   leave   quickly   Cupid   sleeps

profondément, et les petits oiseaux chantent. Partez!
deeply   and the little birds sing   Leave

"Oh non!" dit le Soleil. "Je veux voir quelle est la
Oh no   said the Sun   I   want to see what   is the

couleur des yeux de ce joli petit Amour."
color of the eyes of this pretty little Cupid

"Non, non!" dit la Rose, et elle se pencha sur L'Amour,
No   no   said the Rose and she herself leaned over Cupid

et elle le protégea. La Rose protégea le petit Amour,
and she him protected   The Rose protected the little Cupid

et le Soleil, le Soleil curieux, resta dans la forêt, et
and the Sun   the Sun curious remained in the forest and

dit:
said

"Je veux voir la couleur des yeux de ce joli petit
I   want to see the color of the eyes of this pretty little

Amour."
Cupid

166 La Rose Mousseuse

"Je resterai ici, dans la forêt, et quand l'Amour ouvrira les yeux, je serai content, très content."

Le Soleil resta dans la forêt, les oiseaux chantèrent, la Rose protégea l'Amour, et l'Amour dormit profondément.

Enfin l'Amour ouvrit les yeux.

"Oh!" dit le Soleil, "j'ai vu la couleur des yeux de l'Amour. L'Amour a les yeux bleus!" "Mais oui!" chantèrent les petits oiseaux de la forêt:

167 La Rose Mousseuse

"L'Amour a les yeux bleus!"
 Cupid   has the eyes blue

"Oui, certainement," dit la Rose, "L'Amour a les yeux bleus!"
 Yes   certainly   said the Rose   Cupid   has the eyes blue

L'Amour regarda le Soleil, et dit: "Oh Soleil, pourquoi êtes-vous entré dans la forêt?"
 Cupid looked at the Sun and said Oh Sun   why   are you entered into the forest
                                                       (have you)

"Oh!" dit le Soleil, "j'ai entendu les oiseaux qui chantaient: 'Oh, le joli petit Amour'; et je suis entré dans la forêt pour vous voir."
 Oh said the Sun   I have heard the birds   who sang   Oh the pretty little Cupid and I am entered into the forest for you to see
                                                                                                    (have entered)

L'Amour dit au Soleil, "Oh Soleil, vous êtes curieux, très curieux."
 Cupid said to the Sun Oh Sun   you   are curious very curious

168   La Rose Mousseuse

"Oui,"   dit   le   Soleil,   "je   suis   curieux,   mais   la   Rose   vous
 Yes   said   the   Sun   I   am   curious   but   the   Rose   you

a   protégé."
has   protected

"Merci!   chère   Rose,"   dit   le   joli   petit   Amour,   "merci,
 Thanks   dear   Rose   said   the   pretty little   Cupid   thank you
 (Thank you)

merci.   Vous   êtes   bien   bonne,   chère   Rose,   et   vous   êtes
 thank you You   are   well   good   dear   Rose   and   you   are
                           (very)

aussi   belle   que   bonne.   Quelle   récompense   voulez-vous,
 as   beautiful   as   good   What   reward   want you

chère   Rose,   vous   qui   êtes   la   plus   belle   de   toutes   les
 dear   Rose   you   who   are   the   most   beautiful   of   all   the

fleurs?"
 flowers

"Oh!"   dit   la   Rose.   "Donnez-moi   un   charme   de   plus!"
 Oh   said   the   Rose   Give me   one   charm   of   more
                                                               ()

"Comment!"   dit   l'Amour,   surpris.
 How   said   Cupid   surprised

169 La Rose Mousseuse

"Vous demandez un charme de plus. Impossible! Je vous ai déjà donné tous les charmes. Je vous ai donné une forme parfaite. Je vous ai donné une couleur charmante. Je vous ai donné un parfum délicat. Je vous ai donné tous les charmes et toutes les grâces, et vous demandez une charme de plus. Ce n'est pas raisonnable!"

"Oh!" dit la Rose, "raisonnable ou pas raisonnable, je vous demande un attrait de plus, cher Amour. Je vous ai protégé. Récompensez-moi!"

170   La Rose Mousseuse

L'Amour dit: "C'est impossible!" Mais la Rose insista.
Cupid said It is impossible But the Rose insisted

Enfin l'Amour, en colère, dit: "Rose, vous êtes belle,
Finally Cupid in anger said Rose you are beautiful

vous êtes la plus belle des fleurs, mais vous n'êtes
you are the most beautiful of the flowers but you not are (are)

pas bonne." Et l'Amour prit de la mousse. Il jeta la
not good And Love took of the moss He threw the
() ()

mousse sur la Rose, et dit: "Vous ne méritez rien que
moss on the Rose and said You not deserve nothing than
(no more)

cela!"
that

La Rose, couverte de mousse verte, parut plus belle
The Rose covered by moss green appeared more beautiful

que jamais, et la Rose dit avec joie: "Merci, mon joli
than ever and the Rose said with joy Thank you my pretty

petit Amour! Merci, vous m'avez donné une récompense."
little Cupid Thank you you have me given a reward

171 La Rose Mousseuse

"Vous m'avez donné une grâce de plus." "Oui!" dit
_{You have me given one grace of more Yes said}

l'Amour, surpris. "Je vous ai donné une grâce de plus!"
_{Cupid surprised I you have given one grace of more}

Le Soleil regarda la Rose, et dit aussi: "Mais oui! la
_{The Sun looked at the Rose and said also But yes the}

Rose a une grâce de plus." Et tous les petits oiseaux
_{Rose has one grace of more And all the little birds}

chantèrent: "Mais oui, le joli petit Amour a donné une
_{sang But yes (Indeed) the pretty little Cupid has given one}

grâce de plus à la Rose, à la plus belle des fleurs."
_{grace of more to the Rose to the most beautiful of the flowers}

Et l'Amour partit en chantant aussi: "La Rose mousseuse
_{And Cupid left while singing also The Rose mossy}

est la plus belle des fleurs. Elle est bonne aussi."
_{is the most beautiful of the flowers She is good also}

172 La Rose Mousseuse

"Elle m'a protégé quand le Soleil est arrivé pour voir
 She me has protected when the Sun is arrived for to see
                                      (has)

la couleur de mes yeux qui sont bleus."
the color of my eyes who are blue

Et depuis ce jour la Rose, cette coquette, a toujours
And from this day the Rose, that flirt, has always

porté un peu de mousse verte.
carried a bit of moss green

173   La Rose Mousseuse

174 Le Chat Et Le Renard

175 Le Chat Et Le Renard

LE CHAT ET LE RENARD
THE CAT AND THE FOX

Un paysan avait un chat qui était très méchant et si désagréable que tout le monde le détestait. Le paysan était fatigué de ce chat, et un jour il le mit dans un grand sac. Le paysan porta le sac dans la forêt, et quand il fut arrivé à une grande distance de la maison, il ouvrit le sac, et le méchant chat sortit.

Le chat resta dans la forêt, où il trouva une petite cabane.

176 Le Chat Et Le Renard

Le chat demeura dans cette cabane et mangea
beaucoup de souris et d'oiseaux. Un jour le chat alla
se promener dans la forêt et rencontra Mademoiselle
Renard. Elle regarda le chat avec curiosité, et dit: "Mon
beau monsieur, qui êtes-vous? Que faites-vous dans la
forêt?"

"Je suis le bailli de la forêt. Mon nom est Ivan.
J'arrive de la Sibérie pour gouverner cette forêt."

"Oh," dit Mademoiselle Renard. "Je vous prie, Monsieur
le bailli de la forêt, venez dîner avec moi."

177 Le Chat Et Le Renard

Le chat accepta l'invitation, et au dîner Mademoiselle Renard dit: "Monsieur le bailli, êtes-vous garçon ou marié?"

"Je suis garçon," répondit le chat.

"Et moi, je suis demoiselle. Monsieur le bailli, épousez-moi!"

Le chat consentit à ce mariage, qui fut célébré avec beaucoup de cérémonie.

Le lendemain du mariage, le chat dit à sa femme:

178 Le Chat Et Le Renard

"Madame Renard, j'ai faim; allez à la chasse et
apportez-moi un bon dîner."

Madame Renard partit.

Elle rencontra le loup, qui dit: "Oh ma chère amie, je vous cherche depuis longtemps en vain. Où avez-vous été?"

"Chez mon mari, le bailli de la forêt, car je suis mariée!"

"Vous, mariée!" dit le loup avec surprise. "J'aimerais faire visite à votre mari."

179 Le Chat Et Le Renard

"Très-bien," dit Madame Renard, "mais comme mon mari
Very well   said   Madam   Fox   but   as   my   husband

est terrible, je vous conseille d'apporter un agneau.
is terrible   I   you   advise   of to bring   a   lamb
*   (to bring)*

Déposez l'agneau à la porte, et cachez-vous; sans cela
Deposit the lamb   at the door   and hide yourself   without that

il vous dévorera."
he you will devour

Le loup courut chercher un agneau pour le chat.
The wolf   ran   to search for   a   lamb   for   the   cat

Madame Renard continua sa route. Elle rencontra l'ours.
Madam   Fox   continued her way   She   met   the bear

L'ours dit: "Bonjour, ma chère amie. D'où venez-vous?"
The bear said   Hello   my   dear   friend   From where come you
*   (From where did you come)*

"De la maison de mon mari," répondit Madame Renard.
From the house   of   my husband   answered   Madam   Fox

"Mon mari est le bailli Ivan."
My husband is the bailiff Ivan

180 Le Chat Et Le Renard

"Oh!" dit l'ours, "permettez-moi de faire visite à votre mari."

"Certainement," répondit Madame Renard, "mais mon mari a la mauvaise habitude de dévorer tous les animaux qu'il n'aime pas. Allez chercher un boeuf. Apportez-le-lui en hommage. Le loup apportera un agneau." L'ours partit; il alla chercher un boeuf. Il rencontra le loup avec un agneau. Le loup dit: "Mon ami l'ours, où allez-vous?"

"Chez le mari de Madame Renard. Je lui porte un boeuf. Où allez-vous, mon cher loup?"

181 Le Chat Et Le Renard

"Je vais aussi chez le mari de Madame Renard. Je lui porte un agneau. Madame Renard dit que son mari est terrible!"

Les deux animaux continuèrent leur route; ils arrivèrent bientôt près de la maison du chat. Le loup dit à l'ours: "Allez, mon ami, frappez à la porte, et dites au mari de Madame Renard que nous avons apporté un boeuf et un agneau."

"Oh non!" dit l'ours, "j'ai peur. Allez vous-même!"

Le Chat Et Le Renard

"Impossible," dit le loup, "mais voilà le lièvre, il ira pour nous."

Le lièvre alla à la cabane. Le loup se cacha sous les feuilles sèches, et l'ours grimpa sur un arbre.

Quelques minutes après Madame Renard arriva avec le chat, son mari. "Oh!" dit le loup à l'ours. "Le mari de Madame Renard est très petit."

"Oui!" dit l'ours avec mépris, "il est en effet fort petit!"

183   Le Chat Et Le Renard

Le chat arriva. Il sauta sur le boeuf, et dit avec
The cat arrived He jumped on the ox and said with

colère: "C'est peu, très peu!" "Oh!" dit l'ours avec
anger It is little very little Oh said the bear with

surprise; "il est si petit, et il a un si grand appétit!
surprise he is so small and he has a such large appetite

Un taureau est assez grand pour quatre ours. Il est
A bull is enough large for four bears He is

terrible en effet!"
terrible in fact

Le loup, caché sous les feuilles, trembla. Le chat
The wolf hidden under the leaves trembled The cat

entendit un petit bruit dans les feuilles. Il pensa qu'une
heard a small noise in the leaves He thought that a

souris était cachée sous les feuilles, et il courut et
mouse was hidden under the leaves and he ran and

enfonça ses griffes dans le museau du loup. Le loup
inserted his claws in the muzzle of the wolf The wolf

pensa que le chat voulait le dévorer, et il partit vite,
thought that the cat wanted him to devour and he left quickly

vite.
quickly

184 Le Chat Et Le Renard

Le	chat,	qui	avait	peur	du	loup,	sauta	sur	l'arbre.
The	cat	who	had (was)	fear (afraid)	of the	wolf	jumped	on (in)	the tree

"Oh!"	dit	l'ours.	"Le	chat	m'a	vu,	il	m'a	vu,	il	va	me
Oh	said	the bear	The	cat	me has	seen	he	me has	seen	he	goes	me

dévorer!"	Et	l'ours	descendit	rapidement	de	l'arbre	et
to devour	And	the bear	went down	quickly	of	the tree	and

suivit	le	loup.
followed	the	wolf

Madame	Renard,	qui	avait	tout	vu,	cria:	"Mon	mari	vous
Madam	Fox	who	had	all	seen	shouted	My	husband	you

dévorera,	mon	mari	vous	dévorera!"
will devour	my	husband	you	will devour

L'ours	et	le	loup	racontèrent	leurs	aventures	à	tous	les
The bear	and	the	wolf	told	their	adventures	to	all	the

autres	animaux	de	la	forêt,	et	tous	les	animaux	avaient
other	animals	of	the	forest	and	all	the	animals	had (were)

peur	du	chat.
fear (afraid)	of the	cat

185 Le Chat Et Le Renard

Mais le chat et Madame Renard étaient très heureux,
But the cat and Madam Fox were very happy

car ils avaient beaucoup de viande à manger.
because they had much of meat to eat
()

186 La Ville Submergee

LA VILLE SUBMERGÉE
THE   CITY   SUBMERGED

Il y avait une fois, en Hollande, une grande et belle
It there had one time in Holland a large and beautiful
(There was)

ville appelée Stavoren. Cette ville était située près de la
city called Stavoren This city was located near of the

mer, et les habitants étaient très riches, parce que leurs
sea and the inhabitants were very rich because their

vaisseaux allaient dans toutes les différentes parties du
vessels went in all the different parts of the

monde chercher les trésors de toutes les différentes
world to seek the treasures of all the different

contrées. Les habitants de Stavoren étaient très riches,
regions The inhabitants of Stavoren were very rich

et ils étaient fiers de leur or, fiers de leur argent,
and they were proud of their gold proud of their silver

fiers de leurs vaisseaux, et fiers de leurs grands palais.
proud of their vessels and proud of their large palaces
                     (ships)

188   La Ville Submergee

Ils étaient fiers et égoïstes aussi, parce qu'ils ne
They were proud and egoists also because they not

pensaient jamais aux pauvres, qui n'avaient ni or, ni
thought ever of the poor who did not have neither gold nor

argent, ni vaisseaux, ni palais.
silver nor ships nor palaces

Il y avait une dame à Stavoren qui était plus riche et
It there had a lady in Stavoren who was more rich and
(There was)

plus fière que tous les autres habitants; elle était aussi
more proud than all the other inhabitants she was also

plus égoïste et plus cruelle envers les pauvres. Un jour,
more egoist and more cruel towards the poor One day

cette dame si riche appela le capitaine de son plus
this lady so rich called the captain of her most

grand vaisseau, et dit:
large vessel and said

"Capitaine, préparez votre vaisseau, et quittez le port."
Captain prepare your vessel and leave the port
(ship)

189 La Ville Submergee

"Allez me chercher une grande cargaison de la chose
Go   me   search   a   large   cargo   of   the   thing
     (for me)
la plus précieuse du monde."
the most precious of the world

"Certainement, madame," dit le capitaine, "commandez, et
Certainly   my lady   said the captain   order   and
j'obéirai. Mais que voulez-vous, madame? Voulez-vous une
I will obey But what want you   Madam   Want you   a
               (do you want)   (Do you want)
grande cargaison d'or, d'argent, de pierres précieuses, ou
large cargo   of gold of silver of stones precious   or
d'étoffes? Que voulez-vous?"
of fabrics What want you
             (do you want)

"Capitaine," répondit la dame, "j'ai donné mes ordres. Je
Captain   answered   the lady   I have given my orders   I
demande une cargaison de la chose la plus précieuse
ask   a   cargo   of the thing the most precious
du monde."
of the world
(in the)

190 La Ville Submergee

191 La Ville Submergee

"Il y a seulement une chose qui est plus précieuse que toutes les autres. Allez chercher cette chose-là et partez immédiatement."

Le pauvre capitaine, qui avait peur de la dame, lui obéit. Il alla au port, il prépara son vaisseau, et partit. Alors il appela ses officiers et ses matelots, et dit:

"Camarades, notre maîtresse a commandé une grande cargaison de la chose la plus précieuse du monde. Elle a refusé de dire quelle est la chose la plus précieuse du monde."

La Ville Submergée

"Je ne sais pas quelle est la chose la plus précieuse du monde. Savez-vous quelle est la chose la plus précieuse du monde?"

"Oui, mon capitaine," répondit un officier, "la chose la plus précieuse du monde, c'est l'or."

"Oh, non, mon capitaine," répondit un autre officier, "la chose la plus précieuse du monde, c'est l'argent."

"Non," dit un autre. "Mes camarades, la chose la plus précieuse du monde ce sont les pierres précieuses, les perles, les diamants, et les rubis."

193 La Ville Submergee

Un autre matelot dit: "Mon capitaine, la chose la plus précieuse du monde ce sont les étoffes."

Tous les hommes et tous les officiers avaient une opinion différente, et le pauvre capitaine était très embarrassé.

Enfin le capitaine dit: "Je sais quelle est la chose la plus précieuse du monde, c'est le blé. Avec le blé on fait le pain, la chose la plus précieuse du monde, parce que le pain est indispensable." Le capitaine était content, et tous les hommes étaient contents aussi.

194 La Ville Submergee

Le capitaine dirigea son vaisseau dans la mer Baltique.
The captain directed his vessel in the sea Baltic
 (steered) (ship)

Il alla à la ville de Dantzic. Là il acheta une grande
He went to the city of Danzig There he bought a large

cargaison de blé magnifique. Il chargea la cargaison de
cargo of grain splendid He loaded the cargo of

blé sur son vaisseau, et il repartit pour Stavoren.
grain on his vessel and he left again for Stavoren

Pendant son absence, la dame avait fait visite à toutes
During his absence the lady had made visit to all
 (a visit)

les personnes riches de Stavoren, et avait dit: "J'ai
the people rich of Stavoren and had said I have

envoyé mon capitaine chercher une cargaison de la
send my captain to seek a cargo of the

chose la plus précieuse du monde."
thing the most precious of the world

"Ah," répondaient les personnes riches, "quelle est cette
Ah answered the people rich what is this

chose?"
thing

195 La Ville Submergee

Mais la dame refusait de répondre et disait seulement:
But the lady refused to answer and said only

"Devinez, mes amis, devinez."
Guess my friends guess

Naturellement la curiosité de toutes les personnes de
Naturally the curiosity of all the people of

Stavoren était grande, et elles attendaient le retour du
Stavoren was great and they awaited the return of the

capitaine avec impatience. Un jour le grand vaisseau
captain with impatience One day the large vessel (ship)

arriva dans le port, le capitaine se présenta devant la
arrived in the port the captain himself presented before the

dame qui le regarda avec surprise, et dit:
lady who him looked at with surprise and said

"Comment, capitaine, déjà de retour! Vous avez été
How captain already of return You have been
(Why)

rapide comme un pigeon."
fast as a pigeon

196 La Ville Submergee

197   La Ville Submergee

"Avez-vous la cargaison que j'ai demandée?"
Have you   the cargo   that I have asked

"Oui, madame," répondit le capitaine, "j'ai une cargaison
Yes Madam   answered the captain I have a cargo
du plus magnifique blé!"
of the most splendid grain

"Comment!" dit la dame. "Une cargaison de blé!
How   said the lady   A   cargo   of grain
(How do you mean)
Misérable! j'ai demandé une cargaison de la chose la
Miserable wretch I have asked a cargo   of the thing the
plus précieuse du monde, et vous apportez une chose
most precious of the world and you bring   a   thing
aussi vulgaire, aussi ordinaire, aussi commune que du
as   vulgar   as   ordinary   as   common   as of the
                                                   ()
blé!"
grain

"Pardon, madame," dit le capitaine.
Forgive madam   said the captain
(Forgive me)

198 La Ville Submergee

"Le blé n'est pas vulgaire, ordinaire, et commun. Le blé
 The grain is not   vulgar   ordinary   and common   The grain

est très précieux. C'est la chose la plus précieuse du
 is very precious It is the thing the most precious of the

monde. Avec le blé on fait le pain. Et le pain,
 world With the grain one makes the bread And the bread

madame, est indispensable."
 madam   is indispensable

"Misérable!" dit la dame. "Allez au port, immédiatement,
 Miserable wretch said the lady   Go   to the port   immediately

et jetez toute la cargaison de blé à la mer."
and throw all the cargo of grain into the sea

"Oh, madame, quel dommage!" dit le capitaine. "Le blé
 Oh my lady what waste   said the captain   The grain
                            (a waste)

est si bon! Si vous ne voulez pas ce bon blé,
 is so good If you not want this good grain

donnez-le aux pauvres, ils ont faim, ils seront contents."
 give it to the poor   they have hunger they will be satisfied
                           (are) (hungry)

199 La Ville Submergee

Mais la dame refusa, et dit encore une fois: "Capitaine,
allez au port, immédiatement, et jetez toute la cargaison
de blé à la mer! J'arriverai au port dans quelques
minutes pour voir exécuter mes ordres."

Le pauvre capitaine partit.

En route il rencontra beaucoup de pauvres, et dit: "Ma
maîtresse, la dame la plus riche de Stavoren, a une
grande cargaison de blé. Elle ne veut pas ce blé."

200 La Ville Submergee

"Elle a commandé de jeter toute la cargaison à la
  She has ordered to throw all the cargo into the

mer. Si vous voulez le blé, venez au port, peut-être
  sea If you want the grain come to the port maybe

que ma maîtresse aura compassion de vous, et vous
  that my mistress will have compassion of you and you
                                       (with)

donnera toute la cargaison."
  will give all the cargo

Cinq minutes plus tard tous les pauvres de Stavoren
  Five minutes more late all the the poor of Stavoren
              (later)

étaient assemblés sur le quai; la dame arriva, et dit:
  were assembled on the quay the lady arrived and said

"Capitaine, avez-vous exécuté mes ordres?"
  Captain have you carried out my orders

"Non, madame, pas encore!"
  No Madam not yet

201 La Ville Submergée

"Alors, capitaine, obéissez, jetez toute la cargaison de blé à la mer."

"Madame," dit le capitaine, "regardez tous ces pauvres, ils ont faim! Donnez le blé que vous ne voulez pas aux pauvres!"

"Oh, oui, madame! Nous avons faim, nous avons faim," crièrent les pauvres. "Donnez-nous le blé! Donnez-nous le blé!"

Mais la dame était très cruelle, et dit:

202 La Ville Submergee

203 La Ville Submergee

"Non, non! Capitaine, j'ai commandé. Jetez tout le blé à la mer, immédiatement."

"Jamais, madame!" répondit le capitaine. Alors la dame fit un signe aux officiers et aux matelots, et répéta son ordre. Les hommes obéirent, et malgré les cris des pauvres, et malgré leurs pleurs, tout le blé fut jeté à la mer.

La dame regarda en silence, et quand la procession de sacs eut cessé, elle demanda aux officiers et aux matelots:

La Ville Submergee

"Avez-vous jeté tout le blé à la mer?"
Have you thrown all the grain into the sea

"Oui, madame," répondirent les hommes.
Yes madam answered the men

"Oui, madame," dit le capitaine d'une voix indignée,
Yes madam said the captain with a voice indignant

"mais un jour arrivera où vous regretterez ce que vous
but a day will arrive where you will regret this what you
 (one) (when)

avez fait! Un jour arrivera où vous aurez faim! Un jour
have done A day will arrive where you will have hunger One day
 (One) (when) (be) (hungry)

arrivera où personne n'aura compassion de vous!"
will arrive where nobody will have compassion of you
 (with)

La dame regarda le capitaine avec surprise, et dit:
The lady looked at the captain with surprise and said

"Capitaine, c'est impossible."
Captain that is impossible

205 La Ville Submergee

"Je suis la personne la plus riche de Stavoren. Moi, avoir faim, c'est absurde!"

Alors la dame prit une bague de diamants, la jeta à la mer, et dit: "Capitaine, quand cette bague de diamants sera placée dans ma main, je croirai ce que vous avez dit!" et la dame quitta le port.

Quelques jours après, un domestique trouva la bague de diamants dans l'estomac d'un poisson qu'il préparait pour le dîner de la dame.

206 La Ville Submergee

Il porta la bague à sa maîtresse. Elle regarda la
He carried the ring to his mistress. She looked at the

bague avec surprise, et demanda: "Où avez-vous trouvé
ring with surprise, and asked Where have you found

cette bague?" Le domestique répondit: "Madame, j'ai
this ring? The servant answered Madam I have

trouvé la bague dans l'estomac d'un poisson!"
found the ring in the stomach of a fish

Alors la dame pensa aux paroles du capitaine. Le
Then the lady thought at the words of the captain. The

même jour la dame reçut la nouvelle de la destruction
same day the lady received the news of the destruction

de tous ses vaisseaux, et elle perdit aussi tout son or,
of all her vessels, and she lost also all her gold

tout son argent, toutes ses pierres précieuses, et tous
all her silver all her gems and all

ses palais.
her palaces.

207 La Ville Submergee

La dame n'était plus riche, mais elle était pauvre, très pauvre. Elle alla de porte en porte, demander quelque chose à manger, mais tous les riches et tous les pauvres de Stavoren refusèrent de lui donner du pain. La pauvre dame périt enfin de froid et de faim.

Les autres personnes riches de Stavoren ne changèrent pas leurs habitudes. Alors le bon Dieu, qui n'aime pas les personnes égoïstes, envoya un second avertissement.

208 La Ville Submergee

Un jour, le port de Stavoren se trouva bloqué par un
One day the port of Stavoren itself found blocked by a

grand banc de sable. Ce banc empêcha le commerce, et
large sandbank This bank prevented the trade and

dans quelques jours le blé que la dame avait jeté à
in some days the grain that the lady had thrown into

la mer, commença à pousser, et le banc de sable était
the sea started to grow and the sandbank was

tout couvert d'herbe verte.
totally covered with plants green

Toutes les personnes de Stavoren regardèrent le blé et
All the people of Stavoren looked at the grain and

dirent: "C'est un miracle, c'est un miracle!" Mais, le blé
said It is a miracle it is a miracle But the grain

ne produisit pas de fruit! Le commerce avait cessé; les
produced no of fruit The trade had ceased the
()

riches avaient assez à manger, mais les pauvres étaient
rich had enough to eat but the poor were

plus pauvres qu'avant.
more poor than before

209 La Ville Submergee

Alors Dieu envoya un troisième avertissement. Un jour, un homme arriva dans la maison où tous les riches étaient assemblés, et dit; "J'ai trouvé onze poissons dans le puits! La digue est rompue. La digue est rompue. Protégez la ville, protégez les maisons des pauvres près de la digue!"

Mais les riches continuèrent à danser. La mer entra dans la ville pendant la nuit, et tout à coup toutes les maisons et tous les palais de Stavoren furent submergés.

210 La Ville Submergee

Les pauvres périrent, les riches périrent aussi, et le
The poor perished the rich perished also and the

Zuidersée occupe maintenant la place de la belle ville
Zuiderzee occupies now the place of the beautiful city
(Southsea which is now a lake called IJsselmeer in the Netherlands)

de Stavoren, détruite à cause de l'égoïsme de ses
of Stavoren destroyed because of the selfishness of its

habitants riches qui refusaient de donner à manger aux
citizens rich who refused to give to eat to the

pauvres.
poor

211 La Ville Submergee

212 Les Quatre Saisons

LES QUATRE SAISONS
THE FOUR SEASONS

Il y avait une fois une petite fille. Cette petite fille
It there had one time a little girl This little girl
(There was)

demeurait dans une jolie petite maison avec sa mère et
resided in a pretty little house with her mother and
(lived)

sa soeur.
her sister

La petite fille, Laura, était bonne et très jolie. La soeur
The little girl Laura was good and very pretty The sister

de la petite fille, Claire, était méchante et laide. La
of the little girl Claire was malicious and ugly The

mère était aussi méchante et laide. La mère aimait
mother was also malicious and ugly The mother liked

Claire, mais elle n'aimait pas Laura.
Claire but she did not like Laura

Un jour la méchante fille dit à sa mère: "Ma mère,
One day the malicious girl said to her mother My mother

envoyez Laura à la forêt cueillir sept violettes.
send Laura to the forest to pick seven violets

Les Quatre Saisons

La mère répondit: "Des violettes, dans cette saison! C'est impossible, ma fille, dans la forêt il y a seulement de la neige et de la glace."

Mais la méchante fille insista, et la mère dit à Laura: "Allez à la forêt cueillir un bouquet de sept violettes pour votre soeur."

Laura regarda sa mère avec surprise, et répondit: "Ma mère, c'est impossible! Dans cette saison il y a seulement de la neige et de la glace dans la forêt."

Mais la mère insista, et la pauvre Laura partit.

215 Les Quatre Saisons

Elle alla à la forêt, chercha les violettes, et trouva
seulement de la neige et de la glace. La pauvre fille
dit: "J'ai froid; où y a-t-il du feu?" Elle regarda à
droite, elle regarda à gauche, et elle vit un grand feu
à une grande distance. Elle alla à ce feu, et vit
douze hommes assis autour du feu. Trois hommes
avaient de longues barbes blanches et de longues robes
blanches; trois hommes avaient de longues barbes
blondes et de longues robes vertes; trois hommes
avaient de longues barbes brunes et de longues robes
jaunes, et trois hommes avaient de longues barbes
noires et de longues robes violettes.

Les Quatre Saisons

La petite fille s'approcha en silence, et elle vit qu'un
The little girl herself approached (approached) in silence and she saw that one

des hommes à barbe blanche avait un bâton à la main.
of the men with (a) beard white had a staff in the hand

Cet homme se tourna et dit:
This man himself turned (turned around) and said

"Petite fille, que cherchez vous dans la forêt?"
Little girl what seek you in the forest

La petite fille répondit:
The little girl answered

"Monsieur, je cherche des violettes."
Sir I search of the ( ) violets

L'homme à barbe blanche dit: "Ma pauvre petite fille, ce
The man with (a) beard white said My poor little girl this

n'est pas la saison des violettes, c'est la saison de la
is not not ( ) the season of the violets it is the season of the

neige et de la glace."
snow and of the ice

217 Les Quatre Saisons

"Oui," dit la petite fille, "mais ma mère a dit: 'Allez à
Yes said the little girl but my mother has said Go to

la forêt cueillir un bouquet de violettes pour votre
the forest to pick a bouquet of violets for your

soeur,' et je suis forcée d'obéir."
sister and I am forced of to obey
(to obey)

L'homme à barbe blanche regarda la petite fille un
The man with (a) beard white looked at the little girl a

instant, et dit:
moment and said

"Chauffez-vous, ma pauvre enfant."
Warm yourself my poor child

Alors il prit son bâton, se tourna vers un des hommes
Then he took his staff turned himself towards one of the men
(turned)

à barbe blonde, lui donna le bâton et dit:
with (a) beard blond him gave the staff and said

"Frère Mai, les violettes sont votre affaire. Voulez-vous
Brother May the violets are your business Will you

aider cette petite fille?"
help this little girl

Les Quatre Saisons

"Certainement," répondit Frère Mai. Il prit le bâton et attisa le feu. En un instant la glace disparut, et la neige aussi. La petite fille n'avait plus froid, elle avait chaud. Un instant après elle vit que l'herbe était verte, et bientôt elle vit beaucoup de violettes dans l'herbe. Alors Frère Mai se tourna vers elle et dit: "Ma chère petite fille, cueillez un bouquet de violettes, aussi vite que possible, et partez." La petite fille cueillit un bouquet de sept violettes, dit: "Merci, mon bon monsieur Mai," et partit.

219 Les Quatre Saisons

Frère Mai donna le bâton à l'homme à barbe blanche,
Brother May gave the staff to the man with (a) beard white

il attisa le feu, et en un instant les violettes et
he poked the fire and in one moment the violets and

l'herbe avaient disparu, et la glace et la neige étaient
the grass had disappeared and the ice and the snow were

là comme avant.
there like before

La petite fille alla à la maison et frappa à la porte.
The little girl went to the house and knocked on the door

La mère ouvrit la porte et dit: "Avez-vous les sept
The mother opened the door and said Have you the seven

violettes?"
violets

"Oui, ma mère," répondit Laura, et elle donna les
Yes my mother answered Laura and she gave the

violettes à sa mère.
violets to her mother

"Où avez-vous trouvé ces violettes?" dit la mère.
Where have you found these violets said the mother

"Dans la forêt," répondit Laura, "il y avait beaucoup de
In   the forest   answered Laura   it there had   many   of
                                        ()   (were)   ()
violettes dans l'herbe."
violets   in   the grass

La mère de Laura était très surprise, mais elle ne dit
The mother of Laura was very surprised but she not said
rien.
nothing

Le lendemain la méchante fille dit à sa mère: "Ma
The following day the malicious girl said to her mother My
mère, envoyez Laura à la forêt cueillir huit fraises."
mother send Laura to the forest to pick eight strawberries

"Des fraises, dans cette saison, c'est impossible, ma
Of the strawberries in this season that is impossible my
()   (Strawberries)
fille," répondit la mère.
daughter answered the mother

Mais Claire insista, et la mère dit à Laura: "Allez à
But Claire insisted and the mother said to Laura Go to
la forêt cueillir huit fraises pour votre soeur."
the forest to pick eight strawberries for your sister

221 Les Quatre Saisons

Laura regarda sa mère avec surprise, et dit: "Ma mère, c'est impossible! Dans cette saison il y a de la glace et de la neige dans la forêt mais pas de fraises."

Mais la mère insista, et la pauvre Laura partit.

Elle alla à la forêt, chercha les fraises, et trouva seulement de la neige et de la glace. La pauvre fille dit: "J'ai froid! où y a-t-il du feu?" Elle regarda à droite et à gauche, et elle vit un grand feu à une grande distance. Elle s'approcha de ce feu et vit les douze hommes.

Les Quatre Saisons

Trois hommes avaient des barbes blanches et des robes
Three men had of the beards white and of the robes
() ()

blanches, trois hommes avaient des barbes blondes et
white three men had of the beards blond and
()

des robes vertes, trois hommes avaient des barbes
of the robes green three men had of the beards
()

brunes et des robes jaunes, et trois hommes avaient
brown and of the robes yellow and three men had
()

des barbes noires et des robes violettes.
of the beards black and of the robes purple
() ()

La petite fille s'approcha et dit à l'homme à barbe
The little girl herself approached and said to the man with (a) beard
(approached)

blanche qui avait un bâton à la main: "Monsieur, j'ai
white who had a staff in the hand Sir I have
(I am)

froid, voulez-vous me permettre de me chauffer à votre
cold will you me allow to myself warm at your

feu?"
fire

"Certainement," répondit l'homme. "Mon enfant, que
Certainly answered the man My child what

cherchez-vous dans la forêt dans cette saison?"
seek you in the forest in this season
(do you search)

223 Les Quatre Saisons

"Des fraises, monsieur."
Of the strawberries sir
() (Strawberries)

"Des fraises," répéta l'homme avec surprise, "ce n'est
Of the strawberries repeated the man with surprise this not is
() (Strawberries) (is)
pas la saison des fraises. C'est la saison de la glace
not the season of the strawberries It is the season of the ice
et de la neige."
and of the snow

La petite fille répondit: "Ma mère a dit, 'Allez à la forêt
The little girl answered My mother has said Go to the forest
cueillir des fraises pour votre soeur,' et je suis forcée
to pick of the strawberries for your sister and I am forced
 ()
d'obéir."
of to obey
(to obey)

Alors l'homme à barbe blanche donna son bâton à un
Then the man with (a) beard white gave his staff to one
des hommes à barbe brune, et dit: "Frère Juin, les
of the men with (a) beard brown and said Brother June the
fraises sont votre affaire. Voulez-vous aider cette petite
strawberries are your business Will you help this little
fille?"
girl

Les Quatre Saisons

"Avec le plus grand plaisir," répondit Frère Juin. Il prit
With   the greatest   pleasure   answered   Brother June   He took

le bâton et attisa le feu. En un instant toute la neige
the staff and poked the fire In one moment all the snow

et toute la glace avaient disparu. La petite fille n'avait
and all the ice had disappeared The little girl did not have (felt)

plus froid, elle avait chaud. Elle vit l'herbe verte, et
more cold (anymore) she had warm (felt) She saw the grass green and

quelques minutes après elle vit beaucoup de fraises dans
some minutes afterwards she saw many of () strawberries in

l'herbe.
the grass

Alors Frère Juin se tourna vers elle et dit, "Ma chère
Then Brother June himself turned (turned) towards her and said My dear

petite fille, cueillez vos fraises, vite, vite, et partez."
little girl pick your strawberries quickly quickly and leave

La petite fille cueillit les huit fraises, dit: "Merci, mon
The little girl picked the eight strawberries said Thank you my

bon monsieur Juin," et partit.
good sir June and left

225 Les Quatre Saisons

Frère Juin donna le bâton à Frère Janvier. Il attisa le
feu et en un instant les fraises avaient disparu, et la
neige et la glace étaient là comme avant.

La petite fille retourna à la maison et frappa à la porte. La mère ouvrit la porte, et demanda: "Où sont les huit fraises?" Laura donna les fraises à sa mère.

"Où avez-vous trouvé ces fraises?" demanda la mère.

"Dans la forêt ;" répondit la petite fille, "il y avait beaucoup de fraises dans l'herbe." La mère était très surprise.

226 Les Quatre Saisons

Elle donna les fraises à la méchante fille, qui les mangea toutes.

Le lendemain la méchante fille dit à sa mère: "Ma mère, envoyez Laura à la forêt cueillir neuf pommes." La mère dit: "Ma fille, il n'y a pas de pommes dans la forêt dans cette saison." Mais la méchante fille insista, et la mère dit à Laura: "Ma fille, allez dans la forêt cueillir neuf pommes pour votre soeur."

Laura regarda sa mère avec surprise et dit: "Mais, ma mère, il n'y a pas de pommes dans la forêt dans cette saison." La mère insista, et Laura partit.

227 Les Quatre Saisons

Elle regarda à droite et à gauche, mais elle ne trouva
She looked to right and to left but she not found
     (the right)   (the left)   ()
pas de pommes. Elle avait froid, et dit: "Où y a-t-il
not of apples She had cold and said Where there has it
(no) ()   (was)   (is)
du feu?"
of the fire
()

Dans un instant elle vit le même feu et les mêmes
In a moment she saw the same fire and the same
hommes.
men

Elle s'approcha et dit à l'homme à barbe blanche qui
She herself approached and said to the man with (a) beard white who
     (approached)
avait le bâton à la main: "Mon bon monsieur,
had the staff in the hand My good sir
voulez-vous me permettre de me chauffer à votre feu?"
will you me allow to myself warm at your fire

L'homme répondit: "Certainement, ma pauvre enfant; que
The man answered Certainly my poor child what
cherchez-vous dans la forêt dans cette saison?" "Je
seek you in the forest in this season I
(do you search)
cherche des pommes, monsieur."
search of the apples sir
     ()

Les Quatre Saisons

"C'est la saison de la neige et de la glace, ma pauvre enfant, ce n'est pas la saison des pommes."

"Oui, monsieur, mais ma mère a dit: 'Allez chercher des pommes,' et je suis forcée d'obéir," dit Laura.

Alors l'homme à barbe blanche prit son bâton, se tourna vers un des hommes à barbe noire et dit:

"Frère Septembre, les pommes sont votre affaire. Voulez-vous aider cette pauvre petite fille?"

"Certainement," répondit Frère Septembre.

229 Les Quatre Saisons

Il prit le bâton, attisa le feu, et dans un instant la
He took the staff poked the fire and in an moment the

petite fille vit un pommier, tout couvert de pommes.
little girl saw an apple tree totally covered of (with) apples

Alors Frère Septembre se tourna vers la petite fille, et
Then Brother September himself turned (turned) towards the little girl and

dit: "Ma chère petite fille, cueillez votre pommes, vite,
said My dear little girl pick your apples quickly

vite, et partez."
quickly and leave

La petite fille cueillit neuf pommes rouges, dit: "Merci,
The little girl picked nine apples red said Thank you

mon bon monsieur," et partit.
my good sir and left

Frère Septembre donna le bâton à Frère Janvier, qui
Brother September gave the staff to Brother January who

attisa le feu, et à l'instant le pommier disparut, et les
poked the fire and at the instant the apple tree disappeared and the

pommes rouges aussi, et la neige et la glace étaient
apples red also and the snow and the ice were

là comme avant.
there like before

230 Les Quatre Saisons

La petite fille retourna à la maison, elle frappa à la porte. La mère ouvrit la porte, et demanda: "Avez-vous les neuf pommes?"

"Oui, ma mère," répondit la petite fille. Elle donna les pommes à sa mère et entra dans la maison.

La mère donna les pommes à la méchante fille. La méchante fille mangea les neuf pommes, et demanda à Laura: "Ma soeur, où avez-vous trouvé ces grosses pommes rouges?"

"Dans la forêt, il y avait un grand pommier tout couvert de pommes rouges," répondit Laura.

231 Les Quatre Saisons

La méchante fille dit à sa mère le lendemain: "Ma mère, donnez-moi mon manteau et mon capuchon. Je vais à la forêt cueillir beaucoup de violettes, de fraises, et de pommes."

La mère donna le manteau et le capuchon à Claire, qui partit.

Elle alla dans la forêt, elle vit de la glace et de la neige, mais elle ne vit pas de violettes. Elle ne vit pas de fraises, et elle ne vit pas de pommes.

Elle chercha à droite, elle chercha à gauche, en vain.

232 Les Quatre Saisons

Alors elle dit: "J'ai froid, où y a-t-il du feu?"
Then she said I have cold where there has it of the fire
(am) (is there) ()

Elle regarda à droite et à gauche, et vit le grand feu
She looked to right and to left and saw the large fire
(the right) (the left)

et les douze hommes, assis en silence autour du feu.
and the twelve men sitting in silence around the fire

Claire s'approcha, et l'homme qui avait le bâton dit:
Claire herself approached and the man who had the staff said
(approached)

"Mon enfant, que cherchez-vous dans la forêt dans cette
My child what seek you in the forest in this

saison?"
season

"Rien," dit la méchante fille, qui était aussi très impolie.
Nothing said the malicious girl who was also very impolite

Frère Janvier prit son bâton, attisa le feu, et dans un
Brother January took his staff poked the fire and in an

instant la neige commença à tomber.
instant the snow started with to fall
()

233 Les Quatre Saisons

La méchante fille partit pour aller à la maison, mais
en route elle tomba dans la neige et périt.

La mère dit: "Où est Claire?"

Un moment après la mère prit son manteau et son capuchon et partit pour chercher Claire.

Elle chercha dans la forêt, elle arriva aussi au grand feu et vit les douze hommes.

Frère Janvier dit: "Ma bonne femme, que cherchez-vous dans la forêt dans cette saison?" "Rien," répondit la mère, qui était aussi impolie.

234 Les Quatre Saisons

Frère Janvier prit son bâton, attisa le feu, et
Brother January took his staff poked the fire and

à l'instant la neige commença à tomber.
at the instant the snow started to fall

La mère partit pour aller à la maison, mais en route
The mother left for to go to the house but on way
(the way)

elle tomba dans la neige et périt aussi.
she fell in the snow and perished also

La bonne fille était seule dans la maison, mais douze
The good girl was alone in the house but twelve

fois par an elle recevait la visite d'un des douze
times per year she received the visit of one of the twelve

hommes. Décembre, Janvier, et Février apportaient de la
men. December January and February brought of the
() ()

glace et de la neige; Mars, Avril, et Mai apportaient
ice and of the snow March April and May brought
() ()

des violettes; Juin, Juillet, et Août apportaient de petits
of the violets June July and August brought of small
() ()

fruits; et Septembre, Octobre, et Novembre apportaient
fruits and September October and November brought

beaucoup de pommes.
many of apples
()

235 Les Quatre Saisons

La petite fille était toujours très polie, et les douze
The little girl was always very polite and the twelve

mois étaient ses bons amis.
months were her good friends.

236 Les Trois Citrons

237 Les Trois Citrons

LES TROIS CITRONS
THE THREE LEMONS

Il y avait une fois un prince beau comme le jour,
It there had one time a prince beautiful like the day
(There was)

riche et aimable. Le roi, son père, désirait beaucoup de
rich and pleasant The king his father desired much to

le voir marié, et tous les jours il lui disait: "Mon fils,
him see married and all the days him he said My son

pourquoi ne choisissez-vous pas une femme parmi toutes
why not choose yourself not a wife among all
()

les belles demoiselles de la cour?"
the beautiful young ladies of the court

Mais le fils regardait toutes les demoiselles avec
But the son looked at all the young ladies with

indifférence, et refusait toujours de choisir une femme.
indifference and refused always to choose a wife

Enfin, un jour, fatigué des remontrances de son père, il
Finally one day tired of the remonstrances of his father he
(admonitions)

dit:
said

Les Trois Citrons

"Mon père, vous désirez me voir marié. Je n'aime pas les demoiselles de la cour. Elles ne sont pas assez jolies pour me plaire. Je propose de faire un long voyage, tout autour du monde, si c'est nécessaire, et quand je trouverai une princesse, aussi blanche que la neige, aussi belle que le jour, et aussi intelligente et aimable qu'un ange, je la prendrai pour femme, sans hésiter."

Le roi était enchanté de cette décision, dit adieu à son fils, lui souhaita un bon voyage, et le prince partit tout joyeux.

239 Les Trois Citrons

Il commença son voyage gaiement, et alla tout droit
He started his journey merrily and went all straight

devant lui. Enfin il arriva à la mer, où il trouva un
ahead of him Finally he arrived at the sea where he found a

beau vaisseau à l'ancre.
beautiful vessel at the anchor

Il s'embarqua sur ce vaisseau, et quelques minutes après
He embarked on this vessel and some minutes afterwards

des mains mystérieuses et invisibles levèrent l'ancre, et
of the hands mysterious and invisible raised the anchor and
()

le vaisseau quitta rapidement le port.
the vessel left quickly the port

Le prince navigua ainsi pendant trois jours.
The prince sailed so during three days

Alors le vaisseau arriva à une île.
Then the vessel arrived at an island

240 Les Trois Citrons

Le prince débarqua avec son cheval, et continua son
voyage, malgré le froid intense et la neige et la glace
qui l'entouraient de tous côtés. Le prince était surpris
de se trouver déjà en hiver, mais il continua bravement
son chemin.

Il arriva enfin à une toute petite maison blanche. Il
frappa à la porte, et une vieille dame, aux cheveux
blancs, ouvrit la porte.

"Que cherchez-vous, jeune homme?" demanda-t-elle.

241 Les Trois Citrons

"Je cherche une femme, la plus jolie au monde;
I seek a wife the most pretty in the world

pouvez-vous me dire où la trouver?" répondit le prince.
can you me say where her to find answered the prince

"Non, il n'y a pas de femme pour vous dans mon
No it not there has no of wife for you in my
() (there) (is) ()

royaume. Je suis l'Hiver, je n'ai pas le temps de
kingdom I am the Winter I not have not the time of
(have) (to)

m'occuper de mariages. Mais allez visiter ma soeur,
occupy myself of marriages But go visit my sister
(with)

l'Automne, elle vous trouvera peut-être la femme idéale
the Autumn she you will find maybe the wife ideal

que vous cherchez." Le prince remercia la belle dame
that you seek The prince thanked the beautiful lady

aux cheveux blancs, remonta à cheval, continua son
to the hairs white mounted on horse continued his
(with) (hair) ()

chemin et remarqua bientôt que la neige et la glace
way and noted soon that the snow and the ice

avaient disparu, et que les arbres étaient tout couverts
had disappeared and that the trees were all covered

de beaux fruits.
of beautiful fruits
(with)

242 Les Trois Citrons

Il arriva bientôt après à une petite maison brune, et
frappa à la porte.

Une belle dame, aux yeux et aux cheveux noirs, ouvrit la porte, et demanda d'une voix bien douce: "Que voulez-vous, jeune homme, et que cherchez-vous ici dans mon royaume?"

"Je cherche une femme," répondit le prince sans hésitation.

"Une femme!" répéta la belle dame avec surprise.

243 Les Trois Citrons

"Je n'ai pas de femme pour vous. Je suis l'Automne, et je suis très occupée, je vous assure, car j'ai tous les fruits à cueillir. Allez faire visite à ma soeur, l'Été, elle aura peut-être le temps de s'occuper de vous et de vous trouver une jolie femme." Le prince, ainsi congédié, continua son voyage. Il remarqua avant bien longtemps que l'herbe était haute, que le feuillage était épais, et que le blé était mûr. Il n'avait plus froid, au contraire il avait bien chaud, et il fut très content d'apercevoir une petite maison jaune, à peu de distance.

244 Les Trois Citrons

245 Les Trois Citrons

Arrivé à la porte de cette petite maison, il heurta, et
Arrived at the door of this small house he knocked and

une jolie femme, aux cheveux bruns et aux joues
a pretty woman to the hairs brown and to the cheeks
(with) (hair) (with)

rouges, ouvrit la porte en demandant:
red opened the door while asking

"Que voulez-vous, jeune homme, et que cherchez-vous
What want you young man and what seek you

dans mon royaume?"
in my kingdom

"Madame," dit le prince avec la plus grande politesse,
Madam said the prince with the most large courtesy
(greatest)

"j'ai eu l'honneur de faire visite à vos deux soeurs,
I have had the honor to make visit to your two sisters
(a visit)

l'Hiver et l'Automne. Je leur ai demandé de me trouver
the Winter and the Autumn I them have asked of me find
(to)

une femme, la plus jolie du monde, mais elles sont
a wife the most pretty of the world but they are

trop occupées et m'ont envoyé chez vous."
too busy and have me sent to you

246 Les Trois Citrons

"Pouvez-vous me procurer la femme charmante que je cherche depuis si longtemps en vain?"

"Ah, mon prince," répondit la belle dame aux cheveux bruns et aux joues rouges.

"Je suis aussi fort occupée, et je n'ai pas le temps de vous trouver une femme. Mais allez faire visite à ma soeur, le Printemps, elle vous aidera certainement."

Le prince la remercia et partit.

247 Les Trois Citrons

Quelques minutes après il remarqua que l'herbe était
Some minutes afterwards he noted that the grass was

d'un vert plus tendre, que tous les arbres étaient
of a green more tender that all the trees were

couverts de fleurs, et vit une petite maison verte, au
covered with flowers and saw a small house green in the

milieu d'un jardin, où il y avait une grande quantité de
middle of a garden where it there had (was) a large quantity of

belles fleurs: des tulipes, des jacinthes, des jonquilles,
beautiful flowers of the tulips of the hyacinths of the daffodils
() () ()

des violettes, des lilas, des muguets, etc., etc.
of the violets of the lilacs of the lilies of the valley etc etc
() ()

Notre héros heurta à la porte de cette petite maison,
Our hero knocked at the door of this small house

et une dame aux cheveux blonds et aux yeux bleus
and a lady at the hairs fair and with the eyes blue
(with) (hair) (with)

parut immédiatement. "Que cherchez-vous, jeune homme,"
appeared immediately What seek you young man

demanda-t-elle?
asked she

Les Trois Citrons

"Je cherche une femme. Vos trois soeurs, l'Hiver,
I   seek   a   wife   Your three sisters the Winter

l'Automne et l'Été étaient trop affairées pour
the Autumn and the Summer were too busy for (to)

m'en procurer une, mais j'espère bien que vous aurez
me of it obtain one but I hope very much that you will have
(obtain for me)

compassion de moi, et que vous me trouverez la
compassion with me and that you me will find the
(for me)

personne charmante que je cherche depuis si longtemps
person charming that I seek since such a long time

en vain."
in vain

"Oui, mon prince, je vous aiderai," répondit la jolie
Yes my prince I you will help answered the pretty

jeune femme. "Entrez dans ma petite maison,
young woman Enter in my small house

asseyez-vous là, à cette petite table, et je vous
seat yourself there at that small table and ! you

donnerai à boire et à manger, car vous avez sans
will give to drink and to eat because you have without
(are)

doute bien faim et bien soif."
doubt very hunger and very thirst
(hungry) (thirsty)

249 Les Trois Citrons

Le prince accepta cette invitation, entra, s'assit à table
The prince accepted this invitation entered sat down at table
(the table)

et mangea et but avec plaisir.
and ate and drank with pleasure

Quand il eut fini son repas, le Printemps lui apporta
When he had finished his meal the Spring him brought

trois beaux citrons, un joli couteau d'argent et une
three beautiful lemons a pretty knife of silver and a

magnifique coupe d'or, et dit:
splendid cup of gold and said

"Prince, voici trois citrons, un couteau d'argent et une
Prince here three lemons a knife of silver and a

coupe d'or. Je vous donne ces objets magiques. Quand
cup of gold I you give these objects magic When

vous arriverez tout près du château de votre père,
you will arrive very near of the castle of your father
(of the)

arrêtez-vous à la fontaine."
halt yourself at the fountain

250 Les Trois Citrons

"Prenez ce couteau d'argent, coupez le premier citron, et au même instant une belle princesse paraîtra. Elle vous demandera à boire. Si vous lui donnez immédiatement à boire dans la coupe d'or, elle restera avec vous et sera votre femme; mais si vous hésitez, même un instant, elle disparaîtra, et vous ne la reverrez plus jamais."

"Si vous avez le malheur de la perdre, coupez le second citron, et une seconde princesse paraîtra, qui vous demandera aussi à boire. Si vous ne lui donnez pas immédiatement à boire, elle disparaîtra aussi."

251 Les Trois Citrons

"Alors vous couperez le troisième citron, une troisième
Then you will cut the third lemon a third

princesse paraîtra; elle demandera à boire, et si vous
princess will appear she will ask to drink and if you

lui permettez de disparaître, aussi, vous n'aurez jamais
her allow to disappear also you will not have never

de femme, et vous n'en mériterez pas, parce que vous aurez
of woman and you not it will deserve not you will have
() (a woman) ()

été trop stupide."
been too stupid

Le prince écouta les instructions de la jolie dame avec
The prince listened to the instructions of the pretty lady with

beaucoup d'attention.
a lot of attention

Il prit le couteau d'argent, la coupe d'or et les trois
he took the knife of silver the cup of gold and the three

citrons, monta à cheval, et partit.
lemons mounted on horse and left
(on his)

Les Trois Citrons

Il passa à travers le royaume du Printemps, de l'Été, de
He passed through the kingdom of the Spring of the Summer of

l'Automne, de l'Hiver, arriva au bord de la mer, trouva
the Autumn of the Winter arrived at the edge of the sea found

le vaisseau, s'embarqua, et arriva au bout de trois
the vessel embarked and arrived at the end of three

jours, au port où il s'était embarqué.
days at the port where he was embarked
                              (had)

Quelques jours après il arriva à la fontaine près du
Some days afterwards he arrived at the fountain near the

château de son père.
castle of his father

Il descendit de cheval, prit les trois citrons et le
He came down from horse took the three lemons and the
            (the horse)

couteau d'argent, remplit la coupe d'or d'eau pure à la
knife of silver filled the cup of gold with water pure at the

fontaine, et quand ces préparatifs furent tous finis il
fountain and when these preparations were all ready he

coupa le premier citron d'une main tremblante.
cut the first lemon of a hand trembling
                    (with a)

253 Les Trois Citrons

Au même instant une princesse, belle comme le jour,

se présenta devant lui, et dit timidement:

"Prince, j'ai soif, voulez-vous, s'il-vous-plaît, me donner à boire?"

Mais le prince était si occupé à l'admirer, qu'il oublia la recommandation du Printemps, et ne lui donna pas à boire.

La princesse le regarda un instant d'un air de reproche, et puis elle disparut. Le prince, au désespoir, pleura et se lamenta.

Les Trois Citrons

Il dit cent fois, au moins, qu'il était bien stupide de
He said (a) hundred times at the least that he was very stupid to

laisser échapper une si belle princesse, et enfin il
let escape a so beautiful princess and finally he

se décida à couper le second citron.
decided to cut the second lemon

Une seconde princesse, plus belle que la première, se
A second princess more beautiful than the first herself

présenta aussitôt, et dit: "Prince, j'ai soif, donnez-moi à
presented at once and said Prince I have thirst give me to
(I am) (thirsty)

boire, s'il-vous-plaît."
drink if it pleases you
(please)

Mais le pauvre prince était si surpris de sa beauté,
But the poor prince was so surprised of her beauty

qu'il resta là, la bouche ouverte, et oublia de lui
that he remained there the mouth opened and forgot to her

donner à boire. La seconde princesse le regarda d'un
give to drink The second princess him looked at with a

air de reproche, et disparut aussi.
look of reproach and disappeared also

255   Les Trois Citrons

Alors le prince pleura et se lamenta, et dit au moins
deux cents fois: "Je suis stupide, très stupide," mais la princesse avait complètement disparu.

Après avoir pleuré longtemps, le prince se décida à couper le troisième citron, et une troisième princesse, plus belle que les deux autres, se présenta devant lui:

"Prince," dit-elle, timidement, "j'ai soif, donnez-moi à boire, s'il-vous-plaît."

Le prince lui donna à boire immédiatement.

Les Trois Citrons

Alors la princesse s'assit à côté de lui, et quand il
Then the princess sat down at side of him and when he

lui demanda si elle voulait bien être sa femme, elle
her asked if she wanted well to be his wife she

rougit, et dit, "Oui."
reddens and said Yes

Le prince la regarda avec admiration, et dit: "Que vous
The prince her looked at with admiration and said What you

êtes belle! Vous êtes la plus belle personne du monde,
are beautiful You are the most beautiful person of the world

j'en suis sûr! Mais votre robe n'est pas belle. Elle est
I of it am sure But your dress is not not beautiful It is
 ( )

trop modeste. Attendez ici, et j'irai au château de mon
too modest Wait here and I will go to the castle of my

père, chercher une belle robe de satin blanc et une
father to search a beautiful dress of satin white and a

voiture pour vous présenter à mon père comme une
carriage to you present to my father as a

grande dame."
great lady

257 Les Trois Citrons

La princesse était très timide; elle avait peur de rester seule, mais enfin elle consentit à rester près de la fontaine, et le prince partit. Il alla au château de son père, dit qu'il avait trouvé une princesse, blanche comme la neige, belle comme le jour, et aimable et intelligente comme un ange, et promit de la présenter dans une heure. Alors le prince alla demander une belle robe de satin blanc à sa soeur favorite, donna ordre de préparer la plus belle voiture, et fit tous les préparatifs nécessaires pour recevoir la princesse avec honneur.

258 Les Trois Citrons

Quand tout fut prêt, il monta en voiture pour aller
When   all   was ready he got up into (the) carriage to   go

chercher la belle princesse qu'il était impatient de revoir.
seek   the beautiful princess that he was impatient to see again

Pendant son absence, la princesse, qui avait peur de
During his absence, the princess, who had fear to
(was) (afraid)

rester là toute seule, grimpa dans un grand arbre, près
remain there all alone, climbed in a large tree near

de la fontaine, et se cacha dans le feuillage.
of the fountain, and herself hid in the foliage.

Tout son corps était complètement caché, mais sa jolie
All of her body was completely hidden but her pretty

figure était visible, et se reflétait dans l'eau pure de la
figure was visible, and itself reflected in the water pure of the

fontaine, comme dans un miroir.
fountain, like in a mirror.

259 Les Trois Citrons

Les Trois Citrons

Quelques minutes après, une servante arriva à la
Some / minutes / afterwards / a / servant girl / arrived / at / the

fontaine pour chercher de l'eau.
fountain / to / seek / of () / the water (water)

Elle avait une grande cruche, elle se pencha sur l'eau,
She / had / a / large / jug / she / herself / leaned / over / the water

vit la jolie figure, et regarda à droite et à gauche
saw / the / pretty / figure / and / looked / to / right (the right) / and / to / left (the left)

pour découvrir la personne à qui cette jolie figure
to / discover / the / person / to / whom / this / pretty / figure

appartenait.
belonged

Mais elle ne vit personne, et décida bientôt que l'image
But / she / not () / saw / nobody / and / decided / soon / that / the image

qu'elle voyait dans l'eau était celle de sa propre figure:
that she / saw / in / the water / was / that / of / her / own / figure

"Oh, que je suis jolie," dit-elle avec joie.
Oh / what (how) / I / am / pretty / said she / with / joy

261 Les Trois Citrons

"Que je suis jolie. Je suis aussi jolie qu'une princesse.
What I am pretty I am so pretty as a princess

Ma maîtresse dit toujours: 'Lucie, vous êtes laide, laide
My mistress says always Lucie you are ugly ugly

à faire peur,' mais ce n'est pas vrai. Je suis jolie, et
to make afraid but this is not not true I am pretty and

ma maîtresse est jalouse parce que je suis plus jolie
my mistress is jealous I am more pretty

qu'elle. Je suis trop jolie pour porter de l'eau!" Et la
than she I am too pretty to carry of the water And the
        (water)

servante cassa sa cruche sur les pierres, et retourna
servant girl broke her jug on the stones and turned back

chez sa maîtresse, qui attendait l'eau avec impatience.
to her mistress who awaited the water with impatience

"Où est la cruche?" demanda-t-elle. "Où est l'eau que
Where is the jug asked she Where is the water that

je vous ai dit de m'apporter?"
I you have said to bring to me

262 Les Trois Citrons

"J'ai cassé la cruche, je suis trop jolie pour porter de l'eau," dit la servante.

"Vous! Jolie!" dit la dame avec étonnement, "vous êtes laide à faire peur!" Et la maîtresse, en colère, battit la pauvre servante, lui donna une autre cruche, et la renvoya en pleurant à la fontaine.

La servante retourna lentement à la fontaine, se pencha sur l'eau, vit la même jolie figure, et dit: "Oh, que je suis jolie! Je suis sûre que je suis la plus jolie personne du monde!"

263   Les Trois Citrons

"Je ne porterai pas l'eau pour ma maîtresse," et elle cassa la seconde cruche et retourna à la maison sans eau.

"Où est l'eau de la fontaine, esclave?" demanda la maîtresse impérieusement.

"L'eau est dans la fontaine, et la cruche est cassée. Je ne serai plus votre servante. Je suis trop jolie. Je suis assez jolie pour épouser le prince."

Alors la maîtresse commença à rire, et dit:

Les Trois Citrons

"Que vous êtes absurde, Lucie; vous êtes laide, laide à
What you are absurd Lucie you are ugly ugly to
(how)

faire peur; retournez à la fontaine!"
make afraid go back to the fountain

La servante retourna à la fontaine avec une troisième
The servant girl returned to the fountain with a third

cruche et se pencha sur l'eau. Quand elle vit la jolie
jug and leaned over the water When she saw the pretty

figure, réfléchie dans l'eau limpide, elle dit: "Oh, que je
figure reflected in the water clear she said Oh what I

suis jolie!" et cette fois elle parla si haut que la
am pretty and this time she spoke so loud that the

princesse dans l'arbre l'entendit.
princess in the tree it heard

Amusée par ces exclamations, elle se mit à rire. La
Amused by these exclamations she herself put to laugh The
 (started)

servante, surprise, leva la tête, et vit la jolie princesse:
servant girl surprised raised the head and saw the pretty princess

265 Les Trois Citrons

"Ah," pensa-t-elle, "c'est cette personne-là qui a causé
Ah   thought she   it is   this   person there   who   has   caused

tout mon malheur! Je me vengerai!" Alors d'une voix
all   my   misfortune   I   me   will avenge   Then   with a   voice

bien douce, elle, dit: "Ma jolie dame, pourquoi êtes-vous
very   sweet   she   said   My   pretty   lady   why   are you

dans cet arbre?"
in   that   tree

"Pour attendre le prince, mon fiancé, qui est allé au
To   await   the   prince   my   fiancé   who   is   gone   to the

palais du roi, son père, chercher une belle robe de
palace   of the   king   his   father   to search   a   beautiful   dress   of

satin blanc, et une voiture."
satin   white   and   a   carriage

"Ma jolie dame, vos beaux cheveux blonds sont en
My   pretty   lady   your   beautiful   hairs (hair)   fair   are (is)   in

désordre, voulez-vous me permettre de grimper dans
disorder   will you   me   allow   of (to)   climb   in

l'arbre et de vous les arranger?"
the tree   and   of (to)   (for) you   them   arrange

Les Trois Citrons

La princesse consentit, la servante grimpa sur l'arbre, prit une grande épingle, et perça la tête de la pauvre princesse, qui jeta un cri terrible et disparut.

La servante, surprise, leva la tête et vit un joli pigeon blanc qui s'envolait en poussant des cris plaintifs. Alors la servante s'assit à la place de la princesse et attendit le retour du prince.

Quelques minutes après le prince arriva avec toute sa suite. Il regarda à droite et à gauche, et ne vit personne.

Les Trois Citrons

Il commença à appeler:

"Ma princesse, ma belle fiancée, ma bien-aimée, où êtes-vous?"

"Ici," répondit la servante.

Le prince courut à l'arbre avec empressement. Mais quelle ne fut pas sa surprise et son chagrin quand il vit la vilaine servante, au lieu de sa charmante fiancée.

"Où est ma princesse, ma fiancée, une dame belle comme le jour et blanche comme la neige?" demanda-t-il.

Les Trois Citrons

"Je suis votre fiancée," dit la servante; "je suis la belle princesse, je suis votre bien-aimée. Mais pendant votre absence une méchante fée est venue et m'a changée en servante, comme vous voyez." Le prince était un homme d'honneur, et comme il avait demandé la main de la jolie princesse, il pensa: "Je suis forcé d'épouser cette personne, parce qu'elle déclare qu'elle est ma fiancée."

Alors il aida la servante à descendre de l'arbre et appela les dames d'honneur, qui regardèrent leur nouvelle souveraine avec dégoût.

269   Les Trois Citrons

Le prince leur ordonna de vêtir la servante, et elles lui
The prince them ordered to dress the servant girl and they her

donnèrent la belle robe de satin blanc, le voile de
gave the beautiful dress of satin white the veil of

mariée, et la couronne de fleurs d'oranger. Mais toute
marriage and the crown of flowers of orange tree But all

cette belle toilette la faisait paraître plus laide que jamais.
this beautiful toiletry her made to appear more ugly than never (ever)

Quand la toilette de la servante fut complètement finie,
When the dressing of the servant girl was completely finished

le prince la conduisit à la voiture, prit place à côté
the prince her led to the carriage took place next

d'elle, et alla au château.
to her and went to the castle

Le vieux roi, anxieux de voir la beauté de sa future
The old king anxious to see the beauty of his future

belle-fille, la reçut à la porte.
daughter in law her received at the door

270 Les Trois Citrons

Il regarda la servante avec surprise, se tourna vers son
He looked at the servant girl with surprise turned towards his

fils et dit avec colère:
son and said with anger

"Mon fils, êtes-vous fou? Vous avez dit que la
My son are you insane You have said that the

princesse que vous aviez choisie était plus blanche que
princess that you had chosen was more white than

la neige, plus belle que le jour, intelligente et aimable
the snow more beautiful than the day intelligent and pleasant

comme un ange, et maintenant vous arrivez avec une
like an angel and now you arrive with an

vilaine servante, qui est laide à faire peur."
unpleasant servant girl who is ugly to make fear

Le roi était si en colère contre son fils qu'il lui tourna
The king was so much in anger against his son that he him turned

le dos, et alla dans sa chambre, où il pleura de rage.
the back and went in his room where he cried of rage

271 Les Trois Citrons

Le prince conduisit la servante à l'appartement qui avait été préparé pour elle.

Il plaça le château et tous les domestiques à sa disposition, et lui dit que leur mariage aurait lieu seulement le lendemain.

Alors le prince alla trouver son père, lui raconta toutes ses aventures, et déclara qu'il ne se consolerait jamais de la perte de la jolie princesse, mais, qu'étant un homme d'honneur, il ne pourrait jamais refuser d'épouser la servante.

272 Les Trois Citrons

Pendant que le prince était avec son père, la servante, heureuse de commander aux autres, alla partout dans le palais, donna des ordres à tous les domestiques, et arriva enfin à la cuisine, où elle dit au chef de faire beaucoup de bonnes choses à manger.

Pendant qu'elle donnait cet ordre, un joli pigeon blanc vint se poser sur un arbre, tout près de la fenêtre de la cuisine, et poussa un petit cri plaintif.

La servante vit le pigeon, le montra au chef, et dit:

273 Les Trois Citrons

"Chef, prenez votre grand couteau, coupez la tête à ce
Chef take your large knife cut the head of that

pigeon, et faites-le rôtir pour mon souper."
pigeon and make it roast for my supper

Le cuisinier prit son grand couteau, alla dans le jardin,
The cook took his large knife went in the garden

et tua le pauvre petit pigeon blanc.
and killed the poor small pigeon white

Trois gouttes de sang tombèrent à terre, et le chef
Three drops of blood fell on earth and the chef

porta le pigeon à la cuisine pour le rôtir pour le
carried the pigeon to the cuisine to it roast for the

souper de la servante, sa nouvelle maîtresse.
supper of the servant girl his new mistress

Le prince avait quitté son père, et il s'était retiré dans
The prince had left his father and he was withdrawn in
                                              (had)

sa chambre pour pleurer la belle princesse.
his room to weep over the beautiful princess

274 Les Trois Citrons

Il était près de la fenêtre; il vit le cuisinier tuer le
He was near of the window he saw the cook kill the

pigeon blanc, et il remarqua les trois gouttes de sang
pigeon white and he noted the three drops of blood

qui tombèrent à terre.
which fell on earth (the ground)

Quelques minutes après que le cuisinier fut parti, le
Some minutes after that the cook was left the
(had)

prince remarqua trois petites plantes qui sortaient de
prince noted three small plants that came out of

terre à la place où les trois gouttes de sang du
earth at the place where the three drops of blood of the
(the earth)

pigeon étaient tombées. Ces trois petites plantes
pigeon were fallen These three small plants
(had)

poussaient avec une rapidité extraordinaire, et en quelques
pushed with a speed extraordinary and in some
(grew) (a few)

minutes le prince vit avec surprise trois arbres, tout
minutes the prince saw with surprise three trees, all

couverts de fleurs.
covered of flowers
(with)

275 Les Trois Citrons

Quelques minutes après les fleurs avaient disparu, et le
prince remarqua trois fruits verts.

En un instant les fruits étaient mûrs, et le prince vit
avec surprise que ces fruits étaient trois citrons.

Il descendit dans le jardin, cueillit les trois citrons,
remonta dans sa chambre, remplit la coupe d'or d'eau
fraîche, et prit le couteau d'argent. Le pauvre prince
coupa le premier citron, en tremblant; la première
princesse parut, et demanda à boire, mais le prince dit:

276 Les Trois Citrons

"Oh non, charmante princesse, ce n'est pas vous que
Oh no charming princess it is not not you that
()

je veux pour femme."
I want for wife

Il coupa le second citron, la seconde princesse parut,
He cut the second lemon the second princess appeared

et il lui refusa aussi à boire. Mais quand il coupa le
and he her refused also to drink But when he cut the
(give to drink)

troisième citron et que la troisième princesse parut, il lui
third lemon and that the third princess appeared he her
(when)

donna à boire avec empressement, et elle resta avec
gave to drink with eagerness and she stayed with

lui, et il l'embrassa avec joie. La jolie princesse raconta
him and he embraced her with joy The pretty princess told

toutes ses aventures au prince, et il dit que la
all her adventures to the prince and he said that the

servante serait punie. Mais le prince était si heureux de
servant girl would be punished But the prince was so happy to

revoir sa chère princesse qu'il dansa de joie.
see again his dear princess that he danced of joy

277 Les Trois Citrons

Le roi, entendant le bruit dans la chambre du prince, arriva en colère, ouvrit la porte, et dit: "Mon fils, vous êtes décidément fou! Pourquoi dansez-vous maintenant?" "Oh mon père," répondit le prince, "je danse de joie, parce que j'ai retrouvé la chère princesse, la plus jolie femme du monde!" et le prince présenta la princesse à son père, qui la regarda avec admiration, et dit: "Mon fils, vous avez raison, cette princesse est belle comme le jour, blanche comme la neige, et je suis sûr qu'elle est aussi bonne et intelligente qu'un ange!"

278 Les Trois Citrons

Alors le roi demanda au prince comment il avait retrouvé la princesse, où elle avait disparu, et quand il eut entendu toute l'histoire, il dit:

"La servante est une très méchante femme. Elle mérite une punition très sévère."

Alors le roi prit un grand voile, le jeta sur la tête de la princesse, et la mena dans la grande salle, où tous les courtisans étaient assemblés autour de la servante, qui portait une robe de satin rose toute couverte de perles et de diamants.

279 Les Trois Citrons

Le roi s'avança vers la servante et dit:
The king advanced towards the servant girl and said

"Madame, demain vous pensez être la reine de ce royaume. Donnez-moi votre opinion, et dites-moi quelle punition mérite la personne qui attaquerait la future femme du prince, mon fils?"
Madam tomorrow you think to be the queen of this kingdom Give me your opinion and tell me which punishment deserves the person who would attack the future wife of the prince my son

"Une personne qui attaquerait la femme de votre fils mériterait une mort terrible. Elle mériterait d'être jetée dans un grand four, rôtie toute vive, et je commanderais que ses cendres fussent jetées au vent."
A person who would attack the wife of your son would deserve a death terrible She would deserve to be thrown in a large furnace roasted all alive and I would order that her ashes were (to be) thrown to the wind

Les Trois Citrons

Le roi répondit:

"Madame, vous avez prononcé votre propre punition. Vous êtes une femme cruelle! Vous avez voulu tuer cette jolie princesse, la future femme de mon fils, et vous serez jetée dans un four, rôtie toute vive, et je commanderai que vos cendres soient jetées au vent!"

Alors le roi leva le voile de la princesse, et tous les courtisans et toutes les dames d'honneur s'écrièrent:

"Oh, quelle jolie princesse!"

281 Les Trois Citrons

La pauvre servante se jeta à genoux devant le roi, et dit:

"Mon roi, mon roi, ayez compassion de moi, ayez compassion de moi, ne me faites pas rôtir toute vive dans un four. Pardon, mon roi, pardon!"

Mais le roi refusa de pardonner à la servante; alors la belle princesse s'avança, et dit:

"Votre majesté a promis de me donner un beau cadeau de noces. Donnez-moi la vie de cette pauvre créature si ignorante!"

282 Les Trois Citrons

Le roi consentit à la demande de la princesse, qui
trouva une bonne place pour la servante, et tout le monde déclara que la nouvelle reine était aussi bonne que belle.

Le mariage du prince et de la princesse fut célébré le lendemain avec beaucoup de pompe et de cérémonie, et le prince et la princesse furent heureux tout le reste de leur vie, et regrettés après leur mort de tous leurs sujets.

283   Les Trois Citrons

MAUPASSANT

L'AVENTURE DE WALTER SCHNAFFS I

Depuis son entrée en France avec l'armée d'invasion, Walter Schnaffs se jugeait le plus malheureux des hommes. Il était gros, marchait avec peine, soufflait beaucoup et souffrait affreusement des pieds qu'il avait fort plats et fort gras. Il était en outre pacifique et bienveillant, nullement magnanime ou sanguinaire, père de quatre enfants qu'il adorait et marié avec une jeune femme blonde, dont il regrettait désespérément chaque soir les tendresses, les petits soins et les baisers.

Walter Schnaffs I

Il aimait se lever tard et se coucher tôt, manger
He liked to get up late and to go to bed early to eat

lentement de bonnes choses et boire de la bière dans
slow of good things and to drink of the beer in
() ()

les brasseries.
the breweries
(bars)

Il songeait en outre que tout ce qui est doux dans
He thought in addition that all this what is soft in

l'existence disparaît avec la vie; et il gardait au coeur
the existence disappears with the life and he kept with the heart

une haine épouvantable, instinctive et raisonnée en même
a hatred terrible instinctive and reasoned at same
(at the)

temps, pour les canons, les fusils, les revolvers et les
time for the cannons the guns the revolvers and the
() () ()

sabres, mais surtout pour les baïonnettes, se sentant
sabres but especially for the bayonets himself feeling
()

incapable de manoeuvrer assez vivement cette arme
incapable of moving enough lively this weapon
(quickly)

rapide pour défendre son gros ventre.
rapid for to defend his large belly

287 Walter Schnaffs I

Et, quand il se couchait sur la terre, la nuit venue,
And when he went to sleep on the ground the night arrived

roulé dans son manteau à côté des camarades qui
rolled in his coat at side of the comrades who

ronflaient, il pensait longuement aux siens laissés là-bas
snored he thought a long time about the his people left down there
(about)

et aux dangers semés sur sa route: S'il était tué, que
and of the dangers sown on his road If he was killed what

deviendraient les petits? Qui donc les nourrirait et les
would become of the little ones Who then them would nourish and them

élèverait? A l'heure même, ils n'étaient pas riches,
would raise At the hour even they were not not rich

malgré les dettes qu'il avait contractées en partant pour
in spite of the debts that he had contracted in leaving for

leur laisser quelque argent.
them to leave some money

Et Walter Schnaffs pleurait quelquefois.
And Walter Schnaffs cried sometimes

Walter Schnaffs I

Au commencement des batailles il se sentait dans les jambes de telles faiblesses qu'il se serait laissé tomber, s'il n'avait songé que toute l'armée lui passerait sur le corps. Le sifflement des balles hérissait le poil sur sa peau. Depuis des mois il vivait ainsi dans la terreur et dans l'angoisse. Son corps d'armée s'avançait vers la Normandie, et il fut un jour envoyé en reconnaissance avec un faible détachement qui devait simplement explorer une partie du pays et se replier ensuite. Tout semblait calme dans la campagne; rien n'indiquait une résistance préparée.

Walter Schnaffs I

Or, les Prussiens descendaient avec tranquillité dans une
However the Prussians descended with calmness in a

petite vallée que coupaient des ravins profonds, quand
small valley that cut of the ravines deep when
(the)

une fusillade violente les arrêta net, jetant bas une
a shooting violent them stopped cleanly throwing low one

vingtaine des leurs; et une troupe de francs-tireurs,
score of the theirs and a troop of free shooters
(of) (French irregular military)

sortant brusquement d'un petit bois grand comme la
leaving suddenly of a small wood large like the
(a)

main, s'élança en avant, la baïonnette au fusil.
hand sprang forth the bayonet at the rifle

Walter Schnaffs demeura d'abord immobile, tellement surpris
Walter Schnaffs remained from start motionless so much surprised
(initially)

et éperdu qu'il ne pensait même pas à fuir. Puis un
and dazed that he not thought even not to flee Then a
()

désir fou de détaler le saisit;
desire insane of to bolt him seized

mais il songea aussitôt qu'il courait comme une tortue
but he thought at once that he ran like a tortoise

en comparaison des maigres Français qui arrivaient
in comparison of the thin French who arrived
(to the)

en bondissant comme un troupeau de chèvres. Alors,
leaping like a herd of goats Then

apercevant à six pas devant lui un large fossé plein
seeing at six steps in front of him a broad ditch full

de broussailles couvertes de feuilles sèches, il y sauta
of undergrowth covered of leaves dry he there jumped

à pieds joints, sans songer même à la profondeur,
with feet joint without to think even at the depth
(of)

comme on saute d'un pont dans une rivière. Il passa,
like one jumps of a bridge in a river He passed

à la façon d'une flèche, à travers une couche épaisse
at the manner of an arrow through a layer thick

de lianes et de ronces aiguës qui lui déchirèrent la
of vines and of brambles sharp that him tore the

face et les mains, et il tomba lourdement assis sur un
face and the hands and he fell heavily sat on a

lit de pierres.
bed of stones

291 Walter Schnaffs I

Levant aussitôt les yeux, il vit le ciel par le trou qu'il avait fait.

Ce trou révélateur le pouvait dénoncer, et il se traîna avec précaution, à quatre pattes, au fond de cette ornière, sous le toit de branchages enlacés, allant le plus vite possible, en s'éloignant du lieu de combat.

Puis il s'arrêta et s'assit de nouveau, tapi comme un lièvre au milieu des hautes herbes sèches.

Walter Schnaffs I

Il entendit pendant quelque temps encore des détonations, des cris et des plaintes.

Puis les clameurs de la lutte s'affaiblirent, cessèrent. Tout redevint muet et calme.

Soudain quelque chose remua contre lui. Il eut un sursaut épouvantable. C'était un petit oiseau qui, s'étant posé sur une branche, agitait des feuilles mortes.

Pendant près d'une heure, le coeur de Walter Schnaffs en battit à grands coups pressés.

293   Walter Schnaffs I

La nuit venait, emplissant d'ombre le ravin. Et le soldat se mit à songer. Qu'allait-il faire? Qu'allait-il devenir? Rejoindre son armée? Mais comment? Mais par où? Et il lui faudrait recommencer l'horrible vie d'angoisses, d'épouvantes, de fatigues et de souffrances qu'il menait depuis le commencement de la guerre! Non! Il ne se sentait plus ce courage. Il n'aurait plus l'énergie qu'il fallait pour supporter les marches et affronter les dangers de toutes les minutes.

Mais que faire?

Il ne pouvait rester dans ce ravin et s'y cacher jusqu'à la fin des hostilités. Non, certes. S'il n'avait pas fallu manger, cette perspective ne l'aurait pas trop atterré; mais il fallait manger, manger tous les jours.

Et il se trouvait ainsi tout seul, en armes, en uniforme, sur le territoire ennemi, loin de ceux qui le pouvaient défendre. Des frissons lui couraient sur la peau.

Soudain il pensa: 'Si seulement j'étais prisonnier!' Et son coeur frémit de désir, d'un désir violent, immodéré, d'être prisonnier des Français.

295 Walter Schnaffs I

Prisonnier! Il serait sauvé, nourri, logé, à l'abri des balles et des sabres, sans appréhension possible, dans une bonne prison bien gardée. Prisonnier! Quel rêve!

Et sa résolution fut prise immédiatement:

"Je vais me constituer prisonnier."

Il se leva, résolu à exécuter ce projet sans tarder d'une minute. Mais il demeura immobile, assailli soudain par des réflexions fâcheuses et par des terreurs nouvelles.

Où allait-il se constituer prisonnier? Comment? De quel côté?

Et des images affreuses, des images de mort, se précipitèrent dans son âme.

Il allait courir des dangers terribles en s'aventurant seul, avec son casque à pointe, par la campagne.

S'il rencontrait des paysans? Ces paysans, voyant un Prussien perdu, un Prussien sans défense, le tueraient comme un chien errant!

297 Walter Schnaffs I

Ils le massacreraient avec leurs fourches, leurs pioches,
They him would massacre with their forks their pickaxes

leurs faux, leurs pelles! Ils en feraient une bouillie, une
their scythes their shovels They of him would make a pulp a

pâtée, avec l'acharnement des vaincus exaspérés.
paté with the eagerness of the vanquished exasperated
(desparate)

S'il rencontrait des francs-tireurs? Ces francs-tireurs, des
If he met of the Frenchs gunners These Frenchs gunners of the
( ) ( )

enragés sans loi ni discipline, le fusilleraient pour
mad without law nor discipline him would shoot for

s'amuser, pour passer une heure, histoire de rire
to have fun for to pass a hour story of to laugh
(as a joke)

en voyant sa tête. Et il se croyait déjà appuyé contre
in seeing his head And he himself believed already put up against
(aiming for)

un mur en face de douze canons de fusils, dont les
a wall in front of twelve barrels of rifles of which the

petits trous ronds et noirs semblaient le regarder.
small holes round and black seemed him to look at

Walter Schnaffs I

S'il rencontrait l'armée française elle-même?
If he met the army French it self

Les hommes d'avant-garde le prendraient pour un
The men of front guard him would take for a
[of the vanguard]

éclaireur, pour quelque hardi et malin troupier parti seul
scout for some bold and malignant trouper parted alone

en reconnaissance, et ils lui tireraient dessus.
in reconnaissance and they him would shoot above
(down)

Et il entendait déjà les détonations irrégulières des
And he heard already the detonations irregular of the

soldats couchés dans les broussailles, tandis que lui,
soldiers hidden in the undergrowth while that he

debout au milieu d'un champ, affaissait, troué comme
upright in the middle of a field collapsed perforated like

une écumoire par les balles qu'il sentait entrer dans sa
a skimmer by the bullets that he felt to enter in his

chair.
flesh

299 Walter Schnaffs I

Il se rassit, désespéré. Sa situation lui paraissait sans issue.

MAUPASSANT

L'AVENTURE DE WALTER SCHNAFFS II

La nuit était tout à fait venue, la nuit muette et noire. Il ne bougeait plus. Tressaillant à tous les bruits inconnus et légers qui passent dans les ténèbres. Un lapin, tapant du cul au bord d'un terrier, faillit faire s'enfuir Walter Schnaffs. Les cris des chouettes lui déchiraient l'âme, le traversant de peurs soudaines, douloureuses comme des blessures. Il écarquillait ses gros yeux pour tâcher de voir dans l'ombre; et il s'imaginait à tout moment entendre marcher près de lui.

Walter Schnaffs II

Après d'interminables heures et des angoisses de damné,
After of interminable hours and of the fears of damned

il aperçut, à travers son plafond de branchages, le ciel
he saw through his ceiling of branches the sky

qui devenait clair.
which became clear

Alors, un soulagement immense le pénétra; ses membres
Then a relief immense him penetrated his members

se détendirent, reposés soudain; son coeur s'apaisa; ses
himself slackened rested suddenly his heart calmed down his

yeux se fermèrent.
eyes closed

Il s'endormit.
He fell asleep

Quand il se réveilla, le soleil lui parut arrivé à peu près
When he awoke the sun him appeared arrived at little near
                                                                                                            (almost)

au milieu du ciel; il devait être midi.
at middle of the sky it had to be midday
(in) the

Walter Schnaffs II

Aucun bruit ne troublait la paix morne des champs; et
Walter Schnaffs s'aperçut qu'il était atteint d'une faim aiguë.

Il bâillait, la bouche humide à la pensée du saucisson des soldats; et son estomac lui faisait mal.

Il se leva, fit quelques pas, sentit que ses jambes étaient faibles, et se rassit pour réfléchir. Pendant deux ou trois heures encore, il établit le pour et le contre, changeant à tout moment de résolution, combattu, malheureux, tiraillé par les raisons les plus contraires.

Walter Schnaffs II

Une idée lui parut enfin logique et pratique, c'était de guetter le passage d'un villageois seul, sans armes, et sans outils de travail dangereux, de courir au-devant de lui et de se remettre en ses mains en lui faisant bien comprendre qu'il se rendait.

Alors il ôta son casque, dont la pointe le pouvait trahir, et il sortit sa tête au bord de son trou, avec des précautions infinies.

Aucun être isolé ne se montrait à l'horizon.

305 Walter Schnaffs II

Là-bas, à droite, un petit village envoyait au ciel la
There-down to (the) right a small village sent to the sky the
(Over there)

fumée de ses toits, la fumée de ses cuisines!
smoke of its roofs the smoke of its kitchens

Là-bas, à gauche; il apercevait, au bout des arbres
There-down at (the) left he saw at the end of the trees
(Over there)

d'une avenue, un grand château flanqué de tourelles.
of an avenue a large castle flanked by turrets

Il attendit jusqu'au soir, souffrant affreusement, ne voyant
He waited until the evening suffering terribly not seeing

rien que des vols de corbeaux, n'entendant rien que les
nothing but of the flights of crows not hearing nothing but the
()

plaintes sourdes de ses entrailles.
complaints muffled of his entrails

Et la nuit encore tomba sur lui.
And the night again fell over him

Walter Schnaffs II

Il s'allongea au fond de sa retraite et il s'endormit d'un
He himself stretched out at the bottom of his hide out and he fell asleep of a (with a)

sommeil fiévreux, hanté de cauchemars, d'un sommeil
sleep feverish haunted of nightmares of a sleep

d'homme affamé.
of man famished
(of a man)

L'aurore se leva de nouveau sur sa tête. Il se remit en
The dawn came up again over his head He set himself again in (to)

observation.
observation

Mais la campagne restait vide comme la veille; et une
But the countryside remained empty like the evening before and a

peur nouvelle entrait dans l'esprit de Walter Schnaffs, la
fear new entered in the spirit of Walter Schnaffs the

peur de mourir de faim!
fear of to die of hunger

Il se voyait étendu au fond de son trou, sur le dos,
He himself saw spread out at the bottom of his hole on the back

les deux yeux fermés.
the two eyes closed

307 Walter Schnaffs II

Puis des bêtes, des petites bêtes de toute sorte s'approchaient de son cadavre et se mettaient à le manger, l'attaquant partout à la fois, se glissant sous ses vêtements pour mordre sa peau froide. Et un grand corbeau lui piquait les yeux de son bec effilé.

Alors, il devint fou, s'imaginant qu'il allait s'évanouir de faiblesse et ne plus pouvoir marcher. Et déjà, il s'apprêtait à s'élancer vers le village, résolu à tout oser, à tout braver, quand il aperçut trois paysans qui s'en allaient aux champs avec leurs fourches sur l'épaule, et il se replongea dans sa cachette.

Walter Schnaffs II

Mais, dès que le soir obscurcit la plaine, il sortit lentement du fossé, et se mit en route, courbé, craintif, le coeur battant, vers le château lointain, préférant entrer là-dedans plutôt qu'au village qui lui semblait redoutable comme une tanière pleine de tigres. Les fenêtres d'en bas brillaient. Une d'elles était même ouverte; et une forte odeur de viande cuite s'en échappait, une odeur qui pénétra brusquement dans le nez et jusqu'au fond du ventre de Walter Schnaffs, qui le crispa, le fit haleter, l'attirant irrésistiblement, lui jetant au coeur une audace désespérée.

309 Walter Schnaffs II

Et brusquement, sans réfléchir, il apparut, casqué, dans
And abruptly without to reflect he appeared helmeted in

le cadre de la fenêtre.
the frame of the window

Huit domestiques dînaient autour d'une grande table. Mais
Eight servants dined around of a large table But

soudain une bonne demeura béante, laissant tomber son
suddenly one good man remained gaping letting to fall his
                              (mouth wide open)

verre, les yeux fixes.
glass the eyes fixed

Tous les regards suivirent le sien!
All the stares followed the his
                    ()

On aperçut l'ennemi!
One saw the enemy
(They)

"Seigneur! les Prussiens attaquaient le château!"
Lord the Prussians attacked the castle

Walter Schnaffs II

Ce fut d'abord un cri, un seul cri, fait de huit cris poussés sur huit tons différents, un cri d'épouvante horrible, puis une levée tumultueuse, une bousculade mêlée, une fuite éperdue vers la porte du fond.

Les chaises tombaient, les hommes renversaient les femmes et passaient dessus.

En deux secondes, la pièce fut vide, abandonnée, avec la table couverte de mangeaille en face de Walter Schnaffs stupéfait, toujours debout dans sa fenêtre.

Walter Schnaffs II

Après quelques instants d'hésitation, il enjamba le
After   some   moments   of hesitation   he   legged   the
                                                   (climbed over)

mur d'appui et s'avança vers les assiettes. Sa faim
parapet   and   advanced   towards   the   plates   His   hunger

exaspérée le faisait trembler comme un fiévreux: mais
exasperated   him   let   tremble   like   a   feverish person   but

une terreur le retenait, le paralysait encore. Il écouta.
a   terror   him   retained   him   paralysed   still   He   listened

Toute la maison semblait frémir; des portes se fermaient,
Whole   the   house   seemed   to shake   of the   doors   were closed
                                             ()

des pas rapides couraient sur le plancher de dessus.
of the   steps   quick   ran   on   the   floor   of   above
()

Le Prussien inquiet tendait l'oreille à ces confuses
The   Prussian   anxious   tended   the ear   to   these   confused

rumeurs; puis il entendit des bruits sourds comme si
rumours   then   he   heard   of the   noises   muffled   as   if
                                    ()

des corps fussent tombés dans la terre molle, au pied
of the   bodies   were   fallen   in   the   ground   soft   at the   foot
()   (on)

des murs, des corps humains sautant du premier étage.
of the   walls   of the   bodies   human   jumping   from the first   floor
                                                        [ground floor]

Walter Schnaffs II

Puis tout mouvement, toute agitation cessèrent, et le grand château devint silencieux comme un tombeau. Walter Schnaffs s'assit devant une assiette restée intacte, et il se mit à manger. Il mangeait par grandes bouchées comme s'il eût craint d'être interrompu trop tôt, de ne pouvoir engloutir assez. Il jetait à deux mains les morceaux dans sa bouche ouverte comme une trappe; et des paquets de nourriture lui descendaient coup sur coup dans l'estomac, gonflant sa gorge en passant. Parfois, il s'interrompait, prêt à crever à la façon d'un tuyau trop plein.

313 Walter Schnaffs II

Il prenait à la cruche au cidre et se déblayait
He took with the jug of the cider and himself cleared
  (hold of)

l'oesophage comme on lave un conduit bouché.
the oesophagus like one washes a duct blocked

Il vida toutes les assiettes, tous les plats et toutes les
He emptied all the plates all the dishes and all the

bouteilles; puis, saoul de liquide et de mangeaille, abruti,
bottles then drunk of liquid and of food dazed

rouge, secoué par des hoquets, l'esprit troublé et la
red shaken by of the hiccups the spirit disturbed and the
 ()

bouche grasse, il déboutonna son uniforme pour souffler,
mouth greasy he peeled off his uniform for to breath

incapable d'ailleurs de faire un pas. Ses yeux
incompetent moreover of to make one step His eyes

se fermaient, ses idées s'engourdissaient; il posa son
closed his thoughts grew numb he posed his

front pesant dans ses bras croisés sur la table, et il
face heavy in his arms crossed on the table and he

perdit doucement la notion des choses et des faits.
lost quietly the notion of the things and of the facts
   (of) (of)

Walter Schnaffs II

Le dernier croissant éclairait vaguement l'horizon au-dessus des arbres du parc.

C'était l'heure froide qui précède le jour.

Des ombres glissaient dans les fourrés, nombreuses et muettes; et parfois, un rayon de lune faisait reluire dans l'ombre une pointe d'acier.

Le château tranquille dressait sa grande silhouette noire. Deux fenêtres seules brillaient encore au rez-de-chaussée.

315 Walter Schnaffs II

Soudain, une voix tonnante hurla:

"En avant! nom d'un nom! à l'assaut! mes enfants!"

Alors, en un instant, les portes, les contrevents et les vitres s'enfoncèrent sous un flot d'hommes qui s'élança, brisa, creva tout, envahit la maison. En un instant cinquante soldats armés jusqu'aux cheveux, bondirent dans la cuisine où reposait pacifiquement Walter Schnaffs, et, lui posant sur la poitrine cinquante fusils chargés, le culbutèrent, le roulèrent, le saisirent, le lièrent des pieds à la tête.

Il haletait d'ahurissement, trop abruti pour comprendre,
battu, crossé et fou de peur.

Et tout d'un coup, un gros militaire chamarré d'or lui planta son pied sur le ventre en vociférant:

"Vous êtes mon prisonnier, rendez-vous!"

Le Prussien n'entendit que ce seul mot 'prisonnier,' et il gémit:

"ya, ya, ya."

317 Walter Schnaffs II

Il fut relevé, ficelé sur une chaise, et examiné avec une vive curiosité par ses vainqueurs qui soufflaient comme des baleines. Plusieurs s'assirent, n'en pouvant plus d'émotion et de fatigue.

Il souriait, lui, il souriait maintenant, sûr d'être enfin prisonnier!

Un autre officier entra et prononça:

"Mon colonel, les ennemis se sont enfuis; plusieurs semblent avoir été blessés. Nous restons maîtres de la place."

Walter Schnaffs II

Le gros militaire qui s'essuyait le front vociféra:

"Victoire!"

Et il écrivit sur un petit agenda de commerce tiré de sa poche:

'Après une lutte acharnée, les Prussiens ont dû battre en retraite, emportant leurs morts et leurs blessés, qu'on évalue à cinquante hommes hors.'

319 Walter Schnaffs II

Le jeune officier reprit:
The young officer began again

"Quelles dispositions dois-je prendre, mon colonel?"
Which measure must I take my colonel

Le colonel répondit:
The colonel answered

"Nous allons nous replier pour éviter un retour offensif avec de l'artillerie et des forces supérieures."
We let us go us to fold up (pull back) for to avoid a return offensive with of () the artillery and of the () forces superior

Et il donna l'ordre de repartir.
And he gave the order of to set out again

Walter Schnaffs II

La colonne se reforma dans l'ombre, sous les murs du château, et se mit en mouvement, enveloppant de partout Walter Schnaffs garrotté, tenu par six guerriers le revolver au poing.

Des reconnaissances furent envoyées pour éclairer la route. On avançait avec prudence, faisant halte de temps en temps.

Au jour levant, on arrivait à la sous-préfecture de la Roche-Oysel, dont la garde nationale avait accompli ce fait d'armes.

321 Walter Schnaffs II

La population anxieuse et surexcitée attendait.
The population anxious and over-excited waited.

Quand on aperçut le casque du prisonnier, des clameurs formidables éclatèrent.
When one (people) saw the helmet of the prisoner, ( ) clamours formidable erupted.

Les femmes levaient les bras; des vieilles pleuraient; un aïeul lança sa béquille au Prussien et blessa le nez d'un de ses gardiens.
The women raised the arms; the old women cried; one grandfather launched his crutch at the Prussian and wounded the nose of one of his guards.

Le colonel hurlait.
The colonel yelled.

"Veillez à la sûreté du captif."
Take care at (of) the safety of the prisoner.

Walter Schnaffs II

On parvint enfin à la maison de ville. La prison fut ouverte, et Walter Schnaffs jeté dedans, libre de liens.

Deux cents hommes en armes montèrent la garde autour du bâtiment.

Alors, malgré des symptômes d'indigestion qui le tourmentaient depuis quelque temps, le Prussien, fou de joie, se mit à danser, à danser éperdument, en levant les bras et les jambes, à danser en poussant des cris frénétiques, jusqu'au moment où il tomba, épuisé au pied d'un mur.

323 Walter Schnaffs II

Il était prisonnier! Sauvé!

C'est ainsi que le château de Champignet fut repris à l'ennemi après six heures seulement d'occupation.

Le colonel Ratier, marchand de drap, qui enleva cette affaire à la tête des gardes nationaux de la Roche-Oysel, fut décoré.

Drame Au Bord De La Mer I

325 Drame Au Bord De La Mer I

BALZAC

UN DRAME AU BORD DE LA MER I

Les jeunes gens ont presque tous un compas avec lequel ils se plaisent à mesurer l'avenir; quand leur volonté s'accorde avec la hardiesse de l'angle qu'ils ouvrent, le monde est à eux. Mais ce phénomène de la vie morale n'a lieu qu'à un certain âge. Cet âge, qui, pour tous les hommes, se trouve entre vingt-deux et vingt-huit ans, est celui des grandes pensées, l'âge des conceptions premières, parce qu'il est l'âge des immenses désirs, l'âge où l'on ne doute de rien: qui dit doute, dit impuissance. Après cet âge rapide comme une semaison, vient celui de l'exécution.

326 Drame Au Bord De La Mer I

Il est en quelque sorte deux jeunesses, la jeunesse
It is in some way two youths, the youth
(are)

durant laquelle on croit, la jeunesse pendant laquelle on
during which one believes, the youth during which one

agit; souvent elles se confondent chez les hommes que
acts; often they confuse with the men that

la nature a favorisés, et qui sont, comme César,
the nature has favored, and who are like Caesar,

Newton et Bonaparte, les plus grands parmi les grands
Newton and Bonaparte, the most great among the large

hommes. Je mesurais ce qu'une pensée veut de temps
men. I measured this that a thought wants of time
(needs)

pour se développer; et, mon compas à la main, debout
for to develop; and, my compass in the hand, upright
()

sur un rocher, à cent toises au-dessus de l'Océan, dont
on a rock, with hundred fathoms above of the ocean, of which
() ()

les lames se jouaient dans les brisants, j'arpentais mon
the waves played in the reefs, I surveyed my
(broke) (upon)

avenir en le meublant d'ouvrages, comme un ingénieur
future in it furnishing with works like an engineer
(while) (books)

qui, sur un terrain vide, trace des forteresses et des
who, on a ground empty, traces of the fortresses and of the
() ()

palais.
palaces.

327   Drame Au Bord De La Mer I

La mer était belle, je venais de m'habiller après avoir nagé.

J'attendais Pauline, mon ange gardien, qui se baignait dans une cuve granit pleine d'un sable fin, la plus coquette baignoire que la nature ait dessinée pour ses fées marines.

Nous étions à l'extrémité du Croisic, une mignonne presqu'île de la Bretagne; nous étions loin du port, dans un endroit que le fisc a jugé tellement inabordable, que le douanier n'y passe presque jamais.

328 Drame Au Bord De La Mer I

Nager dans les airs après avoir nagé dans la mer! ah!
To swim in the air after to have swum in the sea ah
(To float)

qui n'aurait nagé dans l'avenir? Pourquoi pensais-je?
who would not have swum in the future Why thought I

pourquoi vient un mal? qui le sait? Les idées vous
why comes an evil who it knows The ideas you

tombent au coeur ou à la tête sans vous consulter.
fall on the heart or on the head without you to consult

Nulle courtisane ne fut plus fantasque ni plus impérieuse
No courtisan not was more odd nor more pressing
 ()

que ne l'est la conception pour les artistes; il faut la
than not it is the concept for the artists it is necessary it
 () (is)

prendre comme la fortune, à pleins cheveux, quand elle
to take like the fortune by full hair when she

vient. Grimpé sur ma pensée comme Astolphe sur son
comes Astride on my thought like Astolphe on his
 (thoughts)

hippogriffe, je chevauchais donc à travers le monde, en y
hippogriff I galloped thus through the world in there
(fable creature half horse half eagle) (while)

disposant de tout à mon gré.
laying out of all with my liking
 (of)

329   Drame Au Bord De La Mer I

Quand je voulus chercher autour de moi quelque présage pour les audacieuses constructions que ma folle imagination me conseillait d'entreprendre, un joli cri, le cri d'une femme qui sort d'un bain, ranimée, joyeuse, domina le murmure des franges incessamment mobiles que dessinaient le flux et le reflux sur les découpures de la côte. En entendant cette note jaillie de l'âme, je crus avoir vu dans les rochers le pied d'un ange qui, déployant ses ailes, s'était écrié: "Tu réussiras!" Je descendis, radieux, léger; je descendis en bondissant comme un caillou jeté sur une pente rapide.

330 Drame Au Bord De La Mer I

Quand elle me vit, elle me dit: "Qu'as-tu?"
When she me saw she me said What have you

Je ne répondis pas, mes yeux se mouillèrent.
I not answered not my eyes became wet
 ()

La veille, Pauline avait compris mes douleurs, comme
The night before Pauline had understood my pains like

elle comprenait en ce moment mes joies, avec la
she understood in this moment my joys with the

sensibilité magique d'une harpe qui obéit aux variations
sensitivity magic of a harp who obeys at the variations

de l'atmosphère.
of the atmosphere

La vie humaine a de beaux moments!
The life human has of beautiful moments
 ()

Nous allâmes en silence le long des grèves.
We went in silence the length of the cliffs

331 Drame Au Bord De La Mer I

Le ciel était sans nuages, la mer était sans rides;
The sky was without clouds, the sea was without ripples

d'autres n'y eussent vu que deux steppes bleus l'un sur
of others not there had seen that (but) two expanses blue the one on top of

l'autre; mais nous, nous qui nous entendions sans avoir
the other but we we who us understood without to have

besoin de la parole, nous qui pouvions faire jouer entre
need of the word we who could make to play between

ces deux langes de l'infini les illusions avec lesquelles
these two layers of the infinite the illusions with which

on se repaît au jeune âge, nous nous serrions la main
one himself nourishes at the young age we we gripped the hand

au moindre changement que présentaient, soit la nappe
at the least change that presented (presented itself) be it the sheet

d'eau, soit les nappes de l'air, car nous prenions ces
of water be it the sheets of the sky because we took these

légers phénomènes pour des traductions matérielles de
light phenomena for of the ( ) translations material of

notre double pensée.
our double thought

Drame Au Bord De La Mer I

Qui n'a pas savouré dans les plaisirs ce moment de joie illimitée où l'âme semble s'être débarrassée des liens de la chair, et se trouver comme rendue au monde d'où elle vient? Le plaisir n'est pas notre seul guide en ces régions.

N'est-il pas des heures où les sentiments s'enlacent d'eux-mêmes et s'y élancent, comme souvent deux enfants se prennent par la main et se mettent à courir sans savoir pourquoi?

Nous allions ainsi.

333 Drame Au Bord De La Mer I

Au moment où les toits de la ville apparurent à
l'horizon en y traçant une ligne grisâtre, nous
rencontrâmes un pauvre pêcheur qui retournait au Croisic;
ses pieds étaient nus, son pantalon de toile était
déchiqueté par le bas, troué, mal raccommodé: puis, il
avait une chemise de toile à voile, de mauvaises
bretelles en lisière, et pour veste un haillon. Cette
misère nous fit mal, comme si c'eût été quelque
dissonance au milieu de nos harmonies. Nous nous
regardâmes pour nous plaindre l'un à l'autre de ne pas
avoir en ce moment le pouvoir de puiser dans les
trésors d'Aboul-Casem.

334 Drame Au Bord De La Mer I

Nous aperçûmes un superbe homard et une
We saw a superb lobster and a

araignée de mer accrochés à une cordelette que le
sea spider hung at a cord that the
(crab) (off)

pêcheur balançait dans sa main droite, tandis que de
fisherman balanced in its hand right while off

l'autre il maintenait ses agrès et ses engins.
the other he held his tackle and his machines

Nous l'accostâmes, dans l'intention de lui acheter sa
We accosted him in the intention of him to buy his

pêche, idée qui nous vint à tous deux et qui s'exprima
fish idea that us came to all two and which was expressed
　　　　　　　　　　　　　　　　　　[both]

dans un sourire auquel je répondis par une légère
in a smile to which I answered with a light

pression du bras que je tenais et que je ramenai
pressure on the arm that I held and that I brought back

près de mon coeur.
near my heart

335   Drame Au Bord De La Mer I

C'est de ces riens dont plus tard le souvenir fait des poèmes, quand auprès du feu nous nous rappelons l'heure où ce rien nous a émus, le lieu où ce fut, et ce mirage dont les effets n'ont pas encore été constatés, mais qui s'exerce souvent sur les objets qui nous entourent dans les moments où la vie est légère et où nos coeurs sont pleins. Les sites les plus beaux ne sont que ce que nous les faisons. Quel homme un peu poète n'a dans ses souvenirs un quartier de roche qui tient plus de place que n'en ont pris les plus célèbres aspects de pays cherchés à grands frais!

Drame Au Bord De La Mer I

Près   de   ce   rocher,   de   tumultueuses   pensées;   là,   toute
Near   of   that   rock   of   tumultuous   thoughts   there all
                                           ()

une   vie   employée;   là,   des   craintes   dissipées;   là,   des
a   life   executed   there of the fears   dispersed   there of the
                  (evolved)   ()   (the)

rayons   d'espérance   sont   descendus   dans   l'âme.
rays   of hope   are   descended   in   the soul
                           (have)

En   ce   moment,   le   soleil,   sympathisant   avec   ces   pensées
In   this   moment   the   sun   sympathizing   with   these   thoughts

d'amour   ou   d'avenir,   a   jeté   sur   les   flancs   fauves   de
of love   or   of future   has   cast   upon   the   flancs   savage   of

cette   roche   une   lueur   ardente;   quelques   fleurs   des
this   rock   a   gleam   burning   some   flowers   of the

montagnes   attiraient   l'attention;   le   calme   et   le   silence
mountains   attracted   the attention   the   calm   and   the   silence

grandissaient   cette   anfractuosité   sombre   en   réalité,   colorée
grew   this   ruggedness   sombre   in   reality   coloured

par   le   rêveur;   alors   elle   était   belle   avec   ses   maigres
by   the   dreamer   then   it   was   beautiful   with   its   thin

végétations,   ses   camomilles   chaudes,   ses   cheveux   de Vénus
vegetations   its   camomiles   warm   its   hair of Venus
                                                        (plant called Love-in-a-mist)

aux   feuilles   veloutées.
with   leaves   velvety

337 Drame Au Bord De La Mer I

Fête prolongée, décorations magnifiques, heureuse exaltation des forces humaines! Une fois déjà le lac de Bienne, vu de l'île Saint-Pierre, m'avait ainsi parlé; le rocher du Croisic sera peut-être la dernière de ces joies. Mais alors, que deviendra Pauline?

"Vous avez fait une belle pêche ce matin, mon brave homme? dis-je au pêcheur."

"Oui, monsieur," répondit-il en s'arrêtant et en nous montrant la figure bistrée des gens qui restent pendant des heures entières exposés à la réverbération du soleil sur l'eau.

338 Drame Au Bord De La Mer I

Ce visage annonçait une longue résignation, la patience du pêcheur et ses moeurs douces. Cet homme avait une voix sans rudesse, des lèvres bonnes, nulle ambition, je ne sais quoi de grêle, de chétif. Toute autre physionomie nous aurait déplu.

"Où allez-vous vendre ça?"

"A la ville."

"Combien vous payera-t-on le homard?"

"Quinze sous."

339   Drame Au Bord De La Mer I

"L'araignée?"
The spider
(The crab)

"Vingt   sous."
Twenty   sous
         (cents)

"Pourquoi   tant   de   différence   entre   le   homard   et
Why   so much   of   difference   between   the   lobster and
                      ( )
l'araignée?"
the spider
(the crab)

"Monsieur,   l'araignée   (il   la   nommait   'iraigne   ') est   bien
Sir   the spider   he   it   named   iraigne   is   well
             (the crab)   (in dialect)
plus   délicate!   puis,   elle   est   maligne   comme   un   singe,   et
more   delicate   then   it   is   sly   like   a   monkey   and
                   (and)
se   laisse   rarement   prendre."
itself lets   seldom   take

"Voulez-vous   nous   donner   le   tout   pour   cent   sous?"   dit
Want you   us   to give   it   all   for   hundred   sous   said
Pauline.
Pauline

L'homme   resta   pétrifié.
The man   remained   petrified

Drame Au Bord De La Mer I

"Vous ne l'aurez pas!" dis-je en riant, "j'en donne dix francs. Il faut savoir payer les émotions ce qu'elles valent."

"Eh bien," répondit-elle, "je l'aurai! j'en donne dix francs deux sous."

"Dix sous."

"Douze francs."

"Quinze francs."

"Quinze francs cinquante centimes," dit-elle.

341 Drame Au Bord De La Mer I

"Cent francs."

"Cent cinquante."

Je m'inclinai. Nous n'étions pas en ce moment assez riches pour pousser plus haut cette enchère. Notre pauvre pêcheur ne savait pas s'il devait se fâcher d'une mystification ou se livrer à la joie; nous le tirâmes de peine en lui donnant le nom de notre hôtesse, et en lui recommandant de porter chez elle le homard et l'araignée.

"Gagnez-vous votre vie?" lui demandai-je, pour savoir à quelle cause devait être attribué son dénûment.

342 Drame Au Bord De La Mer I

"Avec bien de la peine et en souffrant bien des
 With well of the pains and in suffering well of the

misères," me dit-il.
miseries me said he

"La pêche au bord de la mer, quand on n'a ni
 The fish at the edge of the sea when one not has nor

barque ni filets, et qu'on ne peut la faire qu'aux
 boat nor nets and that one not can it do but with the

engins ou à la ligne, est un chanceux métier."
 devices or with the line is a chance trade
 (rods)

"Voyez-vous, il faut y attendre le poisson ou le
 See you it is necessary there to await the fish or the
 (Understand)

coquillage, tandis que les grands pêcheurs vont le
 shell while the large fishermen go it

chercher en pleine mer. Il est si difficile de gagner sa
 to seek in full sea It is so difficult of to earn ones

vie ainsi, que je suis le seul qui pêche à la côte."
 life like this that I am the only who fishes at the coast

343 Drame Au Bord De La Mer I

"Je passe des journées entières sans rien rapporter. Pour attraper quelque chose, il faut qu'une iraigne se soit oubliée à dormir comme celle-ci, ou qu'un homard soit assez étourdi pour rester dans les rochers. Quelquefois il y vient des lubines après la haute mer, alors je les empoigne."

"Enfin, l'un portant l'autre, que gagnez-vous par jour?"

"Onze à douze sous. Je m'en tirerais, si j'étais seul, mais j'ai mon père à nourrir, et le bonhomme ne peut pas m'aider, il est aveugle."

Drame Au Bord De La Mer I

A cette phrase, prononcée simplement, nous nous
regardâmes, Pauline et moi, sans mot dire.

"Vous avez une femme ou quelque bonne amie?"

Il nous jeta l'un des plus déplorables regards que j'aie vus, en répondant:

"Si j'avais une femme, il faudrait donc abandonner mon père; je ne pourrais pas le nourrir et nourrir encore une femme et des enfants."

345 Drame Au Bord De La Mer I

"Eh bien! mon pauvre garçon, comment ne cherchez-vous pas à gagner davantage en portant du sel sur le port ou en travaillant aux marais salants?"

"Ah! monsieur, je ne ferais pas ce métier pendant trois mois. Je ne suis pas assez fort, je mourais, mon père serait à la mendicité. Il me fallait un métier qui ne voulût qu'un peu d'adresse et beaucoup de patience."

"Eh comment deux personnes peuvent-elles vivre avec douze sous par jour?"

Drame Au Bord De La Mer I

"Oh! monsieur, nous mangeons des galettes de sarrasin
Oh   sir   we   eat   of the wafers   of buckwheat
                                    ()

et des bernicles que je détache des rochers."
and of the barnacles that I detach from the rocks
      ()

"Quel âge avez-vous donc?"
Which age have you then

"Trente-sept ans."
Thirtyseven years

"Êtes-vous sorti d'ici?"
Are you gone out from here
(Have)

"Je suis allé une fois à Guérande pour tirer à la
I am   gone one time with Guérande for to draw into the
   (have)

milice, et suis allé à Savenay pour me faire voir à
militia and am gone to Savenay for me to let see to

des messieurs qui m'ont mesuré. Si j'avais eu un pouce
of gentlemen who have me measured If I had had one inch
() the

de plus, j'étais soldat."
of more I was soldier
()

347 Drame Au Bord De La Mer I

"Je serais crevé à la première fatigue, et mon pauvre père demanderait aujourd'hui la charité."

J'avais bien pensé des drames; Pauline était habituée à de grandes émotions, près d'un homme souffrant comme je le suis; eh bien! jamais, ni l'un ni l'autre, nous n'avions entendu de paroles plus émouvantes que ne l'étaient celles de ce pêcheur. Nous fîmes quelques pas en silence, mesurant tous deux la profondeur muette de cette vie inconnue, admirant la noblesse de ce dévouement qui s'ignorait lui-même;

348 Drame Au Bord De La Mer I

la force de cette faiblesse nous étonna; cette insoucieuse
the force of this weakness us astonished this heedless

générosité nous rapetissa. Je voyais ce pauvre être tout
generosity us reduced I saw this poor being totally

instinctif rivé sur ce rocher comme un galérien l'est à
instinctive rivetted (chained) on this rock like a galley slave it is (is) to

son boulet, y guettant depuis vingt ans des coquillages
his ball and watching for since twenty years of () the shells

pour gagner sa vie, et soutenu dans sa patience par
to earn his living and supported in his patience by

un seul sentiment. Combien d'heures consumées au coin
a single sentiment. How many hours consumed (wasted) at the corner

d'une grève! Combien d'espérances renversées par un
of a shore How much hopes reversed by a

grain, par un changement de temps!
grain, by a change of weather

349 Drame Au Bord De La Mer I

il restait suspendu au bord d'une table de granit, le
bras tendu comme celui d'un faquir de l'Inde, tandis que
son père, assis sur une escabelle, attendait, dans le
silence et les ténèbres, le plus grossier des coquillages,
et du pain, si le voulait la mer.

"Buvez-vous quelquefois du vin?" lui demandai-je.

"Trois ou quatre fois par an."

"Eh bien! vous en boirez aujourd'hui, vous et votre
père, et nous vous enverrons un pain blanc."

Drame Au Bord De La Mer I

"Vous   êtes   bien   bon,   monsieur."
 You   are   good   good   sir
                    (noble)

"Nous   vous   donnerons   à   dîner   si   vous   voulez   nous
 We   you   will give   to   dine   if   you   want   us

conduire   par   le   bord   de   la   mer   jusqu'à   Batz,   où   nous
to lead   by   the   edge   of   the   sea   until   Batz   where   we

irons   voir   la   tour   qui   domine   le   bassin   et   les   côtes
will go   to see   the   tower   that   dominates the   basin   and   the   coasts

entre   Batz   et   le   Croisic."
between   Batz   and   the   Croisic

"Avec   plaisir," nous   dit-il.
 With   pleasure us   said he

"Allez   droit   devant   vous,   en   suivant   le   chemin   dans
 Go   right   in front of you   following   the   way   in
                                                                           (on)

lequel   vous   êtes,   je   vous   y   retrouverai   après   m'être
which   you   are   I   you   there   will find   after   myself to be
                                                                             (having myself

débarrassé   de   mes   agrès   et   de   ma   pêche."
disencumbered of   my   tackle   and   of   my   fish
(gotten rid)

351 Drame Au Bord De La Mer I

Nous fîmes un même signe de consentement, et il s'élança joyeusement vers la ville.

Cette rencontre nous maintint dans la situation morale où nous étions, mais elle en avait affaibli la gaieté.

"Pauvre homme," me dit Pauline avec cet accent qui ôte à la compassion d'une femme ce que la pitié peut avoir de blessant, "n'a-t-on pas honte de se trouver heureux en voyant cette misère?"

"Rien n'est plus cruel que d'avoir des désirs impuissants," lui répondis-je.

Drame Au Bord De La Mer I

"Ces deux pauvres êtres, le père et le fils, ne sauront pas plus combien ont été vives nos sympathies que le monde ne sait combien leur vie est belle, car ils amassent des trésors dans le ciel."

"Le pauvre pays!" dit-elle en me montrant le long d'un champ environné d'un mur à pierres sèches, des bouses de vache appliquées symétriquement. J'ai demandé ce que c'était que cela. Une paysanne, occupée à les coller, m'a répondu qu'elle 'faisait du bois'. Imaginez-vous, mon ami, que, quand ces bouses sont séchées, ces pauvres gens les récoltent, les entassent et s'en chauffent.

353 Drame Au Bord De La Mer I

Pendant l'hiver, on les vend comme on vend des mottes de tan. Enfin, que crois-tu que gagne la couturière la plus chèrement payée? Cinq sous par jour, dit-elle après une pause; mais on la nourrit. "Vois," lui dis-je, "les vents de mer dessèchent ou renversent tout, il n'y a point d'arbres; les débris des embarcations hors de service se vendent aux riches, car le prix des transports les empêche sans doute de consommer le bois de chauffage dont abonde la Bretagne.

354 Drame Au Bord De La Mer I

Ce pays n'est beau que pour les grandes ames; les
This country is not fine but for the great souls the

gens sans coeur n'y vivraient pas; il ne peut être
people without heart not there would live not () it not can be

habité que par des poètes ou par des bernicles. N'a-t-il
inhabited but by of the () poets or by of the () barnacles Not has it (It has)

pas fallu que l'entrepôt du sel se plaçât sur ce rocher
not been necessary that the warehouse of the salt is placed on this rock

pour qu'il fût habité? D'un côté, la mer; ici des sables;
for that it was inhabited Of one side the sea here of the sands

en haut, l'espace. "
in high the space
(over it)

355 Drame Au Bord De La Mer I

Drame Au Bord De La Mer II

357 Drame Au Bord De La Mer II

BALZAC

UN DRAME AU BORD DE LA MER II

Nous avions déjà dépassé la ville, et nous étions dans l'espèce de désert qui sépare le Croisic du bourg de Batz. Figurez-vous, mon cher oncle, une lande de deux lieues remplie par le sable luisant qui se trouve au bord de la mer.

Drame Au Bord De La Mer II

Çà et là quelques rochers y levaient leurs têtes, et
vous eussiez dit des animaux gigantesques couchés dans
les dunes. Le long de la mer apparaissaient quelques
récifs autour desquels se jouait l'eau, en leur donnant
l'apparence de grandes roses blanches flottant sur
l'étendue liquide et venant se poser sur le rivage.
En voyant cette savane terminée par l'Océan sur la
droite, bordée sur la gauche par le grand lac que fait
l'irruption de la mer entre le Croisic et les hauteurs
sablonneuses de Guérande, au bas desquelles se trouvent
des marais salants dénués de végétation,

359 Drame Au Bord De La Mer II

je regardai Pauline en lui demandant si elle se sentait le courage d'affronter les ardeurs du soleil et la force de marcher dans le sable.

"J'ai des brodequins, allons-y," me dit-elle en me montrant la tour de Batz qui arrêtait la vue par une construction placée là comme une pyramide, mais une pyramide fuselée, découpée, une pyramide si poétiquement ornée, qu'elle permettait à l'imagination d'y voir la première des ruines d'une grande ville asiatique.

360 Drame Au Bord De La Mer II

Nous fîmes quelques pas pour aller nous asseoir sur la portion d'une roche qui se trouvait encore ombrée; mais il était onze heures du matin, et cette ombre, qui cessait à nos pieds, s'effaçait avec rapidité.

"Combien ce silence est beau," me dit-elle, "et comme la profondeur en est étendue par le retour égal du frémissement de la mer sur cette plage."

361 Drame Au Bord De La Mer II

"Si tu veux livrer ton entendement aux trois immensités qui nous entourent, l'eau, l'air et les sables, en écoutant exclusivement le son répété du flux et du reflux," lui répondis-je, "tu n'en supporteras pas le langage, tu croiras y découvrir une pensée qui t'accablera. Hier, au coucher du soleil, j'ai eu cette sensation; elle m'a brisé."

"Oh! oui, parlons," dit-elle après une longue pause. "Aucun orateur n'est plus terrible. Je crois découvrir les causes des harmonies qui nous environnent," reprit-elle.

Drame Au Bord De La Mer II

"Ce paysage, qui n'a que trois couleurs tranchées, le jaune brillant des sables, l'azur du ciel et le vert uni de la mer, est grand sans être sauvage, il est immense, sans être désert; il est monotone, sans être fatigant; il n'a que trois éléments, il est varié."

"Les femmes seules savent rendre ainsi leurs impressions," répondis-je, "tu serais désespérante pour un poète, chère âme que j'ai si bien devinée!"

"L'excessive chaleur du midi jette à ces trois expressions de l'infini une couleur dévorante," reprit Pauline en riant.

363 Drame Au Bord De La Mer II

"Je conçois ici les poésies et les passions de l'Orient."
I conceive here the poetries and the passions of the East

"Et moi, j'y conçois le désespoir."
And me I there conceive the despair

"Oui," dit-elle, "cette dune est un cloître sublime."
Yes said she this dune is a cloister sublime

Nous entendîmes le pas pressé de notre guide; il s'était
We heard the steps hasty of our guide he himself was
(himself had)

endimanché. Nous lui adressâmes quelques paroles
in-Sunday-ed We him addressed some words
(dressed up in his Sunday clothes)

insignifiantes; il crut voir que nos dispositions d'âme
unimportant he believed to see that our disposition of soul
(of the soul)

avaient changé; et, avec cette réserve que donne le
had changed and with this reserve that gives the

malheur, il garda le silence.
misery he kept the silence

Drame Au Bord De La Mer II

Quoique nous nous pressassions de temps en temps la
Though we   ourselves pressed   of time in time the
                                      [now and then]

main pour nous avertir de la mutualité de nos idées et
hand for ourselves to inform of the reciprocity of our ideas and

de nos impressions, nous marchâmes pendant une
of our impressions, we   went   during one

demi-heure en silence, soit que nous fussions accablés
half hour in silence be it that we   were   overpowered

par la chaleur qui s'élançait en ondées brillantes du
by the heat which launched itself in waves brilliant from the

milieu des sables, soit que la difficulté de la marche
middle of the sands (or) be it that the difficulty of the march

employât notre attention.
employed our attention

Nous allions en nous tenant par la main, comme deux
We   went   in us holding by the hand like two

enfants; nous n'eussions pas fait douze pas si nous
children we not had   not made twelve steps if we
              ()

nous étions donné le bras.
us were   given the arm
    (had) [go arm in arm]

365 Drame Au Bord De La Mer II

Le chemin qui mène au bourg de Batz n'était pas tracé; il suffisait d'un coup de vent pour effacer les marques que laissaient les pieds de chevaux ou les jantes de charrette; mais l'oeil exercé de notre guide reconnaissait à quelques fientes de bestiaux, à quelques parcelles de crottin, ce chemin qui tantôt descendait vers la mer, tantôt remontait vers les terres, au gré des pentes, ou pour tourner des rochers. A midi, nous n'étions qu'à mi-chemin.

"Nous nous reposerons là-bas," dis-je en montrant le promontoire composé de rochers assez élevés pour faire supposer que nous y trouverions une grotte.

366 Drame Au Bord De La Mer II

En m'entendant, le pêcheur, qui avait suivi la direction
de mon doigt, hocha la tête, et me dit:

"Il y a là quelqu'un."

"Ceux qui viennent du bourg de Batz au Croisic, ou du Croisic au bourg de Batz, font tous un détour pour n'y point passer."

Les paroles de cet homme furent dites à voix basse, et supposaient un mystère.

"Est-ce donc un voleur, un assassin?"

367   Drame Au Bord De La Mer II

Notre guide ne nous répondit que par une aspiration
creusée qui redoubla notre curiosité.

"Mais, si nous y passons, nous arrivera-t-il quelque malheur?"

"Oh! non."

"Y passerez-vous avec nous?"

"Non, monsieur."

"Nous irons donc, si vous nous assurez qu'il n'y a nul danger pour nous."

"Je ne dis pas cela," répondit vivement le pêcheur.

Drame Au Bord De La Mer II

"Je dis seulement que celui qui s'y trouve ne vous dira rien et ne vous fera aucun mal. Oh! mon Dieu, il ne bougera seulement pas de sa place."

"Qui est-ce donc?"

"Un homme!"

Jamais deux syllabes ne furent prononcées d'une façon si tragique. En ce moment, nous étions à une vingtaine de pas de ce récif dans lequel se jouait la mer; notre guide prit le chemin qui entourait les rochers; nous continuâmes droit devant nous; mais Pauline me prit le bras.

369 Drame Au Bord De La Mer II

Notre (Our) **guide** (guide) **hâta** (hastened) **le** (the) **pas,** (step) **afin** (so) **de** (of) **se** (himself) **trouver** (to find) **en** (in) **même** (same (the)) **temp** (time) **que** (like) **nous** (us) **à** (at) **l'endroit** (the place) **où** (where) **les** (the) **deux** (two) **chemins** (ways) **se rejoignaient.** (joined)

Il (He) **supposait** (supposed) **sans** (without) **doute** (doubt) **qu'après** (that after) **avoir** (to have) **vu** (seen) **l'homme,** (the man) **nous** (we) **irions** (would go) **d'un** (of a) **pas** (step) **pressé.** (pressed) **Cette** (This) **circonstance** (circumstance) **alluma** (lit) **notre** (our) **curiosité,** (curiosity) **qui** (which) **devint** (became) **alors** (then) **si** (so) **vive,** (lively) **que** (that) **nos** (our) **coeurs** (hearts) **palpitèrent** (beat) **comme** (as) **si** (if) **nous** (we) **eussions** (had) **éprouvé** (experienced) **un** (a) **sentiment** (feeling) **de peur.** (of fear)

Malgré (In spite of) **la** (the) **chaleur** (heat) **du** (of the) **jour** (day) **et** (and) **l'espèce** (the sort) **de** (of) **fatigue** (exhaustion) **que** (that) **nous** (us) **causait** (caused) **la** (the) **marche** (march) **dans** (in) **les** (the) **sables,** (sands) **nos** (our) **âmes** (hearts) **étaient** (were) **encore** (still) **livrées** (delivered) **à** (to) **la** (the) **mollesse** (softness) **indicible** (inexpressible) **d'une** (of a) **merveilleuse extase;** (marvellous extasy)

370 Drame Au Bord De La Mer II

elles étaient pleines de ce plaisir pur qu'on ne saurait peindre qu'en le comparant à celui qu'on ressent en écoutant quelque délicieuse musique, l'andiamo mio ben de Mozart.

Deux sentiments purs qui se confondent, ne sont-ils pas comme deux belles voix qui chantent? Pour pouvoir bien apprécier l'émotion qui vint nous saisir, il faut donc partager l'état à demi voluptueux dans lequel nous avaient plongés les événements de cette matinée.

371 Drame Au Bord De La Mer II

Admirez (Admire) pendant (for) longtemps (a long time) une (a) tourterelle (turtle-dove) aux (with) jolies (pretty) couleurs (colors), posée (posed) sur (on) un (a) souple (flexible) rameau (branch), près (near) d'une (of a) source (source), vous (you) jetterez (will throw (utter)) un (a) cri (cry) de (of) douleur (pain) en (in) voyant (seeing) tomber (to fall) sur (on) elle (it) un (a) émouchet (goshawk) qui (that) lui (him) enfonce (inserts) ses (its) griffes (claws) d'acier (of steel) jusqu'au (right into the) coeur (heart) et (and) l'emporte (it carries) avec (with) la (the) rapidité (speed) meurtrière (deadly) que (that) la (the) poudre ((gun)powder) communique (communicates) au (to the) boulet (bullet). Quand (When) nous (we) eûmes (had) fait (made) un (a) pas (step) dans (in) l'espace (the space) qui (which) se trouvait (was found) devant (in front of) la (the) grotte (cave), espèce (sort) d'esplanade (of esplanade (of an esplanade)) située (located) à (at) cent (hundred) pieds (feet) au-dessus (above) de (of) l'Océan (the ocean), et (and) défendue (defended) contre (against) ses (its) fureurs (furies) par (by) une (a) cascade (cascade) de (of) rochers (rocks) abruptes (abrupt), nous (we) éprouvâmes (experienced) un (a) frémissement (slight shock) électrique (electric) assez (enough) semblable (similar) au (at the) sursaut (start) que (that) cause (causes) un (a) bruit (noise) soudain (sudden) au (at the) milieu (middle (in the)) d'une (of a) nuit (night) silencieuse (quiet).

372 Drame Au Bord De La Mer II

Nous avions vu, sur un quartier de granit, un homme assis qui nous avait regardés. Son coup d'oeil, semblable à la flamme d'un canon, sortit de deux yeux ensanglantés, et son immobilité stoïque ne pouvait se comparer qu'à l'inaltérable attitude des piles granitiques qui l'environnaient. Ses yeux se remuèrent par un mouvement lent, son corps demeura fixe, comme s'il eût été pétrifié; puis, après nous avoir jeté ce regard qui nous frappa violemment, il reporta ses yeux sur l'étendue de l'Océan, et la contempla malgré la lumière qui en jaillissait, comme on dit que les aigles contemplent le soleil, sans baisser ses paupières, qu'il ne releva plus.

373 Drame Au Bord De La Mer II

Cherchez à vous rappeler, mon cher oncle, une de ces vieilles truisses de chêne, dont le tronc noueux, ébranché de la veille, s'élève fantastiquement sur un chemin désert, et vous aurez une image vraie de cet homme. C'était des formes herculéennes ruinées, un visage de Jupiter Olympien, mais détruit par l'âge, par les rudes travaux de la mer, par le chagrin, par une nourriture grossière, et comme noirci par un éclat de foudre. En voyant ses mains poilues et dures, j'aperçus des nerfs qui ressemblaient à des veines de fer. D'ailleurs, tout en lui dénotait une constitution vigoureuse.

Drame Au Bord De La Mer II

Je remarquai dans un coin de la grotte une assez grande quantité de mousse, et sur une grossière tablette taillée par le hasard au milieu du granit, un pain rond cassé qui couvrait une cruche de grès. Jamais mon imagination, quand elle me reportait vers les déserts où vécurent les premiers anachorètes de la chrétienté, ne m'avait dessiné de figure plus grandement religieuse ni plus horriblement repentante que l'était celle de cet homme. Vous qui avez pratiqué le confessionnal, mon cher oncle, vous n'avez jamais peut-être vu un si beau remords, mais ce remords était noyé dans les ondes de la prière, la prière continue d'un muet désespoir.

375 Drame Au Bord De La Mer II

Ce pêcheur, ce marin, ce Breton grossier était sublime par un sentiment inconnu.

Mais ces yeux avaient-ils pleuré?

Cette main de statue ébauchée avait-elle frappé?

Ce front rude, empreint de probité farouche, et sur lequel la force avait néanmoins laissé les vestiges de cette douceur qui est l'apanage de toute force vraie, ce front sillonné de rides, était-il en harmonie avec un grand coeur?

Drame Au Bord De La Mer II

Pourquoi	cet	homme	dans	le	granit?	Pourquoi	le	granit
Why	this	man	in	the	granite	Why	the	granite

dans	cet	homme?	Où	était	l'homme,	où	était	le	granit?
in	this	man	Where	was	the man	where	was	the	granite

Il	nous	tomba	tout	un	monde	de	pensées	dans	la
It (there)	(on) us	fell	wholly	a	world	of	thoughts	in	the

tête.	Comme	l'avait	supposé	notre	guide,	nous	passâmes
head	Like	it had	supposed	our	guide	we	passed

en	silence,	promptement,	et	il	nous	revit	émus	de
in	silence	promptly	and	he	us	saw again	moved	of

terreur	ou	saisis	d'étonnement,	mais	il	ne	s'arma	point
terror	or	seized	by astonishment	but	he	not	was armed (used)	not at all

contre	nous	de	la	réalité	de	ses	prédictions.
against	us	of ()	the	reality	of	his	predictions

"Vous	l'avez	vu?"	dit-il.
You	him have	seen	said he

"Quel	est	cet	homme?"	dis-je.
What	is	this	man	said I

377 Drame Au Bord De La Mer II

"On l'appelle l'Homme au voeu".

Vous figurez-vous bien à ce mot le mouvement par lequel nos deux têtes se tournèrent vers notre pêcheur! C'était un homme simple; il comprit notre muette interrogation, et voici ce qu'il nous dit dans son langage, auquel je tâche de conserver son allure populaire.

"Madame, ceux du Croisic, comme ceux de Batz, croient que cet homme est coupable de quelque chose, et fait une pénitence ordonnée par un fameux recteur auquel il est allé se confesser plus loin que Nantes."

Drame Au Bord De La Mer II

"D'autres croient que Cambremer, c'est son nom, a une

Others believe that Cambremer it is his name has a

mauvaise chance qu'il communique à qui passe sous son

bad fortune that it communicates to whomever pass under its

air."

air

(influence)

"Aussi plusieurs, avant de tourner sa roche, regardent-ils

Also several before of to turn around his rock look at they

d'où vient le vent!"

from where comes the wind

"S'il est de galerne, dit-il en nous montrant l'ouest, ils

If it is of galerne said he in us showing the west they

(northwesterly)

ne continueraient pas leur chemin quand il s'agirait d'aller

not would continue not their way (even) when it would concern of going

()

quérir un morceau de la vraie croix; ils retournent, ils

to gather a piece of the true cross they turn back they

ont peur."

have fear

"D'autres, les riches du Croisic, disent que Cambremer a

Others the rich of the Croisic say that Cambremer has

fait un voeu, d'où son nom l'Homme au voeu."

made a vow from where his name the Man with the vow

379   Drame Au Bord De La Mer II

"Il est là nuit et jour, sans en sortir."

"Ces dires ont une apparence de raison."

"Voyez-vous," dit-il en se retournant pour nous montrer une chose que nous n'avions pas remarquée, "il a planté là, à gauche, une croix de bois pour annoncer qu'il s'est mis sous la protection de Dieu, de la sainte Vierge et des saints."

"Il ne se serait pas sacré comme ça, que la frayeur qu'il donne au monde fait qu'il est là en sûreté comme s'il était gardé par de la troupe."

Drame Au Bord De La Mer II

"Il n'a pas dit un mot depuis qu'il s'est enfermé en plein air; il se nourrit de pain et d'eau que lui apporte tous les matins la fille de son frère, une petite tronquette de douze ans, à laquelle il a laissé ses biens, et qu'est une jolie créature douce comme un agneau, une bien mignonne fille, bien plaisante. Elle vous a, dit-il en montrant son pouce, des yeux bleus longs comme ça, sous une chevelure de chérubin."

"Quand on lui demande: 'Dis donc, Pérotte? (Ça veut dire chez nous Pierrette, fit-il en s'interrompant; elle est vouée à saint Pierre; Cambremer s'appelle Pierre, il a été son parrain)."

381 Drame Au Bord De La Mer II

"'Dis donc, Pérotte, reprit-il qué qui te dit ton oncle?'
'Il ne me dit rin, qu'elle répond, rin du tout, rin.' 'Eh bien! qué qu'il te fait?' 'Il m'embrasse au front le dimanche.' 'Tu n'en as pas peur?' 'Ah ben! qu'a dit, il est mon parrain. Il n'a pas voulu d'autre personne pour lui apporter à manger.'"

"Pérotte prétend qu'il sourit quand elle vient, mais autant dire un rayon de soleil dans la brouine, car on dit qu'il est nuageux comme un brouillard."

"Mais," lui dis-je, "vous excitez notre curiosité sans la
But him said I you excite our curiosity without it

satisfaire. Savez-vous ce qui l'a conduit là? Est-ce le
to satisfy that which him has led there Is it the
 ()

chagrin? est-ce le repentir? est-ce une manie? est-ce un
sorrow is it the repentance is it a craze is it a
 () () ()

crime? est-ce..."
crime is it

"Eh, monsieur, il n'y a guère que mon père et moi
Eh sir it not there has hardly than my father and me

qui sachions la vérité de la chose."
who know the truth of the thing

383　Drame Au Bord De La Mer II

Drame Au Bord De La Mer III

BALZAC

UN DRAME AU BORD DE LA MER III

"Défunt ma mère servait un homme de justice à qui Cambremer a tout dit par ordre du prêtre qui ne lui a donné l'absolution qu'à cette condition-là, à entendre les gens du port."

Drame Au Bord De La Mer III

"Ma pauvre mère a entendu Cambremer sans le vouloir,
parce que la cuisine du justicier était à côté de sa salle; elle a écouté! Elle est morte; le juge qu'a écouté est défunt aussi. Ma mère nous a fait promettre, à mon père et à moi, de n'en rin afférer aux gens du pays; mais je puis vous dire à vous que le soir où ma mère nous a raconté ça, les cheveux me grésillaient dans la tête."

"Eh bien, dis-nous ça, mon garçon, nous n'en parlerons à personne."

Le pêcheur nous regarda, et continua ainsi:

387 Drame Au Bord De La Mer III

"Pierre Cambremer, que vous avez vu là, est l'aîné des Cambremer, qui de père en fils sont marins; leur nom le dit, la mer a toujours plié sous eux."

"Celui que vous avez vu s'était fait pêcheur à bateaux. Il avait donc des barques, allait pêcher la sardine, il pêchait aussi le haut poisson, pour les marchands."

"Il aurait armé un bâtiment et pêché la morue, s'il n'avait pas tant aimé sa femme, qui était une belle femme, une Brouin de Guérande, une fille superbe, et qui avait bon coeur."

Drame Au Bord De La Mer III

"Elle aimait tant Cambremer, qu'elle n'a jamais voulu que son homme la quittât plus du temps nécessaire à la pêche aux sardines."

"Ils demeuraient là-bas, tenez!" dit le pêcheur en montant sur une éminence pour nous montrer un îlot dans la petite méditerranée qui se trouve entre les dunes où nous marchions et les marais salants de Guérande,

"voyez-vous cette maison? Elle était à lui. Jacquette Brouin et Cambremer n'ont eu qu'un enfant, un garçon qu'ils ont aimé... comme quoi dirai-je? dame! comme on aime un enfant unique; ils en étaient fous."

389 Drame Au Bord De La Mer III

"Leur petit Jacques aurait fait, sous votre respect, dans
Their small Jacques would have done under your respect in
(done his needs till due respect)
la marmite qu'ils auraient trouvé que c'était du sucre."
the pot that they would have found that it was of the sugar

"Combien donc que nous les avons vus de fois, à la
How much then that we them have seen of time at the
(at) (times)
fore, acheter les plus belles breloques pour lui!"
fair to buy the most beautiful charms for him

"C'était de la déraison, tout le monde le leur disait."
It was of the insanity all the world it them said
( )
(insane)

"Le petit Cambremer, voyant que tout lui était permis,
The small Cambremer seeing that all him was permitted

est devenu méchant comme un âne rouge."
is become malicious like an red ass
(has)

Drame Au Bord De La Mer III

"Quand on venait dire au père Cambremer: 'Votre fils a manqué tuer le petit un tel!' il riait et disait: 'Bah! ce sera un fier marin! il commandera les flottes du roi.' Un autre: 'Pierre Cambremer, savez-vous que votre gars a crevé l'oeil de la petite Pougaud?' 'Il aimera les filles!' disait Pierre. Il trouvait tout bon. Alors mon petit mâtin, à dix ans, battait tout le monde et s'amusait à couper le cou aux poules, il éventrait les cochons, enfin il se roulait dans le sang comme une fouine.' Ce sera un fameux soldat!' disait Cambremer, 'il a goût au sang.'"

391 Drame Au Bord De La Mer III

"Voyez-vous, moi, je me suis souvenu de tout ça," dit
See you me I me am remembered of all that said

le pêcheur. "Et Cambremer aussi," ajouta-t-il après une
the fisherman And Cambremer also added he after a

pause. "A quinze ou seize ans, Jacques Cambremer
pause At fifteen or sixteen years Jacques Cambremer

était... quoi? un requin."
was what a shark

"Il allait s'amuser à Guérande, ou faire le joli coeur à
He went to have fun at Guérande or to make the pretty heart at

Savenay. Fallait des espèces."
*Savenay Needed of the expenses
()*

"Alors il se mit à voler sa mère, qui n'osait en rien
*Then he himself put to steal his mother who did not dare of it nothing
(began) (steal from)*

dire à son mari. Cambremer était un homme probe à
*to say to her husband Cambremer was a man honest to
(enough)*

faire vingt lieues pour rendre à quelqu'un deux sous
*make twenty miles for to return to somebody two sous
(cents)*

qu'on lui aurait donné de trop dans un compte."
that one him would have given of too much in a count

Drame Au Bord De La Mer III

"Enfin, un jour la mère fut dépouillée de tout."
Finally one day the mother was stripped of everything

"Pendant une pêche de son père, le fils emporta le
During a fishing trip of his father the kid carried the

buffet, la mette, les draps, le linge, ne laissa que les
buffet the settings the cloths the linen not left but the
 (pots and pans)

quatre murs, il avait tout vendu pour aller faire ses
four walls he had everything sold for to go to make his

frigousses à Nantes. La pauvre femme en a pleuré
capers at Nantes The poor woman of it has cried

pendant des jours et des nuits."
during of the days and of the nights
 () ()

"Fallait dire ça au père à son retour, elle craignait le
Was necessary to tell that to the father at his return she feared the

père, pas pour elle, allez! Quand Pierre Cambremer
father not for herself go When Pierre Cambremer
 (you know)

revint, qu'il vit sa maison garnie des meubles que l'on
returned that he saw his house furnished of the pieces of furniture that to her t
 (with the)

avait prêtés à sa femme, il dit: 'Qu'est-ce que c'est
had lent to his wife he said What is it that it is
 [What is it]

que ça?'"
that that

393   Drame Au Bord De La Mer III

"La pauvre femme était plus morte que vive, elle dit:
The poor woman was more dead than alive she said

'Nous avons été volés.' 'Où donc est Jacques?' Jacques,
We have been robbed Where then is Jacques Jacques

il est en riole!"
he is in debauchery
       [amusing oneself]

"Personne ne savait où le drôle était allé."
Nobody not knew where the joker was gone
       ()   (had)

"'Il s'amuse trop!' dit Pierre."
He himself amuses too much said Pierre

"Six mois après, le pauvre père sut que son fils allait
Six months afterwards the poor father knew that his son went
                              (found out)   [was]

être pris par la justice à Nantes. Il fait la route à
to be taken by the justice at Nantes He made the journey on

pied, y va plus vite que par mer, met la main sur
foot there (one) goes quickly than by sea puts the hand on
            (faster)

son fils et l'amène ici. Il ne lui demande pas: 'Qu'as-tu
his son and him takes here He not him asks not What have you

fait?'"
done

Drame Au Bord De La Mer III

"Il lui dit: 'Si tu ne te tiens pas sage pendant deux
He him said If you not yourself keep not wise during two
()

ans ici avec ta mère et avec moi, allant à la pêche
years here with your mother and with me going to the fishing

et te conduisant comme un honnête homme, tu auras
and yourself leading like an honest man you will have
(behaving)

affaire à moi.' L'enragé, comptant sur la bêtise de ses
business with me The enraged one counting on the stupidity of his
(The madman)

père et mère, lui a fait grimace. Pierre, là-dessus, lui
father and mother him has made a face Pierre thereupon him

flanque une mornifle qui vous a mis Jacques au lit
flanks a thump which you has put Jacques to the bed
(hits) ()

pour six mois. La pauvre mère se mourait de chagrin."
for six months The poor mother herself died of sorrow
(almost died)

"Un soir, elle dormait paisiblement à côté de son mari,
One evening she slept peacefully at (the) side of her husband

elle entend du bruit, se lève, elle reçoit un coup de
she hears of the noise herself raises she receives a cut of

couteau dans le bras. Elle crie, on cherche de la
knife in the arm She cries one search of the
(they)

lumière."
light

395 Drame Au Bord De La Mer III

"Pierre Cambremer voit sa femme blessée; il croit que c'est un voleur, comme s'il y en avait dans notre pays, où l'on peut porter sans crainte dix mille francs en or, du Croisic à Saint-Nazaire, sans avoir à s'entendre demander ce qu'on a sous le bras."

"Pierre cherche Jacques, il ne trouve point son fils. Le matin, ce monstre-là n'avait-il pas eu le front de revenir en disant qu'il était allé à Batz. Faut vous dire que sa mère ne savait où cacher son argent. Cambremer, lui, mettait le sien chez monsieur Dupotet du Croisic."

"Les folies de leur fils leur avaient mangé des cent écus, des cent francs, des louis d'or, ils étaient quasiment ruinés, et c'était dur pour des gens qui avaient aux environs de douze mille livres, compris leur îlot. Personne ne sait ce que Cambremer a donné à Nantes pour ravoir son fils. Le guignon ravageait la famille."

"Il était arrivé des malheurs au frère de Cambremer, qui avait besoin de secours. Pierre lui disait pour le consoler que Jacques et Pérotte (la fille au cadet Cambremer) se marieraient."

397 Drame Au Bord De La Mer III

"Puis, pour lui faire gagner son pain, il l'employait à la
Then   for   him   to make   earn   his   bread   he   employed him   at   the

pêche; car Joseph Cambremer en était réduit à vivre
fishing;   because   Joseph   Cambremer   of it   was   reduced   to   live

de son travail. Sa femme avait péri de la fièvre, il
of   his   work.   His   wife   had   perished   of   the   fever,   it

fallait payer les mois de nourrice de Pérotte. La femme
was necessary   to pay   the   months   of   nursing   of   Pérotte.   The   wife

de Pierre Cambremer devait une somme de cent francs
of   Pierre   Cambremer   had (owed)   a   sum   of   hundred   franks

à diverses personnes pour cette petite, du linge, des
to   various   people   for   this   small,   of the   linen,   of the

hardes, et deux ou trois mois à la grande Frelu
clothes,   and   two   or   three   month   at   the   large   Frelu

qu'avait un enfant de Simon Gaudry et qui nourrissait
who had   a   child   of   Simon   Gaudry   and   who   nourished

Pérotte."
Pérotte

"La Cambremer avait cousu une pièce d'Espagne dans la
The   Cambremer   had   sewed   a   piece from Spain (piece of gold)   in   the

laine de son matelas, en mettant dessus: A Pérotte."
wool   of   her   mattress,   in putting (writing)   on it   A   Pérotte

Drame Au Bord De La Mer III

"Elle avait reçu beaucoup d'éducation, elle écrivait comme un greffier, et avait appris à lire à son fils, c'est ce qui l'a perdu."

"Personne n'a su comment ça s'est fait, mais ce gredin de Jacques avait flairé l'or, l'avait pris et était allé riboter au Croisic."

"Le bonhomme Cambremer, par un fait exprès, revenait avec sa barque chez lui. En abordant il voit flotter un bout de papier, le prend, l'apporte à sa femme qui tombe à la renverse en reconnaissant ses propres paroles écrites."

Drame Au Bord De La Mer III

"Cambremer ne dit rien, va au Croisic, apprend là que son fils est au billard; pour lors, il fait demander la bonne femme qui tient le café, et lui dit: 'J'avais dit à Jacques de ne pas se servir d'une pièce d'or avec quoi il vous payera; rendez-la-moi, j'attendrai sur la porte, et vous donnerai de l'argent blanc pour.' La bonne femme lui apporta la pièce. Cambremer la prend en disant: 'Bon! et revint chez lui.'"

"Toute la ville a su cela. Mais voilà ce que je sais et ce dont les autres ne font que de se douter en gros."

Drame Au Bord De La Mer III

"Il dit à sa femme d'approprier leur chambre qu'est
He says to his wife to clean up their room that is

en bas; il fait du feu dans la cheminée, allume deux
in low he makes of the fire in the chimney lights two
(downstairs)

chandelles, place deux chaises d'un côté de l'âtre, et
candles places two chairs of one side of the hearth and
(on one)

met de l'autre côté un escabeau."
puts of the other side a stool
(on)

"Puis dit à sa femme de lui apprêter ses
Then says to his wife of him to prepare his

habits de noces, en lui commandant de pouiller les siens.
clothes of weddings in her commanding of to dress up in the hers
() () (hers)

Il s'habille."
He gets dressed

"Quand il est vêtu, il va chercher son frère, et lui dit
When he is clothed he goes to seek his brother and him tells

de faire le guet devant la maison pour l'avertir s'il
of to make the look-out in front of the house for to inform if he

entendait du bruit sur les deux grèves, celle-ci et celle
heard of the noise on the two gravel beaches and that
()

des marais de Guérande."
of the marsh of Guérande

401 Drame Au Bord De La Mer III

"Il rentre quand il juge que sa femme est habillée, il
He returns when he judges that his wife is dressed he

charge un fusil et le cache dans le coin de la
charges a rifle and it hides in the corner of the

cheminée. Voilà Jacques qui revient; il revient tard; il
chimney Here is Jacques who returns he returns late he

avait bu et joué jusqu'à dix heures; il s'était fait
had drunk and played until ten hours he himself was made (had)

passer à la pointe de Camouf. Son oncle l'entend héler,
to pass via the point of Camouf His uncle him hears hail (hailing)

va le chercher sur la grève des marais, et le passe
goes him search on the gravel beach of the marsh and him passes

sans rien dire."
without nothing to say

"Quand il entre, son père lui dit: 'Assieds-toi là,' en lui
When he comes in his father him says Seat yourself there him ()

montrant l'escabeau.' Tu es,' dit-il, 'devant ton père et ta
showing the stool You are says he before your father and your

mère que tu as offensés, et qui ont à te juger.'
mother that you have offended and who have to you judge

Jacques se mit à beugler, parce que la figure de
Jacques himself put to howl because the face of (started)

Cambremer était tortillée d'une singulière manière."
Cambremer was twisted of a singular manner (in a)

Drame Au Bord De La Mer III

"La mère était raide comme une rame."

"'Si tu cries, si tu bouges, si tu ne te tiens pas comme un mât sur ton escabeau,' dit Pierre en l'ajustant avec son fusil, 'je te tue comme un chien.' Le fils devint muet comme un poisson; la mère n'a rien dit."

"'Voilà,' dit Pierre à son fils, 'un papier qui enveloppait une pièce d'or espagnole; la pièce d'or était dans le lit de ta mère; ta mère seule savait l'endroit où elle l'avait mise; j'ai trouvé le papier sur l'eau en abordant ici;'"

403 Drame Au Bord De La Mer III

'"tu viens de donner ce soir cette pièce d'or espagnole à la mère Fleurant, et ta mère n'a plus vu sa pièce dans son lit."'

'"Explique-toi."'

"Jacques dit qu'il n'avait pas pris la pièce de sa mère, et que cette pièce lui était restée de Nantes."

"'Tant mieux,' dit Pierre.' Comment peux-tu nous prouver cela?' 'Je l'avais.' 'Tu n'as pas pris celle de ta mère?' 'Non.' 'Peux-tu le jurer sur ta vie éternelle?' Il allait le jurer;"

Drame Au Bord De La Mer III

"sa mère leva les yeux sur lui et lui dit: 'Jacques, mon enfant, prends garde, ne jure pas si ce n'est vrai; tu peux t'amender, te repentir; il est temps encore.' Et elle pleura. Vous êtes une ci et une ça, lui dit-il, 'qu'avez toujours voulu ma perte.'"

"Cambremer pâlit et dit: 'Ce que tu viens de dire à ta mère grossira ton compte. Allons au fait! Jures-tu?' 'Oui.' 'Tiens,' dit-il, 'y avait-il sur ta pièce cette croix que le marchand de sardines qui me l'a donnée avait faite sur la nôtre?' Jacques se dégrisa et pleura."

405 Drame Au Bord De La Mer III

"'Assez causé,' dit Pierre.' Je ne te parle pas de ce que tu as fait avant cela, je ne veux pas qu'un Cambremer soit fait mourir sur la place du Croisic. Fais tes prières, et dépêchons-nous! Il va venir un prêtre pour te confesser.'"

"La mère était sortie, pour ne pas entendre condamner son fils. Quand elle fut dehors, Cambremer l'oncle vint avec le recteur de Piriac, auquel Jacques ne voulut rien dire. Il était malin, il connaissait assez son père pour savoir qu'il ne le tuerait pas sans confession."

"'Merci, excusez-nous, monsieur,' dit Cambremer au prêtre, quand il vit l'obstination de Jacques.' Je voulais donner une leçon à mon fils et vous prier de n'en rien dire.'"

"'Toi,' dit-il à Jacques, 'si tu ne t'amendes pas, la première fois ce sera pour de bon, et j'en finirai sans confession.'"

"Il l'envoya se coucher. L'enfant crut cela et s'imagina qu'il pourrait se remettre avec son père."

"Il dormit. Le père veilla."

407 Drame Au Bord De La Mer III

"Quand il vit son fils au fin fond de son sommeil, il lui couvrit la bouche avec du chanvre, la lui banda avec un chiffon de voile bien serré; puis il lui lia les mains et les pieds. Il rageait, il pleurait du sang, disait Cambremer au justicier. Que voulez-vous! la mère se jeta aux pieds du père."

"'Il est jugé,' dit-il, 'tu vas m'aider à le mettre dans la barque.'"

"Elle s'y refusa. Cambremer l'y mit tout seul, l'y assujettit au fond, lui mit une pierre au cou, sortit du bassin, gagna la mer, et vint à la hauteur de la roche où il est."

408 Drame Au Bord De La Mer III

"Pour lors, la pauvre mère, qui s'était fait passer ici
For at the time the poor mother who herself was made pass here
(had)

par son beau-frère, eut beau crier 'Grâce!' ça servit
by her had well to shout Mercy that served

comme une pierre à un loup."
like a stone to a wolf

"Il y avait de la lune, elle a vu le père jetant à la
It there had of the moon she has seen the father throwing at the
(in)

mer son fils qui lui tenait encore aux entrailles, et
sea her boy who she kept still at entrails and
(in) the (womb)

comme il n'y avait pas d'air elle a entendu blouf! puis
as it not there had not of wind she has heard splash then

rin, ni trace, ni bouillon; la mer est d'une fameuse
noth'n neither trace nor bubble the sea is of a famous
(a)

garde, allez!"
keeper go
(go figure)

"En abordant là pour faire taire sa femme qui gémissait,
In approaching there for to make be quiet his wife who groaned

Cambremer la trouva quasi morte;"
Cambremer her found half dead

409 Drame Au Bord De La Mer III

"il fut impossible aux deux frères de la porter, il a
it was impossible to the two brothers of her to carry it has

fallu la mettre dans la barque qui venait de servir au
been necessary her to put in the boat which came of to be useful for the
(just was used)

fils, et ils l'ont ramenée chez elle en faisant le tour
son and they her have brought back at her in making the turn

par la passe du Croisic."
by the pass of the Croisic

"Ah! ben, la belle Brouin, comme on l'appelait, n'a pas
Oh well the beautiful Brouin like one called her not has not
(they)

duré huit jours; elle est morte en demandant à son
lasted eight days she is dead in asking to her

mari de brûler la damnée barque. Oh! il l'a fait."
husband of to burn the damned boat Oh he it has done

"Lui, il est devenu tout chose, il savait plus ce qu'il
He he is become everything he knew not anymore this what he

voulait; il fringalait en marchant comme un homme qui
wanted he staggered going like a man who

ne peut pas porter le vin."
not can not carry the wine
 ( ) (his)

Drame Au Bord De La Mer III

"Puis, il a fait un voyage de dix jours et est revenu
Then he has made a journey of ten days and is returned

se mettre où vous l'avez vu, et, depuis qu'il y est, il
to put himself where you have him seen and since that he there is he

n'a pas dit une parole."
not has not said one word
(has)

Le pêcheur ne mit qu'un moment à nous raconter cette
The fisherman not put but a moment to us tell this
 () (used) (short time)

histoire et nous la dit plus simplement encore que je
history and us it told more simply still than I

ne l'écris.
not it write
()

Les gens du peuple font peu de réflexions en contant,
The people of the populace make little of reflexions in telling

ils accusent le fait qui les a frappés, et le traduisent
they show the fact that them has struck and it translate

comme ils le sentent. Ce récit fut aussi aigrement incisif
like they it feel This account was as bitterly incisive

que l'est un coup de hache.
that it is a blow of axe

411 Drame Au Bord De La Mer III

"Je n'irai pas à Batz," dit Pauline en arrivant au contour supérieur du lac.

Nous revînmes au Croisic par les marais salants, dans le dédale desquels nous conduisit le pêcheur, devenu comme nous silencieux. La disposition de nos âmes était changée. Nous étions tous deux plongés en de funestes réflexions, attristés par ce drame qui expliquait le rapide pressentiment que nous en avions eu à l'aspect de Cambremer. Nous avions l'un et l'autre assez de connaissance du monde pour deviner de cette triple vie tout ce que nous en avait tu notre guide.

Drame Au Bord De La Mer III

Les malheurs de ces trois êtres se reproduisaient devant nous comme si nous les avions vus dans les tableaux d'un drame que ce père couronnait en expiant son crime nécessaire.

Nous n'osions regarder la roche où était l'homme fatal qui faisait peur à toute une contrée. Quelques nuages embrumaient le ciel; des vapeurs s'élevaient à l'horizon, nous marchions au milieu de la nature la plus âcrement sombre que j'aie jamais rencontrée. Nous foulions une nature qui semblait souffrante, maladive, des marais salants, qu'on peut à bon droit nommer les écrouelles de la terre.

413   Drame Au Bord De La Mer III

Là,   le   sol   est   divisé   en   carrés   inégaux   de   forme,   tous
There   the   ground   is   divided   in   squares   unequal   of   form   all

encaissés   par   d'énormes   talus   de   terre   grise,   tous   pleins
encased   by   of enormous   slopes   of   earth   gray   all   full
              (enormous)

d'une   eau   saumâtre,   à   la   surface   de   laquelle   arrive   le
of a   water   brackish   at   the   surface   of which   arrives   the

sel.
salt

Ces   ravins,   faits   à   main   d'homme,   sont   intérieurement
These   ravines   made   with   hand   of man   are   internally

partagés   en   plates-bandes,   le   long   desquelles   marchent
divided   in   flat bands   the   length   of which   go
              (causeways)

des   ouvriers   armés   de   longs   râteaux,   à   l'aide   desquels
of the   workmen   armed   of   long   rakes   with   the aid   of which
(the)   *(with)*

ils   écrèment   cette   saumure,   et   amènent   sur   des
they   skim   this   pickle   and   bring   on   of the
                                                          (the)

plates-formes   rondes   pratiquées   de   distance   en   distance
platforms   rounds   placed   of   distance   in   distance
                              [at equal distances]

ce   sel   quand   il   est   bon   à   mettre   en   mulons.
this   salt   when   it   is   good   to   put   in   heaps

414 Drame Au Bord De La Mer III

Nous côtoyâmes pendant deux heures ce triste damier,
We coasted during two hours this sad checkerwork

où le sel étouffe par son abondance la végétation, et
where the salt chokes by its abundance the vegetation and

où nous n'apercevions de loin en loin que quelques
where we did not see of far in far but some

paludiers, nom donné à ceux qui cultivent le sel.
paludiers name given to those who cultivate the salt

Ces hommes, ou plutôt ce clan de Bretons porte un
These men or rather this clan of Breton people carry a

costume spécial, une jaquette blanche assez semblable à
costume special a jacket white quite similar to

celle des brasseurs.
that of the brewers

Ils se marient entre eux.
They marry between themselves

Il n'y a pas d'exemple qu'une fille de cette tribu ait
It not there has not of example that a girl of this tribe has
(There's no) (example)

épousé un autre homme qu'un paludier.
married an other man than a paludier
 (any)

415 Drame Au Bord De La Mer III

L'horrible aspect de ces marécages, dont la boue était symétriquement ratissée, et cette terre grise dont a horreur la Flore bretonne, s'harmonisaient avec le deuil de notre âme.

Quand nous arrivâmes à l'endroit où l'on passe le bras de mer formé par l'irruption des eaux dans ce fond, et qui sert sans doute à alimenter les marais salants, nous aperçûmes avec plaisir les maigres végétations qui garnissent les sables de la plage. Dans la traversée, nous aperçûmes au milieu du lac l'île où demeurent les Cambremer; nous détournâmes la tête.

Drame Au Bord De La Mer III

En arrivant à notre hôtel, nous remarquâmes un billard dans une salle basse, et quand nous apprîmes que c'était le seul billard public qu'il y eût au Croisic, nous fîmes nos apprêts de départ pendant la nuit; le lendemain, nous étions à Guérande.

Pauline était encore triste, et moi je ressentais déjà les approches de cette flamme qui me brûle le cerveau. J'étais si cruellement tourmenté par les visions que j'avais de ces trois existences, qu'elle me dit: "Louis, écris cela, tu donneras le change à la nature de cette fièvre."

417 Drame Au Bord De La Mer III

Je vous ai donc écrit cette aventure, mon cher oncle;
mais elle m'a déjà fait perdre le calme que je devais
à mes bains et à notre séjour ici.

Fin

Le Bonheur I

Guy de Maupassant - LE BONHEUR
Guy de Maupassant THE HAPPINESS

Première partie
First part

C'était l'heure du thé, avant l'entrée des lampes.
It was the hour of the tea before the entrance of the lamps
    (the time) (for) (the bringing in)

La villa dominait la mer; le soleil disparu avait laissé
The villa dominated the sea the sun disappeared had left
    (had an overview of) (which had disappeared)

le ciel tout rose de son passage, frotté de poudre
the sky all pink of her passage rubbed in powder

d'or; et la Méditerranée, sans une ride, sans un frisson,
of gold and the Mediterranean without a wrinkle without a breeze

lisse, luisante encore sous le jour mourant, semblait une
smooth shiny still under the day dying seemed a

plaque de métal polie et démesurée.
plate of metal polished and disproportionate
    (huge)

420 Le Bonheur I

Au loin, sur la droite, les montagnes dentelées dessinaient leur profil noir sur la pourpre pâlie du couchant.

On parlait de l'amour, on discutait ce vieux sujet, on redisait des choses qu'on avait dites, déjà, bien souvent.

La mélancolie douce du crépuscule alentissait les paroles, faisait flotter un attendrissement dans les âmes.

421 Le Bonheur I

Et ce mot: "amour", qui revenait sans cesse, tantôt prononcé par une forte voix d'homme, tantôt dit par une voix de femme au timbre léger, paraissait emplir le petit salon, y voltiger comme un oiseau, y planer comme un esprit.

Peut-on aimer plusieurs années de suite?

"Oui," prétendaient les uns.

"Non," affirmaient les autres.

Le Bonheur I

On	distinguait	les	cas,	on	établissait	des	démarcations,
They	distinguished	the	cases	they	established	of the (the)	demarcations

on	citait	des	exemples.
they	quoted	of the (the)	examples

Et	tous,	hommes	et	femmes,	pleins	de	souvenirs
and	all	men	and	women	full	of	memories

surgissants	et	troublants,	qu'ils	ne	pouvaient	citer	et	qui
popping up	and	troubling	that they	not	could	call out	and	that

leur	montaient	aux	lèvres,	semblaient	émus,	parlaient	de
them	rose	to the	lips	appeared	moved	spoke	of

cette	chose	banale	et	souveraine,	l'accord	tendre	et
this	thing	banal	and	sovereign	the agreement	tender	and

mystérieux	de	deux	êtres,	avec	une	émotion	profonde	et
mysterious	of	two	beings	with	an	emotion	deep	and

un	intérêt	ardent.
an	interest	ardent

423 Le Bonheur I

Mais tout à coup quelqu'un, ayant les yeux fixés au loin, s'écria:

"Oh! voyez, là-bas, qu'est-ce que c'est?"

Sur la mer, au fond de l'horizon, surgissait une masse grise, énorme et confuse.

Les femmes s'étaient levées et regardaient sans comprendre cette chose surprenante qu'elles n'avaient jamais vue.

424 Le Bonheur I

Quelqu'un dit:

"C'est la Corse! On l'aperçoit ainsi deux ou trois fois par an dans certaines conditions d'atmosphère exceptionnelles, quand l'air d'une limpidité parfaite ne la cache plus par ces brumes de vapeur d'eau qui voilent toujours les lointains."

On distinguait vaguement les crêtes, on crut reconnaître la neige des sommets.

425 Le Bonheur I

Et tout le monde restait surpris, troublé, presque effrayé par cette brusque apparition d'un monde, par ce fantôme sorti de la mer.

Peut-être eurent-ils de ces visions étranges, ceux qui partirent, comme Colomb, à travers les océans inexplorés.

Alors un vieux monsieur, qui n'avait pas encore parlé, prononça:

Le Bonheur I

"Tenez, j'ai connu dans cette île, qui se dresse devant
Hold / I have / known / in / this / island / that / itself / raises / in front of
(Wait) / / / (on)

nous, comme pour répondre elle-même à ce que nous
us / as if / for / to reply / her self / to / this / that / we

disions et me rappeler un singulier souvenir, j'ai connu
were saying / and / me / makes remember / a / singular / memory / I have / known

un exemple admirable d'un amour constant, d'un amour
an / example / admirable / of a / love / constant / of a / love

invraisemblablement heureux. Le voici."
improbably / / happy / It / see-here
 / / / / [Here it is]

"Je fis, voilà cinq ans, un voyage en Corse."
I / made / see-there / five / years / a / trip / in / Corsica
 / / (you know) / / (years ago) / / / (on)

427 Le Bonheur I

"Cette île sauvage est plus inconnue et plus loin de
 This island wild   is   more unknown and more further of

nous que l'Amérique, bien qu'on la voie quelquefois des
 us than the America   well   that one it sees sometimes of the
              (America)   (even though)

côtes de France, comme aujourd'hui."
coasts from France   as   today

"Figurez-vous un monde encore en chaos, une tempête
 Imagine yourself a   world   still   in chaos   a   storm

de montagnes que séparent des ravins étroits où roulent
of mountains that separate of the ravines narrow where roll
                                 ()   (run)

des torrents; pas une plaine, mais d'immenses vagues de
of the torrents not a plain   but   of immense   waves   of

granit et de géantes ondulations de terre couvertes de
granite and of giants   ripples   of earth covered   of
                                                        (with)

maquis ou de hautes forêts de châtaigniers et de pins."
dense shrubs or of high forests of chestnut trees and of pines
              (with)   (with)   (with)

Le Bonheur I

"C'est un sol vierge, inculte, désert, bien que parfois on
aperçoive un village, pareil à un tas de rochers au sommet d'un mont."

"Point de culture, aucune industrie, aucun art."

"On ne rencontre jamais un morceau de bois travaillé, un bout de pierre sculptée, jamais le souvenir du goût enfantin ou raffiné des ancêtres pour les choses gracieuses et belles."

429 Le Bonheur I

"C'est là même ce qui frappe le plus en ce superbe et dur pays:"

"l'indifférence héréditaire pour cette recherche des formes séduisantes qu'on appelle l'art."

"L'Italie, où chaque palais, plein de chefs-d'œuvre, est un chef-d'œuvre lui-même, où le marbre, le bois, le bronze, le fer, les métaux et les pierres attestent le génie de l'homme."

430 Le Bonheur I

"Où les plus petits objets anciens qui traînent dans les vieilles maisons révèlent ce divin souci de la grâce, est pour nous tous la patrie sacrée que l'on aime parce qu'elle nous montre et nous prouve l'effort, la grandeur, la puissance et le triomphe de l'intelligence créatrice."

"Et, en face d'elle, la Corse sauvage est restée telle qu'en ses premiers jours. L'être y vit dans sa maison grossière, indifférent à tout ce qui ne touche point son existence même ou ses querelles de famille."

431 Le Bonheur I

"Et il est resté avec les défauts et les qualités des races incultes, violent, haineux, sanguinaire avec inconscience, mais aussi hospitalier, généreux, dévoué, naïf, ouvrant sa porte aux passants et donnant son amitié fidèle pour la moindre marque de sympathie."

"Donc depuis un mois j'errais à travers cette île magnifique, avec la sensation que j'étais au bout du monde."

Le Bonheur I

"Point   d'auberges,   point   de   cabarets,   point   de   routes."
None   of inns   nothing   of   cabarets   none   of   roads
(No)   (inns)   (like)   (no)   ()

"On   gagne,   par   des   sentiers   à   mulets,   ces   hameaux
One   gains   by   of the   trails   on   mules   these   hamlets
      (reaches)   ()

accrochés   au   flanc   des   montagnes,   qui   dominent   des
clung   to the   flank   of   mountains   that   dominate   of the
(clinging)

abîmes   tortueux   d'où   l'on   entend   monter,   le   soir,   le   bruit
abysses   tortuous   of where   it one   hears   rising up   the   evening   the   noise

continu,   la   voix   sourde   et   profonde   du   torrent."
continuously   the   voice   muffled   and   deep   of the   torrent

"On   frappe   aux   portes   des   maisons."
One   knocks   at the   doors   of the   homes
                                    (of)

433 Le Bonheur I

"On demande un abri pour la nuit et de quoi vivre
One requests a shelter for the night and of what to live
                                                    [some food]

jusqu'au lendemain."
until   (the) next day

"Et on s'asseoit à l'humble table, et on dort sous
And one sits down at the humble table, and one sleeps under

l'humble toit; et on serre, au matin, la main tendue de
the humble roof; and one closes at the morning, the hand reached out of
                  (shakes)   (in the)

l'hôte qui vous a conduit jusqu'aux limites du village."
the host who you has led up to the edge of the village

Guy de Maupassant - LE BONHEUR

Deuxième partie

Or, un soir, après dix heures de marche, j'atteignis une petite demeure toute seule au fond d'un étroit vallon qui allait se jeter à la mer une lieue plus loin. Les deux pentes rapides de la montagne, couvertes de maquis, de rocs éboulés et de grands arbres, enfermaient comme deux sombres murailles ce ravin lamentablement triste.

436 Le Bonheur II

Autour de la chaumière, quelques vignes, un petit jardin,
et plus loin, quelques grands châtaigniers, de quoi vivre
enfin, une fortune pour ce pays pauvre.

La femme qui me reçut était vieille, sévère et propre, par exception.

L'homme, assis sur une chaise de paille, se leva pour me saluer, puis se rassit sans dire un mot. Sa compagne me dit:

437 Le Bonheur II

"Excusez-le; il est sourd maintenant. Il a quatre-vingt-deux ans."
Excuse him he is (deaf)mute now He has four-twenty-two years
                                         (is) (eighty)
(years old)

Elle parlait le français de France. Je fus surpris.
She spoke the French of France I was surprised

Je lui demandai:
I her asked

"Vous n'êtes pas de Corse?"
You not are not of Corsica

Elle répondit:
She replied

Le Bonheur II

"Non; nous sommes des continentaux. Mais voilà cinquante ans que nous habitons ici."

Une sensation d'angoisse et de peur me saisit à la pensée de ces cinquante années écoulées dans ce trou sombre, si loin des villes où vivent les hommes.

Un vieux berger rentra, et l'on se mit à manger le seul plat du dîner, une soupe épaisse où avaient cuit ensemble des pommes de terre, du lard et des choux.

439 Le Bonheur II

Lorsque le court repas fut fini, j'allai m'asseoir devant la porte, le cœur serré par la mélancolie du morne paysage, étreint par cette détresse qui prend parfois les voyageurs en certains soirs tristes, en certains lieux désolés.

Il semble que tout soit près de finir, l'existence et l'univers.

440 Le Bonheur II

On perçoit brusquement l'affreuse misère de la vie, l'isolement de tous, le néant de tout, et la noire solitude du cœur qui se berce et se trompe lui-même par des rêves jusqu'à la mort.

La vieille femme me rejoignit et, torturée par cette curiosité qui vit toujours au fond des âmes les plus résignées:

441 Le Bonheur II

"Alors vous venez de France?" dit-elle.
Then you come from France said she

"Oui, je voyage pour mon plaisir."
Yes I travel for my fun

"Vous êtes de Paris, peut-être?"
You are from Paris maybe

"Non, je suis de Nancy."
No I am from Nancy

Il me sembla qu'une émotion extraordinaire l'agitait.
It me seemed that an emotion extraordinary her agitated

442 Le Bonheur II

Comment ai-je vu ou plutôt senti cela, je n'en sais rien.
How have I seen or rather felt that I not of it know nothing

Elle répéta d'une voix lente:
She repeated of a (with a) voice slow

"Vous êtes de Nancy?"
You are from Nancy

L'homme parut dans la porte, impassible comme sont les sourds.
The man appeared in the door impassive as are the deafmute

443 Le Bonheur II

Elle reprit:
She continued

"Ça ne fait rien.
That not does nothing

Il n'entend pas."
He not hears not

Puis, au bout de quelques secondes:
Then at the end of some seconds

"Alors vous connaissez du monde à Nancy?"
Then you know of the world in Nancy

Le Bonheur II

"Mais oui, presque tout le monde."
But yes almost all the world [everybody]

"La famille de Sainte-Allaize?"
The family of Saint Allaize

"Oui, très bien; c'étaient des amis de mon père."
Yes very good they were () of the friends of my father

"Comment vous appelez-vous?"
How you call yourself

Je dis mon nom.
I told my name

445 Le Bonheur II

Elle me regarda fixement, puis prononça, de cette voix
basse qu'éveillant les souvenirs:

"Oui, oui, je me rappelle bien. Et les Brisemare, qu'est-ce qu'ils sont devenus?"

"Tous sont morts."

"Ah! Et les Sirmont, vous les connaissiez?"

Le Bonheur II

"Oui, le dernier est général."

Alors elle dit, frémissante d'émotion, d'angoisse, de je ne sais quel sentiment confus, puissant et sacré, de je ne sais quel besoin d'avouer, de dire tout, de parler de ces choses qu'elle avait tenues jusque-là enfermées au fond de son cœur, et de ces gens dont le nom bouleversait son âme:

447 Le Bonheur II

"Oui, Henri de Sirmont. Je le sais bien."

"C'est mon frère."

Et je levai les yeux vers elle, effaré de surprise.

Et tout d'un coup le souvenir me revint.

Cela avait fait, jadis, un gros scandale dans la noble Lorraine.

Le Bonheur II

Une jeune fille, belle et riche, Suzanne de Sirmont, avait été enlevée par un sous-officier de hussards du régiment que commandait son père.

C'était un beau garçon, fils de paysans, mais portant bien le dolman bleu, ce soldat qui avait séduit la fille de son colonel.

Elle l'avait vu, remarqué, aimé en regardant défiler les escadrons, sans doute.

449 Le Bonheur II

Mais comment lui avait-elle parlé, comment avaient-ils pu
But   how   him   had she   spoken   how   had they been able

se voir, s'entendre? comment avait-elle osé lui faire
eachother to see   to get together   how   had she   dared him make
[to see eachother]

comprendre qu'elle l'aimait? Cela, on ne le sut jamais.
understand that she loved him That one not it knew never
                                      ()   (would know)

On n'avait rien deviné, rien pressenti. Un soir, comme
One not had nothing guessed nothing sensed in advance One evening as
(People) (had)

le soldat venait de finir son temps, il disparut avec
the soldier came   of to finish his time he disappeared with

elle. On les chercha, on ne les retrouva pas. On n'en
her They them sought they not them found   not They not of it
                                               ()

eut jamais des nouvelles et on la considérait comme
had never of the news   and they her considered as
    (ever)

morte.
dead

450 Le Bonheur II

Et je la retrouvais ainsi dans ce sinistre vallon.

Alors je repris à mon tour:

"Oui, je me rappelle bien. Vous êtes mademoiselle Suzanne."

Elle fit "oui", de la tête. Des larmes tombaient de ses yeux. Alors, me montrant d'un regard le vieillard immobile sur le seuil de sa masure, elle me dit:

451   Le Bonheur II

"C'est lui."
That is him

Et je compris qu'elle l'aimait toujours, qu'elle le voyait
And I understood that she loved him always that she him saw

encore avec ses yeux séduits.
still with his eyes seducing

Je demandai:
I asked

"Avez-vous été heureuse au moins?"
Have you been happy at the least
 (at)

Elle répondit, avec une voix qui venait du cœur:
She replied with a voice that came from the heart

452 Le Bonheur II

"Oh! oui, très heureuse. Il m'a rendue très heureuse. Je
Oh yes very happy   He me has rendered very happy   I
                                    (made)

n'ai jamais rien regretté."
not have never nothing regretted

Je la contemplais, triste, surpris, émerveillé par la
I her contemplated sad surprised marveled by the
                                     (marveling)

puissance de l'amour!
power   of the love

Cette fille riche avait suivi cet homme, ce paysan.
This girl wealthy had followed this man   this peasant

Elle était devenue elle-même une paysanne.
She was become   her self   a   peasant
     (had)

453 Le Bonheur II

Elle   s'était   faite   à   sa   vie   sans   charmes,   sans   luxe,
She   herself was   made   to   his   life   without   charms   without   luxury
       (had)   (adapted)

sans   délicatesse   d'aucune   sorte,   elle   s'était   pliée   à   ses
without   delicacy   of none at all   kind   she   herself was   bent   to   his
                                                 (had)

habitudes   simples.
habits   simple

Et   elle   l'aimait   encore.
And   she   loved him   still

Elle   était   devenue   une   femme   de   rustre,   en   bonnet,   en
She   was   become   a   woman   of   rusticness   in   cap   in
       (had)

jupe   de   toile.
skirt   of   linen

Le Bonheur II

Elle mangeait dans un plat de terre sur une table de
She ate in (from) a dish of earth on a table of

bois, assise sur une chaise de paille, une bouillie de
wood, sat on a chair of straw, a porridge of

choux et de pommes de terre au lard.
sprouts and of apples of earth at the (in) bacon

Elle couchait sur une paillasse à son côté.
She slept on a bench at his side.

Elle n'avait jamais pensé à rien, qu'à lui!
She not had never thought to nothing than to him

455 Le Bonheur II

Elle	n'avait	regretté	ni	les	parures,	ni	les	étoffes,	ni
She	not had	regretted	nor	the	adornments	nor	the	fabrics	nor

les	élégances,	ni	la	mollesse	des	sièges,	ni	la	tiédeur
the	elegances	nor	the	softness	of the	seats	nor	the	warmness

parfumée	des	chambres	enveloppées	de	tentures,	ni	la
fragrant	of the	rooms	wrapped	of (in)	drapes	nor	the

douceur	des	duvets	où	plongent	les	corps	pour	le	repos.
softness	of the	duvets	where	plunge	the	bodies	for	the	rest

Elle	n'avait	eu	jamais	besoin	que	de	lui;	pourvu	qu'il
She	not had	had	never	need	than	of	him	provided (as long as)	that he

fût	là,	elle	ne	désirait	rien.
was	there	she	not	wanted	nothing

Le Bonheur II

Elle avait abandonné la vie, toute jeune, et le monde,
She had abandoned the life all young and the world

et ceux qui l'avaient élevée, aimée.
and those that her had esteemed loved

Elle était venue, seule avec lui, en ce sauvage ravin.
She was(had) come alone with him in this wild ravine

Et il avait été tout pour elle, tout ce qu'on désire,
And he had been everything for her everything this that one desires

tout ce qu'on rêve, tout ce qu'on attend sans cesse,
everything this that one dreams everything this that one awaits without cease

tout ce qu'on espère sans fin.
everything this that one hopes without end

457   Le Bonheur II

Il avait empli de bonheur son existence, d'un bout à
He had filled of happiness her existence from one end to
       (with)

l'autre.
the other

Elle n'aurait pas pu être plus heureuse.
She not would not been able to be more happy

Et toute la nuit, en écoutant le souffle rauque du
And all the night in listening the breath hoarse of the

vieux soldat étendu sur son grabat, à côté de celle
old soldier stretched out on his pallet to the side of that one
                                                              (her)

qui l'avait suivi si loin, je pensais à cette étrange et
who him had followed so far I thought to this strange and
                                            (of)

simple aventure, à ce bonheur si complet, fait de si
simple adventure to this happiness so complete made of so
                  (of)

peu.
little

458 Le Bonheur II

Et je partis au soleil levant, après avoir serré la main
And I left at the sun rising after to have closed the hand
                                                   (shaken)

des deux vieux époux.
of the two old spouses

II

Le conteur se tut. Une femme dit:

"C'est égal, elle avait un idéal trop facile, des besoins trop primitifs et des exigences trop simples. Ce ne pouvait être qu'une sotte."

Une autre prononça d'une voix lente:

"Qu'importe! elle fut heureuse."

460 Le Bonheur II

Et là-bas, au fond de l'horizon, la Corse s'enfonçait
And there down at the back of the horizon the Corsica sank
       (in the)   ()

dans la nuit, rentrait lentement dans la mer, effaçait sa
in the night returned slowly in the sea erased its
                              (to)

grande ombre apparue comme pour raconter elle-même
big shadow appeared as for to tell her self

l'histoire des deux humbles amants qu'abritait son rivage.
the history of two humble lovers that housed its shore

461 Le Bonheur II

La Confession

Guy de Maupassant - LA CONFESSION

Marguerite de Thérelles allait mourir. Bien qu'elle n'eût que cinquante six ans, elle en paraissait au moins soixante et quinze. Elle haletait, plus pâle que ses draps, secouée de frissons épouvantables, la figure convulsée, l'œil hagard, comme si une chose horrible lui eût apparu.

Sa sœur aînée, Suzanne, plus âgée de six ans, à genoux près du lit, sanglotait.

464 La Confession

Une petite table approchée de la couche de l'agonisante
A small table put close to the bed of the dying

portait, sur une serviette, deux bougies allumées, car on
carried on a napkin two candles alight because they

attendait le prêtre qui devait donner l'extrême-onction et
awaited the priest who had to give the extreme unction and
(the sacrament)

la communion dernière.
the communion last

L'appartement avait cet aspect sinistre qu'ont les chambres
The apartment had this appearance sinister that have the rooms

des mourants, cet air d'adieu désespéré. Des fioles
of the dying this ambiance of farewell desperate Of the vials
()

traînaient sur les meubles, des linges traînaient dans les
were left on the furniture of the cloths were left in the
()

coins, repoussés d'un coup de pied ou de balai. Les
corners moved away of a kick of (the) foot or of broom The
(with a)

sièges en désordre semblaient eux-mêmes effarés, comme
seats in disorder appeared themselves frightened as

s'ils avaient couru dans tous les sens.
if they had ran in all the directions
()

465 La Confession

La redoutable mort était là, cachée, attendant.
The fearsome death was there hidden waiting

L'histoire des deux sœurs était attendrissante. On la citait
The history of the two sisters was touching On it quoted

au loin; elle avait fait pleurer bien des yeux.
from the afar she had made cry good of the eyes
(from) (many)

Suzanne, l'aînée, avait été aimée follement, jadis, d'un
Suzanne the eldest had been loved madly back then by a

jeune homme qu'elle aimait aussi. Ils furent fiancés, et
young man that she loved too They were engaged and

on n'attendait plus que le jour fixé pour le contrat,
one not awaited more than the day set for the contract
(wedding)

quand Henry de Sampierre était mort brusquement.
when Henry of Sampierre was dead abruptly
(had) (died)

Le désespoir de la jeune fille fut affreux, et elle jura
The despair of the young girl was awful and she swore

de ne se jamais marier.
of not herself never to marry
( ) (ever)

466 La Confession

Elle tint parole. Elle prit des habits de veuve qu'elle
She held word   She took of the clothes of widow that she
                          ()

ne quitta plus.
not took off anymore

Alors sa sœur, sa petite sœur Marguerite, qui n'avait
Then her sister, her small sister Marguerite, who not had

encore que douze ans, vint, un matin, se jeter dans
yet (more) than twelve years came one morning herself threw in

les bras de l'aînée, et lui dit: "Grande sœur, je ne
the arms of the eldest and her said Big sister I not

veux pas que tu sois malheureuse. Je ne veux pas
want not that you are unhappy I not want not

que tu pleures toute ta vie. Je ne te quitterai jamais,
that you cry all your life I not you will leave never

jamais, jamais! Moi, non plus, je ne me marierai pas.
never never Me not anymore I not myself will marry not
              (also)   ()

Je resterai près de toi, toujours, toujours, toujours."
I will stay close of you always always always

467 La Confession

Suzanne l'embrassa attendrie par ce dévouement d'enfant, et n'y crut pas. Mais la petite aussi tint parole et, malgré les prières des parents, malgré les supplications de l'aînée, elle ne se maria jamais. Elle était jolie, fort jolie; elle refusa bien des jeunes gens qui semblaient l'aimer; elle ne quitta plus sa sœur.

Elles vécurent ensemble tous les jours de leur existence, sans se séparer une seule fois. Elles allèrent côte à côte, inséparablement unies.

468 La Confession

Mais Marguerite sembla toujours triste, accablée, plus morne que l'aînée comme si peut-être son sublime sacrifice l'eût brisée. Elle vieillit plus vite, prit des cheveux blancs dès l'âge de trente ans et, souvent souffrante, semblait atteinte d'un mal inconnu qui la rongeait.

Maintenant elle allait mourir la première.

Elle ne parlait plus depuis vingt-quatre heures. Elle avait dit seulement, aux premières lueurs de l'aurore:

469 La Confession

"Allez chercher monsieur le curé, voici l'instant."

Et elle était demeurée ensuite sur le dos, secouée de spasmes, les lèvres agitées comme si des paroles terribles lui fussent montées du cœur, sans pouvoir sortir, le regard affolé d'épouvanté, effroyable à voir.

Sa sœur, déchirée par la douleur, pleurait éperdument, le front sur le bord du lit et répétait:

"Margot, ma pauvre Margot, ma petite!"

La Confession

Elle l'avait toujours appelée: "ma petite", de même que
She her had always called my little of same that

la cadette l'avait toujours appelée: "grande sœur."
the junior her had always called big sister

On entendit des pas dans l'escalier. La porte s'ouvrit.
One heard of the () steps in the staircase The door itself opened

Un enfant de chœur parut, suivi du vieux prêtre en
A child of (the) choir appeared followed by the old priest in

surplis. Dès qu'elle l'aperçut, la mourante s'assit d'une
choir dress From that she saw him the dying sat upright of a
(From the moment) (with a)

secousse, ouvrit les lèvres, balbutia deux ou trois
jerk opened the lips stammered two or three

paroles, et se mit à gratter ses ongles comme si elle
words and herself put to scratch (with) her fingernails as if she
[started]

eût voulu y faire un trou.
had wanted there to make a hole

L'abbé Simon s'approcha, lui prit la main, la baisa sur
The father Simon approached her took the hand her kissed on

le front et, d'une voix douce:
the front and of a voice soft
(with a)

471 La Confession

"Dieu vous pardonne, mon enfant; ayez du courage, voici le moment venu, parlez."

Alors, Marguerite, grelottant de la tête aux pieds, secouant toute sa couche de ses mouvements nerveux, balbutia:

"Assieds-toi, grande sœur, écoute."

Le prêtre se baissa vers Suzanne, toujours abattue au pied du lit.

472 La Confession

La releva, la mit dans un fauteuil et, prenant dans chaque main la main d'une des deux sœurs, il prononça:

"Seigneur, mon Dieu! envoyez-leur la force, jetez sur elles votre miséricorde."

Et Marguerite se mit à parler. Les mots lui sortaient de la gorge un à un, rauques, scandés, comme exténués.

"Pardon, pardon, grande sœur, pardonne-moi! Oh! si tu savais comme j'ai eu peur de ce moment-là, toute ma vie! ..."

473 La Confession

Suzanne balbutia, dans ses larmes:

"Quoi te pardonner, petite? Tu m'as tout donné, tout sacrifié; tu es un ange..."

Mais Marguerite l'interrompit:

"Tais-toi, tais-toi! Laisse-moi dire... ne m'arrête pas.... C'est affreux... laisse-moi dire tout... jusqu'au bout, sans bouger... Écoute.... Tu te rappelles... tu te rappelles... Henry..."

La Confession

Suzanne tressaillit et regarda sa sœur. La cadette reprit:

"Il faut que tu entendes tout pour comprendre. J'avais douze ans, seulement douze ans, tu te le rappelles bien, n'est-ce pas? Et j'étais gâtée, je faisais tout ce que je voulais! ... Tu te rappelles bien comme on me gâtait? ... Écoute.... La première fois qu'il est venu, il avait des bottes vernies; il est descendu de cheval devant le perron, et il s'est excusé sur son costume, mais il venait apporter une nouvelle à papa."

475   La Confession

"Tu te le rappelles, n'est-ce pas? ... Ne dis rien...
écoute. Quand je l'ai vu, j'ai été toute saisie, tant je l'ai trouvé beau, et je suis demeurée debout dans un coin du salon tout le temps qu'il a parlé. Les enfants sont singuliers... et terribles.... Oh! oui... j'en ai rêvé!"

"Il est revenu... plusieurs fois... je le regardais de tous mes yeux, de toute mon âme... j'étais grande pour mon âge... et bien plus rusée qu'on ne croyait. Il est revenu souvent.... Je ne pensais qu'à lui."

476 La Confession

"Je prononçais tout bas:"
I uttered all low
 (very) (soft)

" Henry... Henry de Sampierre! "
Henry Henry of Sampierre

"Puis on a dit qu'il allait t'épouser. Ce fut un chagrin...
Then one has said that he was going to marry you This was a grief
 (they) (have)

oh! grande sœur... un chagrin... un chagrin! J'ai pleuré
oh big sister a grief a grief I have cried

trois nuits, sans dormir. Il revenait tous les jours,
three nights without to sleep He returned all the days

l'après-midi, après son déjeuner... tu te le rappelles,
the afternoon after his lunch you yourself it remember

n'est-ce pas! Ne dis rien... écoute. Tu lui faisais des
not is this not Not say nothing listen You him made of the

gâteaux qu'il aimait beaucoup... avec de la farine, du
cakes that he loved a lot with of the flour of the
 () () ()

beurre et du lait.... Oh!"
butter and of the milk Oh
 ()

477 La Confession

"Je sais bien comment.... J'en ferais encore s'il le fallait. Il les avalait d'une seule bouchée, et puis il buvait un verre de vin... et puis il disait: *C'est délicieux.* Tu te rappelles comme il disait ça?"

"J'étais jalouse, jalouse! ... Le moment de ton mariage approchait. Il n'y avait plus que quinze jours. Je devenais folle. Je me disais: Il n'épousera pas Suzanne, non, je ne veux pas! ... C'est moi qu'il épousera, quand je serai grande. Jamais je n'en trouverai un que j'aime autant..."

La Confession

"Mais un soir, dix jours avant ton contrat, tu
But one evening ten days before your marriage you

t'es promenée avec lui devant le château, au clair de
yourself are walked with him in front of the castle in the clear of
(have walked) (light)

lune... et là-bas... sous le sapin, sous le grand sapin...
(the) moon and there down under the fir under the big fir tree

il t'a embrassée... embrassée... dans ses deux bras... si
he you has embraced embraced in his two arms so

longtemps.... Tu te le rappelles, n'est-ce pas! C'était
long You yourself it remember not is this not This was

probablement la première fois... oui.... Tu étais si pâle
probably the first time yes You was so pale
(were)

en rentrant au salon!"
in returning to the salon

"Je vous ai vus; j'étais là, dans le massif. J'ai eu
I you have seen I was there in the bushes I have had

une rage! Si j'avais pu, je vous aurais tués! Je me
a rage If I had been able I you would have killed I myself

suis dit:"
am said
(have)

479 La Confession

"'Il n'épousera pas Suzanne, jamais! Il n'épousera personne. Je serais trop malheureuse...'. Et tout d'un coup je me suis mise à le haïr affreusement."

"Alors, sais-tu ce que j'ai fait? ... écoute. J'avais vu le jardinier préparer des boulettes pour tuer des chiens errants. Il écrasait une bouteille avec une pierre et mettait le verre pilé dans une boulette de viande."

"J'ai pris chez maman une petite bouteille de pharmacien, je l'ai broyée avec un marteau, et j'ai caché le verre dans ma poche."

480   La Confession

"C'était une poudre brillante..."

"Le lendemain, comme tu venais de faire les petits gâteaux, je les ai fendus avec un couteau et j'ai mis le verre dedans..."

"Il en a mangé trois... moi aussi, j'en ai mangé un.... J'ai jeté les six autres dans l'étang... les deux cygnes sont morts trois jours après.... Tu te le rappelles? ... Oh! ne dis rien... écoute, écoute.... Moi seule, je ne suis pas morte... mais j'ai toujours été malade... écoute.... Il est mort... tu sais bien..."

481 La Confession

"Écoute... ce n'est rien cela.... C'est après, plus tard...
toujours... le plus terrible... écoute..."

"Ma vie, toute ma vie... quelle torture! Je me suis dit:
Je ne quitterai plus ma sœur. Et je lui dirai tout, au
moment de mourir.... Voilà. Et depuis, j'ai toujours pensé
à ce moment-là, à ce moment-là où je te dirais tout....
Le voici venu.... C'est terrible.... Oh! ... grande sœur!"

"J'ai toujours pensé, matin et soir, le jour, la nuit:"

482   La Confession

"Il   faudra   que   je   lui   dise   cela,   une   fois....   J'attendais....
It   will be needed that   I   her   say   that   one   time   I waited

Quel   supplice! ...   C'est   fait....   Ne   dis   rien..."
What   torment   It is   done   Not   say   nothing

"Maintenant,   j'ai   peur...   j'ai   peur...   oh!   j'ai   peur!   Si   j'allais
Now   I have   fear   I have   fear   oh   I have fear   If   I went

le   revoir,   tout   à   l'heure,   quand   je   serai   morte....   Le
him   see again   all   at   the time   when   I   will be   dead   Him
                                        [soon]

revoir...   y   songes-tu? ...   La   première! ...   Je   n'oserai   pas....
see again   there   dream you   The   first   I   will not dare not
                      [can you imagine]   (As the)   ()

Il   le   faut....   Je   vais   mourir....   Je   veux   que   tu   me
It   it   is necessary   I   go   to die   I   want   that   you   me
[It is necessary]

pardonnes.   Je   le   veux....   Je   ne   peux   pas   m'en   aller
forgive   I   it   want   I   not   can   not   myself from here go
                                                                ()

sans   cela   devant   lui.   Oh!   dites-lui   de   me   pardonner,
without   that   in front of   him   Oh   tell   her   of   me   to forgive

monsieur   le   curé,   dites-lui...   je   vous   en   prie."
mr   the   priest   say   her   I   you   of it   pray
                                                                        (beg)

483 La Confession

"Je ne peux mourir sans ça..."
  I not can die without that

Elle se tut, et demeura haletante, grattant toujours le
She became silent and remained breathing heavily scratching always the

drap de ses ongles crispés....
cloth of her fingernails clenched
    (with)

Suzanne avait caché sa figure dans ses mains et ne
Suzanne had hidden her face in her hands and not

bougeait plus. Elle pensait à lui qu'elle aurait pu aimer
moved anymore She thought to him that she would have been able to love
              (of)

si longtemps! Quelle bonne vie ils auraient eue! Elle le
so long What (a) good life they would have had She him

revoyait, dans l'autrefois disparu, dans le vieux passé à
saw again in the other times disappeared in the old past to
                                                            (for)

jamais éteint. Morts chéris! comme ils vous déchirent le
never extinguished Dead loved ones how they you would tear the
(ever)

cœur! Oh! ce baiser, son seul baiser!
heart Oh this kiss her only kiss

484 La Confession

Elle	l'avait	gardé	dans	l'âme.	Et	puis	plus	rien,	plus
She	it had	guarded	in	the soul	And	then	more (after that)	nothing	more (after that)

rien	dans	toute	son	existence! ...
nothing	in	all	her	existence

Le	prêtre	tout à coup	se dressa	et,	d'une	voix	forte,
The	priest	all to strike (suddenly)	stood up	and	of a (with a)	voice	strong

vibrante,	il	cria:
rousing	he	called out

"Mademoiselle	Suzanne,	votre	sœur	va	mourir!"
Miss	Suzanne	your	sister	goes	to die

Alors	Suzanne,	ouvrant	ses	mains,	montra	sa	figure
Then	Suzanne	opening	her	hands	showed	her	face

trempée	de	larmes,	et,	se	précipitant	sur	sa	sœur,	elle
soaked	of (in)	tears	and	herself	launched	on	her	sister	she

la	baisa	de	toute	sa	force	en	balbutiant:
her	kissed	of	all	her	force	in (while)	stammering

485 La Confession

"Je te   pardonne, je te   pardonne, petite..."
 I   you forgive   I   you forgive   little one

ced Danse

Émil Zola - LE CARNET DE DANSE
Emile Zola — THE NOTEBOOK OF DANCE
[THE BALLROOM DIARY]

II

Georgette sortait à peine du couvent. Elle avait encore
Georgette left at pain du convent. She had still
            [just]

cet âge heureux où le songe et la réalité
this age happy where the dream and the reality

se confondent; douce et passagère époque, l'esprit voit
themselves merge sweet and fleeting time the mind sees
(merge)

ce qu'il rêve et rêve ce qu'il voit. Comme tous les
this that it dreams and dreams this that it sees As all the

enfants, elle s'était laissé éblouir par les lustres flambants
children she herself was let dazzle by the chandeliers flaming
         (had herself)

de ses premiers bals; elle se croyait de bonne foi
of her first balls she herself believed of good faith
                                          (in)

dans une sphère supérieure, parmi des êtres demi-dieux,
in a sphere higher among of the beings half gods

graciés des mauvais côtés de la vie.
pardoned of the bad sides of the life
(spared)

Le Carnet De Danse

Légèrement brunes, ses joues avaient les reflets dorés
Slightly brown her cheeks had the reflections golden

des seins d'une fille de Sicile; ses grands cils noirs
of the breasts of a girl of Sicily her great eyelashes black

voilaient à demi le feu de son regard. Oubliant qu'elle
veiled at half the fire in her look Forgetting that she

n'était plus sous la férule d'une sous-maîtresse, elle
not was anymore under the stick of an under mistress she

contenait la vie ardente qui brûlait en elle. Dans un
contained the life ardent that burned in her In a
(kept locked up)

salon, elle n'était jamais qu'une petite fille, timide,
salon she not was never (more) than a small girl shy

presque sotte, rougissant pour un mot et baissant les
almost foolish blushing for a word and lowering the
(at)

yeux.
eyes

Viens, nous nous cacherons derrière les grands rideaux,
Come on we ourselves will hide behind the great curtains

nous verrons l'indolente étendre les bras et s'éveiller en
we will see the indolent girl spread the arms and itself awake in

découvrant ses pieds roses.
discovering her feet pink

489 Le Carnet De Danse

Ne sois pas jalouse, Ninon tous mes baisers sont pour toi.

Te souviens-tu? onze heures sonnaient. La chambre était encore sombre. Le soleil se perdait dans les épaisses draperies des fenêtres, tandis qu'une veilleuse, aux lueurs mourantes, luttait vainement avec l'ombre. Sur le lit, lorsque la flamme de la veilleuse se ravivait, apparaissaient une forme blanche, un front pur, une gorge perdue sous des flots de dentelles; plus loin, l'extrémité délicate d'un petit pied; hors du lit, un bras de neige pendant, la main ouverte.

Le Carnet De Danse

A deux reprises, la paresseuse se retourna sur la couche pour s'endormir de nouveau, mais d'un sommeil si léger, que le subit craquement d'un meuble la fit enfin dresser à demi. Elle écarta ses cheveux tombant en désordre sur son front, elle essuya ses yeux gros de sommeil, ramenant sur ses épaules tous les coins des couvertures, croisant les bras pour se mieux voiler. Quand elle fut bien éveillée, elle avança la main vers un cordon de sonnette qui pendait auprès d'elle.

491 Le Carnet De Danse

Mais elle la retira vivement; elle sauta à terre, courut
But she it withdrew lively she jumped at ground ran
        (on) (the floor)

écarter elle-même les draperies des fenêtres. Un gai
pushing aside she herself the draperies of the windows A gay

rayon de soleil emplit la chambre de lumière. L'enfant,
ray of sun filled the room of light The child

surprise de ce grand jour et venant à se voir dans
surprised of this great day and coming to herself see in
     (by)

une glace demi-nue et en désordre, fut fort effrayée.
a glass half naked and in disorder was hard scared
  (windowpane)

Elle revint se blottir au fond de son lit, rouge et
She returned herself to snuggle in the back of her bed red and

tremblante de ce bel exploit. Sa chambrière était une
shivering of this beautiful feat Her chambermaid was a

fille sotte et curieuse; Georgette préférait sa rêverie aux
girl foolish and curious Georgette preferred her dreamy thoughts at the

bavardages de cette femme. Mais, bon Dieu! quel grand
chatter of this woman But good God what great

jour il faisait, et combien les glaces sont indiscrètes!
day it made and how much the glasses are indiscreet
    (was)   (windowpanes)

Le Carnet De Danse

Maintenant, sur les sièges épars, on voyait négligemment
Now   on   the   seats   scattered   one saw   carelessly

jetée une toilette de bal. La jeune fille, presque
thrown a dress of ballroom The young girl almost

endormie, avait laissé ici sa jupe de gaze, là son
asleep had left here her skirt in gauze there her

écharpe, plus loin ses souliers de satin. Auprès d'elle,
scarf more further her shoes of satin Next of her

dans une coupe d'agate, brillaient des bijoux; un bouquet
in a cup of agate shining of the jewelry a bouquet

fané se mourait à côté d'un carnet de danse.
wilted was dying at (the) side of a book of dance
[ballroom diary]

Le front sur l'un de ses bras nus, elle prit un collier
The front on the one (one) of her arms nude she took a necklace

et se mit à jouer avec les perles.
and herself set [started] to play with the pearls

493 Le Carnet De Danse

Puis elle le posa, ouvrit le carnet, le feuilleta. Le petit livre avait un air ennuyé et indifférent. Georgette le parcourait sans grande attention, paraissant songer à tout autre chose.

Comme elle en tournait les pages, le nom de Charles, inscrit en tête de chacune d'elles, finit par l'impatienter.

"Toujours Charles, se dit-elle. Mon cousin a une belle écriture; voilà des lettres longues et penchées qui ont un aspect grave."

494 Le Carnet De Danse

"La main lui tremble rarement, même lorsqu'elle presse la mienne. Mon cousin est un jeune homme très-sérieux. Il doit être un jour mon mari. A chaque bal, sans m'en faire la demande, il prend mon carnet et s'inscrit pour la première danse. C'est là sans doute un droit de mari. Ce droit me déplaît."

Le carnet devenait de plus en plus froid. Georgette, le regard perdu dans le vide, semblait résoudre quelque grave problème.

495 Le Carnet De Danse

"Un mari," reprit-elle, "voilà qui me fait peur. Charles me traite toujours en petite fille; parce qu'il a remporté huit à dix prix au collège, il se croit forcé d'être pédant. Après tout, je ne sais trop pourquoi il sera mon mari; ce n'est pas moi qui l'ai prié de m'épouser; lui-même ne m'en a jamais demandé la permission. Nous avons joué ensemble, autrefois; je me souviens qu'il était très-méchant. Maintenant il est très-poli; je l'aimerais mieux méchant. Ainsi je vais être sa femme; je n'avais jamais bien songé à cela;"

496 Le Carnet De Danse

"sa femme, je n'en vois vraiment pas la raison. Charles,
toujours Charles! on dirait que je lui appartiens déjà. Je
vais le prier de ne pas écrire si gros sur mon carnet
son nom tient trop de place."

Le petit livre, qui, lui aussi, semblait las du cousin
Charles, faillit se fermer d'ennui. Les carnets de danse,
je le soupçonne, détestent franchement les maris. Le
nôtre tourna ses feuillets et présenta sournoisement
d'autres noms à Georgette.

497 Le Carnet De Danse

"Louis," murmura l'enfant. "Ce nom me rappelle un singulier danseur. Il est venu, sans presque me regarder, me prier de lui accorder un quadrille. Puis, aux premiers accords des instruments, il m'a entraînée à l'autre bout du salon, j'ignore pourquoi, en face d'une grande dame blonde qui le suivait des yeux. Il lui souriait par moments, et m'oubliait si bien que je me suis vue forcée, à deux reprises, de ramasser moi-même mon bouquet. Quand la danse le ramenait auprès d'elle, il lui parlait bas;"

498 Le Carnet De Danse

"moi, j'écoutais, mais je ne comprenais point. C'était peut-être sa soeur. Sa soeur, oh! non il lui prenait la main en tremblant; puis, lorsqu'il tenait cette main dans la sienne, l'orchestre le rappelait vainement auprès de moi. Je demeurais là, comme une sotte, le bras tendu, ce qui faisait fort mauvais effet; les figures en restaient toutes brouillées. C'était peut-être sa femme. Que je suis niaise! sa femme, vraiment, oui! Charles ne me parle jamais en dansant. C'était peut-être..."

499 Le Carnet De Danse

Georgette resta les lèvres demi-closes, absorbée, pareille
à un enfant mis en face d'un jouet inconnu, n'osant approcher et agrandissant les yeux pour mieux voir. Elle comptait machinalement sous ses doigts les glands de la couverture, la main droite allongée et grande ouverte sur le carnet. Celui-ci commençait à donner signe de vie; il s'agitait, il paraissait savoir parfaitement ce qu'était la dame blonde. J'ignore si le libertin en confia le secret à la jeune fille.

Le Carnet De Danse

Elle ramena sur ses épaules la dentelle qui glissait, acheva de compter scrupuleusement les glands de la couverture, et dit enfin à demi-voix

"C'est singulier, cette belle dame n'était sûrement ni la femme, ni la soeur de M. Louis."

Elle se remit à feuilleter les pages. Un nom l'arrêta bientôt.

"Ce Robert est un vilain homme," reprit-elle.

501 Le Carnet De Danse

"Je (I) n'aurais (not would have) jamais (never) cru (believed) qu'avec (that with) un (a) gilet (vest) d'une (of a) telle (such) élégance, (elegance) on (one) pût (could) avoir (have) l'âme (the soul) aussi (so) noire. (black) Durant (During) un (a) grand (large (long)) quart (quarter) d'heure, (of hour (of an hour)) il (he) m'a (me has) comparée (compared) à (to) mille (thousand) belles (beautiful) choses, (things) aux (to the) étoiles, (stars) aux (to the) fleurs, (flowers) que (what) sais-je, (know I) moi? (me) J'étais (I was) flattée, (flattered) j'éprouvais (I felt) tant de (so much of) plaisir, (pleasure) que (that) je (I) ne (not) savais (knew) quoi (what) répondre. (to reply) Il (He) parlait (spoke) bien (well) et (and) longtemps (long) sans (without) s'arrêter. (himself to stop (stopping)) Puis, (Then) il (he) m'a (me has) reconduite (led back) à (to) ma (my) place, (place) et (and) là, (there) il (he) a (has) manqué (missed) de (of) pleurer (to cry [he almost cried]) en (in) me (me) quittant. (leaving) Ensuite (Next) je (I) me (myself) suis (am) mise (set) à (to) une (a) fenêtre; (window) les (the) rideaux (curtains) m'ont (me have) cachée, (hidden) en (in) retombant (falling again) derrière (behind) moi." (me)

Le Carnet De Danse

"Je songeais un peu, je crois, à mon bavard de danseur, lorsque je l'ai entendu rire et causer. Il parlait à un ami d'une petite sotte, rougissant au moindre mot, d'une échappée de couvent, baissant les yeux, s'enlaidissant par un maintien trop modeste. Sans doute il parlait de Thérèse, ma bonne amie. Thérèse a de petits yeux et une grande bouche. C'est une excellente fille. Peut-être parlaient-ils de moi. Les jeunes gens mentent donc! Alors, je serais laide. Laide! Thérèse l'est cependant davantage. Sûrement ils parlaient de Thérèse."

503 Le Carnet De Danse

Georgette sourit et eut comme une tentation d'aller consulter son miroir. "Puis," ajouta-t-elle, "ils se sont moqués des dames qui étaient au bal. J'écoutais toujours, je finissais par ne plus comprendre. J'ai pensé qu'ils disaient de gros mots. Comme je ne pouvais m'éloigner, je me suis bravement bouché les oreilles."

Le carnet de danse était en pleine hilarité. Il se mit à débiter une foule de noms pour prouver à Georgette que Thérèse était bien la petite sotte enlaidie par un maintien trop modeste.

Le Carnet De Danse

"Paul a des yeux bleus," dit-il. "Certes, Paul n'est pas menteur, et je l'ai entendu te dire des paroles bien douces."

"Oui, oui," répéta Georgette, "M. Paul a des yeux bleus, et M. Paul n'est pas menteur. Il a des moustaches blondes que je préfère beaucoup à celles de Charles."

"Ne me parle pas de Charles," reprit le carnet; "ses moustaches ne méritent pas le moindre sourire. Que penses-tu d'Édouard? il est timide et n'ose parler que du regard."

505 Le Carnet De Danse

"Je ne sais si tu comprends ce langage, Et Jules? il n'y a que toi, assure-t-il, qui saches valser. Et Lucien, et Georges, et Albert? tous te trouvent charmante et quêtent pendant de longues heures l'aumône de ton sourire."

Georgette se remit à compter les glands de la couverture. Le bavardage du carnet commençait à l'effrayer. Elle le sentait qui brûlait ses mains; elle eût voulu le fermer et n'en avait pas le courage.

"Car tu étais reine," continua le démon.

Le Carnet De Danse

"Tes dentelles se refusaient à cacher tes bras nus, ton
_{Your laces themselves refuse to hide your arms bare your}

front de seize ans faisait pâlir la couronne. Ah! ma
_{forehead of sixteen years makes pale the crown Ah my}

Georgette, tu ne pouvais tout voir, sans cela tu aurais
_{Georgette you not could everything see without that you would have}

eu pitié. Les pauvres garçons sont bien malades à
_{had pity The poor boys are good ill at (quite)}

l'heure qu'il est!"
_{the time that it is}

Et il eut un silence plein de commisération. L'enfant qui
_{And it had a silence full of commiseration The child who [there was]}

l'écoutait, souriante, effarouchée, le voyant rester muet;
_{it listened to smiled frightened it seeing stay dumb}

"Un noeud de ma robe était tombé," dit-elle. "Sûrement
_{A node of my dress was fallen said she Surely (had)}

cela me rendait laide."
_{that me made ugly}

507 Le Carnet De Danse

"Les jeunes gens devaient se moquer en passant. Ces couturières ont si peu de soin!"

"N'a-t-il pas dansé avec toi?" interrompit le carnet.

"Qui donc?" demanda Georgette, en rougissant si fort que ses épaules devinrent toutes roses. Et, prononçant enfin un nom qu'elle avait depuis un quart d'heure sous les yeux, et que son coeur épelait, tandis que ses lèvres parlaient de robe déchirée.

Le Carnet De Danse

"M. Edmond," dit-elle, "m'a paru triste, hier soir. Je le
Mr Edmond said she me has appeared sad yesterday evening I him

voyais de loin me regarder. Comme il n'osait approcher,
saw from afar me watch As he not dared approach

je me suis levée, je suis allée à lui. Il a bien été
I myself am raised I am gone to him He has well been
(have) (stood up) (have)

forcé de m'inviter."
forced of to invite me

"J'aime beaucoup M. Edmond," soupira le petit livre.
I love a lot Mr Edmond sighed the small book

Georgette fit mine de ne pas entendre. Elle continua
Georgette made expression of not not to hear She continued
( )

"En dansant, j'ai senti sa main trembler sur ma taille.
In dancing I have felt his hand tremble on my waist
(While)

Il a bégayé quelques mots, se plaignant de la chaleur."
He has stammered some word himself complaining of the heat

509 Le Carnet De Danse

"Moi, voyant que les rosés de mon bouquet lui faisaient envie, je lui en ai donné une. Il n'y a pas de mal à cela."

"Oh! non! Puis, en prenant la fleur, ses lèvres, par un singulier hasard, se sont trouvées près de tes doigts. Il les a baisés un petit peu."

"Il n'y a pas de mal à cela," répéta Georgette qui depuis un instant se tourmentait fort sur le lit.

"Oh! non! J'ai à te gronder vraiment de lui avoir tant fait attendre ce pauvre baiser."

"Edmond ferait un charmant petit mari."

L'enfant, de plus en plus troublée, ne s'aperçut pas que son fichu était tombé et que l'un de ses pieds avait rejeté la couverture.

"Un charmant petit mari," répéta-t-elle de nouveau.

"Moi, je l'aime bien," reprit le tentateur. "Si j'étais à ta place, vois-tu, je lui rendrais volontiers son baiser."

Georgette fut scandalisée.

511 Le Carnet De Danse

Le bon apôtre continua

"Rien qu'un baiser, là, doucement sur son nom. Je ne le lui dirai pas." La jeune fille jura ses grands dieux qu'elle n'en ferait rien. Et, je ne sais comment, la page se trouva sous ses lèvres. Elle n'en sut rien elle-même. Tout en protestant, elle baisa le nom à deux reprises. Alors, elle aperçut son pied, qui riait dans un rayon de soleil. Confuse, elle ramenait la couverture, quand elle acheva de perdre la tête en entendant crier la clef dans la serrure.

512 Le Carnet De Danse

Le carnet de danse se glissa parmi les dentelles et
The book of dance itself slipped among the laces and

disparut en toute hâte sous l'oreiller.
disappeared in all hurry under the pillow

C'était la chambrière.
It was the chambermaid

513　Le Carnet De Danse

514 Souvenir

515 Souvenir

Guy de Maupassant - SOUVENIR
Guy de Maupassant MEMORY

Comme il m'en vient des souvenirs de jeunesse sous la
How it me of it comes of the memories of youth under the
         (come)

douce caresse du premier soleil! Il est un âge où tout
sweet caress of the first sun It is an age where all

est bon, gai, charmant, grisant. Qu'ils sont exquis les
is good gay charming exhilarating How they are exquisite the

souvenirs des anciens printemps!
memories of the old springs

Vous rappelez-vous, vieux amis, mes frères, ces années
You remember you old friends my brothers these years

de joie où la vie n'était qu'un triomphe et qu'un rire?
of joy where the life not was (more) than a triumph and than a laugh

516 Souvenir

Vous rappelez-vous les jours de vagabondage autour de Paris, notre radieuse pauvreté, nos promenades dans les bois reverdis, nos ivresses d'air bleu dans les cabarets au bord de la Seine, et nos aventures d'amour si banales et si délicieuses?

J'en veux dire une de ces aventures. Elle date de douze ans et me paraît déjà si vieille, si vieille, qu'elle me semble maintenant à l'autre bout de ma vie, avant le tournant, ce vilain tournant d'où j'ai aperçu tout à coup la fin du voyage.

517 Souvenir

J'avais alors vingt-cinq ans. Je venais d'arriver à Paris;
j'étais employé dans un ministère, et les dimanches
m'apparaissaient comme des fêtes extraordinaires, pleines
d'un bonheur exhubérant, bien qu'il ne se passât jamais
rien d'étonnant.

C'est tous les jours dimanche, aujourd'hui. Mais je
regrette le temps où je n'en avais qu'un par semaine.
Qu'il était bon! J'avais six francs à dépenser!

518 Souvenir

Je m'éveillai tôt, ce matin-là, avec cette sensation de liberté que connaissent si bien les employés, cette sensation de délivrance, de repos, de tranquillité, d'indépendance.

J'ouvris ma fenêtre. Il faisait un temps admirable. Le ciel tout bleu s'étalait sur la ville, plein de soleil et d'hirondelles.

Je m'habillai bien vite et je partis, voulant passer la journée dans les bois, à respirer les feuilles; car je suis d'origine campagnarde, ayant été élevé dans l'herbe et sous les arbres.

519 Souvenir

Paris s'éveillait, joyeux, dans la chaleur et la lumière. Les façades des maisons brillaient; les serins des concierges s'égosillaient dans leurs cages, et une gaieté courait la rue, éclairait les visages, mettait un rire partout, comme un contentement mystérieux des êtres et des choses sous le clair soleil levant.

Je gagnai la Seine pour prendre l'Hirondelle qui me déposerait à Saint-Cloud.

Comme j'aimais cette attente du bateau sur le ponton.

520 Souvenir

Il me semblait que j'allais partir pour le bout du monde, pour des pays nouveaux et merveilleux. Je le voyais apparaître, ce bateau, là-bas, là-bas, sous l'arche du second pont, tout petit, avec son panache de fumée, puis plus gros, plus gros, grandissant toujours; et il prenait en mon esprit des allures de paquebot.

Il accostait et je montais.

Des gens endimanchés étaient déjà dessus, avec des toilettes voyantes, des rubans éclatants et de grosses figures écarlates.

521 Souvenir

Je me plaçais tout à l'avant, debout, regardant fuir les
quais, les arbres, les maisons, les ponts. Et soudain
j'apercevais le grand viaduc du Point-du-Jour qui barrait
le fleuve.

C'était la fin de Paris, le commencement de la
campagne, et la Seine soudain, derrière la double ligne
des arches, s'élargissait comme si on lui eût rendu
l'espace et la liberté, devenait tout à coup le beau
fleuve paisible qui va couler à travers les plaines, au
pied des collines boisées, au milieu des champs, au
bord des forêts.

Souvenir

Après avoir passé entre deux îles, l'Hirondelle suivit un coteau tournant dont la verdure était pleine de maisons blanches. Une voix annonça: "Bas-Meudon", puis plus loin: "Sèvres", et, plus loin encore "Saint-Cloud."

Je descendis. Et je suivis à pas pressés, à travers la petite ville, la route qui gagne les bois. J'avais emporté une carte des environs de Paris pour ne point me perdre dans les chemins qui traversent en tous sens ces petites forêts où se promènent les Parisiens.

523 Souvenir

Dès que je fus à l'ombre, j'étudiai mon itinéraire qui me parut d'ailleurs d'une simplicité parfaite. J'allais tourner à droite, puis à gauche, puis encore à gauche, et j'arriverais à Versailles à la nuit, pour dîner.

Et je me mis à marcher lentement, sous les feuilles nouvelles, buvant cet air savoureux que parfument les bourgeons et les sèves. J'allais à petits pas, oublieux des paperasses, du bureau, du chef, des collègues, des dossiers, et songeant à des choses heureuses qui ne pouvaient manquer de m'arriver, à tout l'inconnu voilé de l'avenir.

524 Souvenir

J'étais traversé par mille souvenirs d'enfance que ces senteurs de campagne réveillaient en moi, et j'allais, tout imprégné du charme odorant, du charme vivant, du charme palpitant des bois attiédis par le grand soleil de juin.

Parfois, je m'asseyais pour regarder, le long d'un talus, toutes sortes de petites fleurs dont je savais les noms depuis longtemps. Je les reconnaissais toutes comme si elles eussent été justement celles mêmes vues autrefois au pays.

525 Souvenir

Elles étaient jaunes, rouges, violettes, fines, mignonnes, montées sur de longues tiges ou collées contre terre. Des insectes de toutes couleurs et de toutes formes, trapus, allongés, extraordinaires de construction, des monstres effroyables et microscopiques, faisaient paisiblement des ascensions de brins d'herbe qui ployaient sous leur poids.

Puis je dormis quelques heures dans un fossé, et je repartis reposé, fortifié par ce somme.

526 Souvenir

Devant moi, s'ouvrit une ravissante allée, dont le feuillage un peu grêle laissait pleuvoir partout sur le sol des gouttes de soleil qui illuminaient des marguerites blanches. Elle s'allongeait interminablement, vide et calme. Seul, un gros frelon solitaire et bourdonnant la suivait, s'arrêtant parfois pour boire une fleur qui se penchait sous lui, et repartant presque aussitôt pour se reposer encore un peu plus loin. Son corps énorme semblait en velours brun rayé de jaune, porté par des ailes transparentes et démesurément petites.

527 Souvenir

Mais tout à coup j'aperçus au bout de l'allée deux personnes, un homme et une femme, qui venaient, vers moi. Ennuyé d'être troublé dans ma promenade tranquille j'allais m'enfoncer dans les taillis, quand il me sembla qu'on m'appelait. La femme en effet agitait son ombrelle, et l'homme, en manches de chemise, la redingote sur un bras, élevait l'autre en signe de détresse.

J'allai vers eux. Ils marchaient d'une allure pressée, très rouges tous deux, elle à petits pas rapides, lui à longues enjambées.

528 Souvenir

On voyait sur leur visage de la mauvaise humeur et de la fatigue.

La femme aussitôt me demanda:

"Monsieur, pouvez-vous me dire où nous sommes? mon imbécile de mari nous a perdus en prétendant connaître parfaitement ce pays."

Je répondis avec assurance:

"Madame, vous allez vers Saint-Cloud et vous tournez le dos à Versailles."

529 Souvenir

Elle reprit, avec un regard de pitié irritée pour son époux:

"Comment! nous tournons le dos à Versailles. Mais c'est justement là que nous voulons dîner."

"Moi aussi, madame, j'y vais."

Elle prononça plusieurs fois, en haussant les épaules: "Mon Dieu, mon Dieu, mon Dieu!" avec ce ton de souverain mépris qu'ont les femmes pour exprimer leur exaspération.

530 Souvenir

Elle était toute jeune, jolie, brune, avec une ombre de moustache sur les lèvres.

Quant à lui, il suait et s'essuyait le front. C'était assurément un ménage de petits bourgeois parisiens.

L'homme semblait atterré, éreinté et désolé.

Il murmura:

"Mais, ma bonne amie... c'est toi..."

Elle ne le laissa pas achever:

"C'est moi! ..."

531 Souvenir

"Ah! c'est moi maintenant. Est-ce moi qui ai voulu partir sans renseignements en prétendant que je me retrouverais toujours? Est-ce moi qui ai voulu prendre à droite au haut de la côte, en affirmant que je reconnaissais le chemin? Est-ce moi qui me suis chargée de Cachou..."

Elle n'avait point achevé de parler, que son mari, comme s'il eût été pris de folie, poussa un cri perçant, un long cri de sauvage qui ne pourrait s'écrire en aucune langue, mais qui ressemblait à tiiitiiit.

532 Souvenir

La jeune femme ne parut ni s'étonner, ni s'émouvoir, et reprit:

"Non, vraiment, il y a des gens trop stupides, qui prétendent toujours tout savoir. Est-ce moi qui ai pris, l'année dernière, le train de Dieppe, au lieu de prendre celui du Havre, dis, est-ce moi? Est-ce moi qui ai parié que M. Letourneur demeurait rue des Martyrs? ... Est-ce moi qui ne voulais pas croire que Céleste était une voleuse? ..."

533 Souvenir

Et elle continuait avec furie, avec une vélocité de langue surprenante, accumulant les accusations les plus diverses, les plus inattendues et les plus accablantes, fournies par toutes les situations intimes de l'existence commune, reprochant à son mari tous ses actes, toutes ses idées, toutes ses allures, toutes ses tentatives, tous ses efforts, sa vie depuis leur mariage jusqu'à l'heure présente.

Il essayait de l'arrêter, de la calmer et bégayait:

534 Souvenir

"Mais, ma chère amie... c'est inutile... devant monsieur....
But my dear friend it is useless in front of (this) gentleman

Nous nous donnons en spectacle.... Cela n'intéresse pas
We ourselves give in (a) show That not interests not

monsieur..."
mr
(the gentleman)

Et il tournait des yeux lamentables vers les taillis,
And he turned of the eyes dismal to them thickets
(the)

comme s'il eût voulu en sonder la profondeur
as if he had wanted of it fathom the depth

mystérieuse et paisible, pour s'élancer dedans, fuir,
mysterious and peaceful for to jump himself in there to flee

se cacher à tous les regards; et, de temps en temps,
himself hide at all the looks and from time in time
(hide) (from)

il poussait un nouveau cri, un tiiitiiit prolongé, suraigu.
he let go of a new call a tiiitiiit extended very sharp

Je pris cette habitude pour une maladie nerveuse.
I took this habit for a disease nervous

535 Souvenir

La jeune femme, tout à coup, se tournant vers moi, et changeant de ton avec une très singulière rapidité, prononça:

"Si monsieur veut bien le permettre, nous ferons route avec lui pour ne pas nous égarer de nouveau et nous exposer à coucher dans le bois."

Je m'inclinai; elle prit mon bras et elle se mit à parler de mille choses, d'elle, de sa vie, de sa famille, de son commerce. Ils étaient gantiers rue Saint-Lazare.

536 Souvenir

Son mari marchait à côté d'elle, jetant toujours des
regards de fou dans l'épaisseur des arbres, et criant
tiiitiiit de moment en moment.

À la fin, je lui demandai:

"Pourquoi criez-vous comme ça?"

Il répondit d'un air consterné, désespéré:

"C'est mon pauvre chien que j'ai perdu."

537 Souvenir

"Comment? Vous avez perdu votre chien?"

"Oui. Il avait à peine un an. Il n'était jamais sorti de la boutique. J'ai voulu le prendre pour le promener dans les bois. Il n'avait jamais vu d'herbes ni de feuilles; et il est devenu comme fou. Il s'est mis à courir en aboyant et il a disparu dans la forêt. Il faut dire aussi qu'il avait eu très peur du chemin de fer; cela avait pu lui faire perdre le sens. J'ai eu beau l'appeler, il n'est pas revenu. Il va mourir de faim là-dedans."

La jeune femme, sans se tourner vers son mari, articula:

538 Souvenir

"Si tu lui avais laissé son attache, cela ne serait pas arrivé, Quand on est bête comme toi, on n'a pas de chien."

Il murmura timidement:

"Mais, ma chère amie, c'est toi..."

Elle s'arrêta net; et, le regardant dans les yeux comme si elle allait les lui arracher, elle recommença à lui jeter au visage des reproches sans nombre.

539 Souvenir

Le soir tombait. Le voile de brume qui couvre la campagne au crépuscule se déployait lentement; et une poésie flottait, faite de cette sensation de fraîcheur particulière et charmante qui emplit les bois à l'approche de la nuit.

Tout à coup, le jeune homme s'arrêta, et se tâtant le corps fiévreusement:

"Oh! je crois que j'ai..."

Elle le regardait:

540   Souvenir

"Eh   bien,   quoi!"
Oh   well   what

"Je   n'ai   pas   fait   attention   que   j'avais   ma   redingote   sur
I   not have not   made   attention   that   I had   my   coat   on

mon   bras."
my   arm

"Eh   bien?"
Oh   well

"J'ai   perdu   mon   portefeuille...   mon   argent   était   dedans."
I've   lost   my   wallet   my   money   was   in there

Elle   frémit   de   colère,   et   suffoqua   d'indignation.
She   shook   of   anger   and   choked   of indignation

"Il   ne   manquait   plus   que   cela.   Que   tu   es   stupide!
It   not   missed   more   than   that   What   you   are   stupid
[That was still missing]   [You're so stupid]

Mais   que   tu   es   stupide!   Est-ce   possible   d'avoir   épousé
But   what   you   are   stupid   Is this   possible   of to have married

un   idiot   pareil!"
an   idiot   equal

541 Souvenir

"Eh bien va le chercher, et fais en sorte de le retrouver. Moi je vais gagner Versailles avec monsieur. Je n'ai pas envie de coucher dans le bois."

Il répondit doucement:

"Oui, mon amie; où vous retrouverai-je?"

"On m'avait recommandé un restaurant. Je l'indiquai."

Le mari se retourna, et, courbé vers la terre que son œil anxieux parcourait, criant:

542 Souvenir

"Tiiitiit" à tout moment, il s'éloigna.
Tiiit   at   every moment,   he walked away

Il fut longtemps à disparaître; l'ombre, plus épaisse,
He was long   to disappear   the shade more thick
(took)

l'effaçait dans le lointain de l'allée. On ne distingua
him erased in the distance of the walkway One not distinguished

bientôt plus la silhouette de son corps; mais on entendit
soon anymore the silhouette of his body but one heard

longtemps son "tiiit tiiit, tiiit tiiit" lamentable, plus aigu
long his tiiit tiiit tiiit tiiit dismal more acute

à mesure que la nuit se faisait plus noire.
at measure that the night itself made more black
(the more)

Moi, j'allais d'un pas vif, d'un pas heureux dans la
Me I went of a step lively of a step happy in the
(I was going)

douceur du crépuscule, avec cette petite femme inconnue
gentleness of the dusk with this small woman unknown

qui s'appuyait sur mon bras.
that leaned on my arm

543 Souvenir

Je cherchais des mots galants sans en trouver. Je
demeurais muet, troublé, ravi.

Mais une grand'route soudain coupa notre allée. J'aperçus
à droite, dans un vallon, toute une ville.

Qu'était donc ce pays.

Un homme passait. Je l'interrogeai. Il répondit:

"Bougival."

544 Souvenir

Je demeurai interdit:
I remained stunned

"Comment Bougival? Vous êtes sûr?"
How Bougival You are sure

"Parbleu, j'en suis!"
Egad I of it am

La petite femme riait comme une folle.
The small woman laughed as a crazy person

Je proposai de prendre une voiture pour gagner
I proposed of to take a vehicle for reach

Versailles. Elle répondit:
Versailles She replied

"Ma foi non. C'est trop drôle, et j'ai trop faim."
My faith no It is too funny and I have too much hunger

545 Souvenir

"Je suis bien tranquille au fond; mon mari se retrouvera toujours bien, lui. C'est tout bénéfice pour moi d'en être soulagée pendant quelques heures."

Nous entrâmes donc dans un restaurant, au bord de l'eau, et j'osai prendre un cabinet particulier. Elle se grisa, ma foi, fort bien, chanta, but du Champagne, fit toutes sortes de folies... et même la plus grande de toutes.

Ce fut mon premier adultère!

546 Un Bain

547 Un Bain

Émile Zola - UN BAIN

Je te le donne en mille, Ninon. Cherche, invente, imagine: un vrai conte bleu, quelque chose de terrifiant et d'invraisemblable... Tu sais, la petite baronne, cette excellente Adeline de C., qui avait juré... Non, tu ne devinerais pas, j'aime mieux te tout dire.

Eh bien! Adeline se remarie, positivement. Tu doutes, n'est-ce pas? Il faut que je sois au Mesnil-Rouge, à soixante-sept lieues de Paris, pour croire à une pareille histoire.

548 Un Bain

Ris, le mariage ne s'en fera pas moins. Cette pauvre Adeline, qui était veuve à vingt-deux ans, et que la haine et le mépris des hommes rendaient si jolie! En deux mois de vie commune, le défunt, un digne homme, certes, pas trop mal conservé, qui eût été parfait sans les infirmités dont il est mort, lui avait enseigné toute l'école du mariage. Elle avait juré que l'expérience suffisait. Et elle se remarie! Ce que c'est que de nous, pourtant!

Il est vrai qu'Adeline a eu de la malechance.

549 Un Bain

On ne prévoit pas une aventure pareille. Et si je te disais qui elle épouse! Tu connais le comte Octave de R., ce grand jeune homme qu'elle détestait si parfaitement. Ils ne pouvaient se rencontrer sans échanger des sourires pointus, sans s'égorger doucement avec des phrases aimables. Ah! les malheureux! si tu savais où ils se sont rencontrés une dernière fois... Je vois bien qu'il faut que je te conte ça. C'est tout un roman. Il pleut ce matin. Je vais mettre la chose en chapitres.

550 Un Bain

I

Le Château est à six lieues de Tours. Du Mesnil-Rouge, j'en vois les toits d'ardoise, noyés dans les verdures du parc. On le nomme le Château de la Belle-au-Bois-dormant, parce qu'il fut jadis habité par un seigneur qui faillit y épouser une de ses fermières. La chère enfant y vécut cloîtrée, et je crois que son ombre y revient. Jamais pierres n'ont eu une telle senteur d'amour.

La Belle qui y dort aujourd'hui est la vieille comtesse de M., une tante d'Adeline.

551 Un Bain

Il y a trente ans qu'elle doit venir passer un hiver à Paris. Ses nièces et ses neveux lui donnent chacun une quinzaine, à la belle saison. Adeline est très-ponctuelle. D'ailleurs, elle aime le Château, une ruine légendaire que les pluies et les vents émiettent, au milieu d'une forêt vierge. La vieille comtesse a formellement recommandé de ne toucher ni aux plafonds qui se lézardent, ni aux branches folles qui barrent les allées.

552 Un Bain

Elle est heureuse de ce mur de feuilles qui s'épaissit
She is happy of this wall of leaves that thickens
(with)

là, chaque printemps, et elle dit, d'ordinaire, que la
there every spring and she says of usual that the
(usually)

maison est encore plus solide qu'elle. La vérité est que
house is still more solid than she The truth is that

toute une aile est par terre. Ces aimables retraites,
all a wing is on ground These friendly retreats
[a whole wing] [has collapsed]

bâties sous Louis XV, étaient, comme les amours du
built under Louis XV were as the loves of the
(during the reign of)

temps, un déjeuner de soleil. Les plâtres se sont
time a lunch of sun The plasters themselves are
(in the) (have)

fendus, les planchers ont cédé, la mousse a verdi
cracked the floors have yielded the moss has greened
[made green]

jusqu'aux alcôves. Toute l'humidité du parc a mis là une
up to the alcoves All the moisture of the park has set there a

fraîcheur où passe encore l'odeur musquée des tendresses
freshness where passes still the scent musky of the tenderness

d'autrefois.
of other times
(bygone days)

Le parc menace d'entrer dans la maison.
The park threatens of to enter in the house
(to enter)

553 Un Bain

Des arbres ont poussé au pied des perrons, dans les fentes des marches.

Il n'y a plus que la grande allée qui soit carrossable; encore faut-il que le cocher conduise ses bêtes à la main. A droite, à gauche, les taillis restent vierges, creusés de rares sentiers, noirs d'ombre, où l'on avance, les mains tendues, écartant les herbes.

Et les troncs abattus font des impasses de ces bouts de chemins, tandis que les clairières rétrécies ressemblent à des puits ouverts sur le bleu du ciel.

554 Un Bain

La mousse pend des branches, les douces-amères tendent des rideaux sous les futaies; des pullulements d'insectes, des bourdonnements d'oiseaux qu'on ne voit pas, donnent une étrange vie à cette énormité de feuillages. J'ai eu souvent de petits frissons de peur, en allant rendre visite à la comtesse; les taillis me soufflaient sur la nuque des haleines inquiétantes.

Mais il y a surtout un coin délicieux et troublant, dans le parc: c'est à gauche du Château, au bout d'un parterre, où il ne pousse plus que des coquelicots aussi grands que moi.

555 Un Bain

Sous un bouquet d'arbres, une grotte se creuse,
s'enfonçant au milieu d'une draperie de lierre, dont les
bouts traînent jusque dans l'herbe. La grotte, envahie,
obstruée, n'est plus qu'un trou noir, au fond duquel on
aperçoit la blancheur d'un Amour de plâtre, souriant, un
doigt sur la bouche. Le pauvre Amour est manchot, et
il a, sur l'oeil droit, une tache de mousse qui le rend
borgne. Il semble garder, avec son sourire pâle d'infirme,
quelque amoureuse dame morte depuis un siècle.

556 Un Bain

Une eau vive, qui sort de la grotte, s'étale en large
A water lively that comes out of the cave spreads in (a) wide

nappe au milieu de la clairière; puis, elle s'échappe par
sheet in the middle of the clearing then she escapes by
(sheet of water) (it)

un ruisseau perdu sous les feuilles. C'est un bassin
a stream lost under the leaves It is a basin

naturel, au fond de sable, dans lequel les grands
natural on the bottom of sand in which the great
()

arbres se regardent; le trou bleu du ciel fait une tache
trees look at eachother the hole blue of the sky makes a spot

bleue au centre du bassin. Des joncs ont grandi, des
blue at the center of the basin Of the rushes have grown of the
() (Rushes) ()

nénufars ont élargi leurs feuilles rondes. On n'entend,
lilies have expanded their leaves round One not hears

dans le jour verdâtre de ce puits de verdure, qui
in the day greenish of this well of greenery that

semble s'ouvrir en haut et en bas sur le lac du
appears to open itself in above and in below on the lake of the
(to the)

grand air, que la chanson de l'eau, tombant
great air than the song of the water falling

éternellement, d'un air de lassitude douce.
eternally of an ambience of lassitude sweet

557 Un Bain

De longues mouches d'eau patinent dans un coin. Un
Of   long   flies   of water   skate   in   a   corner   A
              (mosquito's)

pinson vient boire, avec des mines délicates, craignant
lark   comes to drink with of the expressions delicate   fearing

de se mouiller les pattes. Un frisson brusque des
of   to wet himself   the   paws   A   breeze   abrupt   of the

feuilles donne à la mare une pâmoison de vierge dont
leaves gives   to the pond   a   swoon   of virginity of which

les paupières battent. Et, du noir de la grotte, l'Amour
the eyelids   flutter   And from the black of the cave   the Cupid
                              (darkness)

de plâtre commande le silence, le repos, toutes les
of plaster   commands   the silence   the rest   all   the

discrétions des eaux et des bois, à ce coin voluptueux
discretions   of the waters and of the wood at this corner voluptuous

de nature.
of nature

558   Un Bain

II

Lorsque Adeline accorde une quinzaine à sa tante, ce pays de loups s'humanise. Il faut élargir les allées pour que les jupes d'Adeline puissent passer. Elle est venue, cette saison, avec trente-deux malles, qu'on a dû porter à bras, parce que le camion du chemin de fer n'a jamais osé s'engager dans les arbres. Il y serait resté, je te le jure.

D'ailleurs, Adeline est une sauvage, comme tu sais.

559 Un Bain

Elle est fêlée, là, entre nous. Au couvent, elle avait
She is flaky there between us In the convent she had
      (mad)

des imaginations vraiment drôles. Je la soupçonne de
of the imaginations really funny I her suspect of
()

venir au Château de la Belle-au-Bois-dormant pour y
to come to the Castle of the Beautiful in the Woods sleeping for there
                              (Sleeping Beauty of the Woods)

dépenser, loin des curieux, son appétit d'extravagances. La
to spend far away of the curious her appetite for extravagances The

tante reste dans son fauteuil, le Château appartient à la
aunt rests in her easy chair the Castle belongs to the

chère enfant qui doit y rêver les plus étonnantes
dear child who must there dream the most amazing

fantaisies. Cela la soulage. Quand elle sort de ce trou,
fantasies That her relieves When she goes out of this hole

elle est sage pour une année.
she is wise for a year

560 Un Bain

Pendant quinze jours, elle est la fée, l'âme des verdures. On la voit en toilette de gala, promener des dentelles blanches et des nœuds de soie au milieu des broussailles.

On m'a même assuré l'avoir rencontrée en marquise Pompadour, avec de la poudre et des mouches, assise sur l'herbe, dans le coin le plus désert du parc. D'autres fois, on a aperçu un petit jeune homme blond qui suivait doucement les allées. Moi, j'ai une peur affreuse que le petit jeune homme ne soit cette chère toquée.

561 Un Bain

Je sais qu'elle fouille le Château des caves aux
_{I know that she searches the Castle from the cellars to the}

greniers. Elle furète dans les encoignures les plus noires,
_{granaries. She ferrets in the corners the most dark}

sonde les murs de ses petits poings, flaire de son nez
_{probes the walls of her small fists sniffs of her nose}
_{(with) (with)}

rosé toute cette poussière du passé. On la trouve sur
_{pink all this dust of the past. One her finds on}

des échelles, perdue au fond des grandes armoires,
_{of the ladders lost in the back of the large cabinets}
₍₎

l'oreille tendue aux fenêtres, rêveuse devant les
_{the ear tense to the windows dreamy in front of the}

cheminées, avec l'envie évidente de monter dedans et de
_{fireplaces with the envy evident of climbing up of-in and of}
_(there-in)

regarder. Puis, comme elle ne trouve sans doute pas
_{looking Then as she not finds no doubt not}
_(checking)

ce qu'elle cherche, elle court le parterre aux grands
_{this that she seeks she runs the parterre at the great}
_(with the)

coquelicots, les sentiers noirs d'ombre, les clairières
_{poppies the trails blacks of shade the clearings}

blanches de soleil.
_{white of sun}

562 Un Bain

Elle cherche toujours, le nez au vent, saisissant le lointain et vague parfum d'une fleur de tendresse qu'elle ne peut cueillir.

Positivement, je te l'ai dit, Ninon, le vieux Château sent l'amour, au milieu de ses arbres farouches. Il y a eu une fille enfermée là dedans, et les murs ont conservé l'odeur de cette tendresse, comme les vieux coffrets où l'on a serré des bouquets de violettes. C'est cette odeur-là, je le jurerais, qui monte à la tête d'Adeline et qui la grise.

563 Un Bain

Puis, quand elle a bu ce parfum de vieil amour, quand elle est grise, elle partirait sur un rayon de lune visiter le pays des contes, elle se laisserait baiser au front par tous les chevaliers de passage qui voudraient bien l'éveiller de son rêve de cent ans. Des langueurs la prennent, elle porte des petits bancs dans le bois pour s'asseoir. Mais, par les jours de grandes chaleurs, son soulagement est d'aller se baigner, la nuit, dans le bassin, sous les hauts feuillages. C'est là sa retraite.

564 Un Bain

Elle est la fille de la source. Les joncs ont des tendresses pour elle. L'Amour de plâtre lui sourit, quand elle laisse tomber ses jupes et qu'elle entre dans l'eau, avec la tranquillité de Diane confiante dans la solitude. Elle n'a que les nénufars pour ceinture, sachant que les poissons eux-mêmes dorment d'un sommeil discret. Elle nage doucement, ses épaules blanches hors de l'eau, et l'on dirait un cygne gonflant les ailes, filant sans bruit. La fraîcheur calme ses anxiétés. Elle serait parfaitement tranquille, sans l'Amour manchot qui lui sourit.

565 Un Bain

Une nuit, elle est allée au fond de la grotte, malgré
One night she is gone to the back of the cave in spite of

la peur horrible de cette ombre humide; elle s'est
the fear horrible of this shade humid she herself is

dressée sur la pointe des pieds, mettant l'oreille aux
stretched out on the point of the feet putting the ear to the

lèvres de l'Amour, pour savoir s'il ne lui dirait rien.
lips of the Cupid for to know if he not her would say nothing

Un Bain

III

Ce qu'il y a d'affreux, cette saison, c'est que la pauvre Adeline, en arrivant au Château, a trouvé, installé dans la plus belle chambre, le comte Octave de R..., ce grand jeune homme, son ennemi mortel. Il paraît qu'il est quelque peu le petit cousin de la vieille madame de M... Adeline a juré qu'elle le délogerait. Elle a bravement défait ses malles, et elle a repris ses courses, ses fouilles éternelles.

Octave, pendant huit jours, l'a tranquillement regardée de sa fenêtre, en fumant des cigares.

567 Un Bain

Le soir, plus de paroles aiguës, plus de guerre sourde.
The evening no more of words acute no more of war deaf (silent)

Il était d'une telle politesse, qu'elle a fini par le trouver
He was of a such politeness that she has ended up by him finding

assommant, et qu'elle ne s'est plus occupée de lui.
boring and that she not herself is anymore kept busy of him (with)

Lui, fumait toujours; elle, battait le parc et prenait ses
He smoked always she beat the park and took her (walked)

bains.
baths

C'était vers minuit qu'elle descendait à la nappe d'eau,
It was to midnight that she descended to the sheet of water

quand tout le monde dormait. Elle s'assurait surtout si le
when all the world slept She herself assured above all whether the

comte Octave avait bien soufflé sa bougie.
count Octave had well blown out his candle

568 Un Bain

Alors, à petits pas, elle s'en allait, comme à un rendez-vous d'amour, avec des désirs tout sensuels pour l'eau froide. Elle avait un petit frisson de peur exquis, depuis qu'elle savait un homme au Château. S'il ouvrait une fenêtre, s'il apercevait un coin de son épaule à travers les feuilles! Rien que cette pensée la faisait grelotter, quand elle sortait ruisselante de la nappe, et qu'un rayon de lune blanchissait sa nudité de statue.

Une nuit, elle descendit vers onze heures.

569 Un Bain

Le Château dormait depuis deux grandes heures. Cette nuit-là, elle se sentait des hardiesses particulières. Elle avait écouté à la porte du comte, et elle croyait l'avoir entendu ronfler. Fi! un homme qui ronfle! Cela lui avait donné un grand mépris pour les hommes, un grand désir des caresses fraîches de l'eau, dont le sommeil est si doux. Elle s'attarda sous les arbres, prenant plaisir à détacher ses vêtements un à un. Il faisait très-sombre, la lune se levait à peine; et le corps blanc de la chère enfant ne mettait sur la rive qu'une blancheur vague de jeune bouleau.

570 Un Bain

Des souffles chauds venaient du ciel, qui passaient sur ses épaules avec des baisers tièdes.

Elle était très à l'aise, un peu languissante, un peu étouffée par la chaleur, mais pleine d'une nonchalance heureuse qui lui faisait, sur le bord, tâter la source du pied.

Cependant, la lune tournait, éclairait déjà un coin de la nappe. Alors, Adeline, épouvantée, aperçut sur cette nappe une tête qui la regardait, dans ce coin éclairé.

571 Un Bain

Elle se laissa glisser, se mit de l'eau jusqu'au menton,
She herself let glide herself put of the water up to the chin
(in)

croisa les bras comme pour ramener sur sa poitrine
crossed the arms as for to take back on her chest

tous les voiles tremblants du bassin, et demanda d'une
all the sails trembling of the basin and demanded of a
(with a)

voix frémissante:
voice trembling

"Qui est là? ... Que faites-vous là?"
Who is there What do you there

"C'est moi, madame," répondit tranquillement le comte
It is me madame replied calmly the count

Octave.... "N'ayez pas peur, je prends un bain."
Octave Not have no fear I take a bath

572 Un Bain

IV

Il se fit un silence formidable. Il n'y avait plus, sur la nappe d'eau, que les ondulations qui s'élargissaient lentement autour des épaules d'Adeline et qui allaient mourir sur la poitrine du comte, avec un clapotement léger.

Celui-ci, tranquillement, leva les bras, fit le geste de prendre une branche de saule pour sortir de l'eau.

"Restez, je vous l'ordonne," cria Adeline d'une voix terrifiée....

573   Un Bain

"Rentrez dans l'eau, rentrez dans l'eau bien vite!"
Go back in   the water go back in the water well fast

"Mais, madame," répondit-il en rentrant dans l'eau jusqu'au
But   madame   replied   he in returning in the water up to the

cou, "c'est qu'il y a plus d'une heure que je suis là."
neck it is that it there has more of an hour that I am there
      [it's been more than one hour]

"Ça ne fait rien, monsieur, je ne veux pas que vous
That not makes nothing sir   I not want not that you
           (no difference)

sortiez, vous comprenez.... Nous attendrons."
go out   you   understand   We   shall wait

Elle perdait la tête, la pauvre baronne.
She lost the head the poor baroness

574 Un Bain

Elle parlait d'attendre, sans trop savoir, l'imagination
She spoke of waiting without too much to know the imagination

détraquée par les éventualités terribles qui la menaçaient.
derailed by the eventualities terrible that her threatened

Octave eut un sourire.
Octave had a smile

"Mais," hasarda-t-il, "il me semble qu'en tournant le dos..."
But ventured he it me appears that in turning the back
                                              (that by)

"Non, non, monsieur! Vous ne voyez donc pas la lune!"
No no sir You not see then not the moon

575 Un Bain

Il était de fait que la lune avait marché et qu'elle éclairait en plein le bassin. C'était une lune superbe. Le bassin luisait, pareil à un miroir d'argent, au milieu du noir des feuilles; les joncs, les nénufars des bords, faisaient sur l'eau des ombres finement dessinées, comme lavées au pinceau, avec de l'encre de Chine. Une pluie chaude d'étoiles tombait dans le bassin par l'étroite ouverture des feuillages. Le filet d'eau coulait derrière Adeline, d'une voix plus basse et comme moqueuse.

576 Un Bain

Elle hasarda un coup d'oeil dans la grotte, elle vit
She ventured a strike [glance] of eye in the cave she saw

l'Amour de plâtre qui lui souriait d'un air d'intelligence.
the Cupid of plaster who (at) her smiled of an air (with an) of intelligence

"La lune, certainement," murmura le comte, "pourtant en tournant le dos..."
The moon certainly whispered the count however in turning the back

"Non, non, mille fois non. Nous attendrons que la lune ne soit plus là.... Vous voyez, elle marche. Quand elle aura atteint cet arbre, nous serons dans l'ombre..."
No no thousand times no. We shall wait that (until) the moon not is anymore there. You see, she moves on. When she will have reached this tree, we will be in the shade

"C'est qu'il y en a pour une bonne heure, avant qu'elle soit derrière cet arbre!"
It is that it there of it has for a good hour, before [It's just that it's going to be more than an hour] that she is behind this tree

577 Un Bain

"Oh! trois quarts d'heure au plus.... Ça ne fait rien. Nous attendrons.... Quand la lune sera derrière l'arbre, vous pourrez vous en aller."

Le comte voulut protester; mais, comme il faisait des gestes en parlant, et qu'il se découvrait jusqu'à la ceinture, elle poussa de petits cris de détresse si aigus, qu'il dut, par politesse, rentrer dans le bassin jusqu'au menton. Il eut la délicatesse de ne plus remuer. Alors, ils restèrent tous les deux là, en tête-à-tête, on peut le dire.

578 Un Bain

Les deux têtes, cette adorable tête blonde de la baronne, avec les grands yeux que tu sais, et cette tête fine du comte, aux moustaches un peu ironiques, demeurèrent bien sagement immobiles, sur l'eau dormante, à une toise au plus l'une de l'autre. L'Amour de plâtre, sous la draperie de lierre, riait plus fort.

579 Un Bain

V

Adeline s'était jetée en plein dans les nénufars. Quand la fraîcheur de l'eau l'eut remise, et qu'elle eut pris ses dispositions pour passer là une heure, elle vit que l'eau était d'une limpidité vraiment choquante. Au fond, sur le sable, elle apercevait ses pieds nus. Il faut dire que cette diablesse de lune se baignait, elle aussi, se roulait dans l'eau, l'emplissait des frétillements d'anguilles de ses rayons.

580 Un Bain

C'était un bain d'or liquide et transparent. Peut-être le comte voyait-il les pieds nus sur le sable, et s'il voyait les pieds et la tête.... Adeline se couvrit, sous l'eau, d'une ceinture de nénufars. Doucement, elle attira de larges feuilles rondes qui nageaient, et s'en fit une grande collerette. Ainsi habillée, elle se sentit plus tranquille.

Cependant, le comte avait fini par prendre la chose stoïquement.

581 Un Bain

N'ayant pas trouvé une racine pour s'asseoir, il s'était résigné à se tenir à genoux. Et pour ne pas avoir l'air tout à fait ridicule, avec de l'eau au menton, comme un homme perdu dans un plat à barbe colossal, il avait lié conversation avec la comtesse, évitant tout ce qui pouvait rappeler le désagrément de leur position respective.

"Il a fait bien chaud aujourd'hui, madame."

Un Bain

"Oui, monsieur, une chaleur accablante. Heureusement que ces ombrages donnent quelque fraîcheur."

"Oh! certainement.... Cette brave tante est une digne personne, n'est-ce pas?"

"Une digne personne, en effet."

Puis, ils parlèrent des dernières courses et des bals qu'on annonce déjà pour l'hiver prochain.

583 Un Bain

Adeline, qui commençait à avoir froid, réfléchissait que le comte devait l'avoir vue pendant qu'elle s'attardait sur la rive. Cela était tout simplement horrible.

Seulement, elle avait des doutes sur la gravité de l'accident. Il faisait noir sous les arbres, la lune n'était pas encore là; puis, elle se rappelait, maintenant, qu'elle se tenait derrière le tronc d'un gros chêne. Ce tronc avait dû la protéger. Mais, en vérité, ce comte était un homme abominable.

584 Un Bain

Elle le haïssait, elle aurait voulu que le pied lui
She him hated   she   would have wanted that the foot him

glissât, qu'il se noyât. Certes, ce n'est pas elle qui lui
slipped that he drowned Certainly this not is not she who him
                                              ()   (her)

aurait tendu la main.
would have reached out the hand

Pourquoi, quand il l'avait vue venir, ne lui avait-il pas
Why when he her had seen come not her had he not

crié qu'il était là, qu'il prenait un bain? La question se
called out that he was there that he took a bath The question itself

formula si nettement en elle, qu'elle ne put la retenir
formed so clearly in her that she not could it retain

sur ses lèvres. Elle interrompit le comte, qui parlait de
on her lips She interrupted the count who spoke of

la nouvelle forme des chapeaux.
the new shape of hats

"Mais je ne savais pas," répondit-il;
But I not knew not replied he
      [didn't know]

585 Un Bain

"Je vous assure que j'ai eu très-peur. Vous étiez toute blanche, j'ai cru que c'était la Belle-au-Bois-dormant qui revenait, vous savez, cette fille qui a été enfermée ici.... J'avais si peur, que je n'ai pas pu crier."

Au bout d'une demi-heure, ils étaient bons amis, Adeline s'était dit qu'elle se décolletait bien dans les bals, et qu'en somme elle pouvait montrer ses épaules. Elle était sortie un peu de l'eau, elle avait échancré la robe montante qui la serrait au cou. Puis, elle avait risqué les bras.

586 Un Bain

Elle ressemblait à une fille des sources, la gorge nue,
les bras libres, vêtue de toute cette nappe verte qui
s'étalait et s'en allait derrière elle comme une large
traîne de satin.

Le comte s'attendrissait. Il avait obtenu de faire quelques
pas pour se rapprocher d'une racine. Ses dents
claquaient un peu. Il regardait la lune avec un intérêt
très-vif.

"Hein! elle marche lentement?" demanda Adeline.

587   Un Bain

"Eh! non, elle a des ailes," répondit-il avec un soupir.
Eh   not she has of the wings replied he with a sigh

Elle se mit à rire, en ajoutant:
She herself put to laugh in adding
    [started]

"Nous en avons encore pour un gros quart d'heure."
We of it have still for a big quarter of hour
                                    [kwartier]

Alors, il profita lâchement de la situation: il lui fit une
Then he took advantage cowardly of the situation he her made a

déclaration. Il lui expliqua qu'il l'aimait depuis deux ans,
declaration He her explained that he her loved since two years
(declaration of love)

et que s'il la taquinait, c'était qu'il avait trouvé cela
and that if he her teased it was that he had found that

plus drôle que de lui dire des fadeurs.
more funny than of her to say of the tastelessnesses
                                    (tasteless compliments)

588 Un Bain

Adeline, prise d'inquiétude, remonta sa robe verte jusqu'au cou, fourra les bras dans les manches. Elle ne passait plus que le bout de son nez rose sous les nénufars; et, comme elle recevait en plein la lune dans les yeux, elle était tout étourdie, tout éblouie. Elle ne voyait plus le comte, quand elle entendit un grand barbottement et qu'elle sentit l'eau s'agiter et lui monter aux lèvres.

"Voulez-vous bien ne pas remuer!" cria-t-elle; "voulez-vous bien ne pas marcher comme cela dans l'eau!"

589   Un Bain

"Mais   je   n'ai   pas   marché,"   dit   le   comte,   "j'ai   glissé...
But   I   not have not   walked   said   the   count   I have slipped
                       (have)

Je   vous   aime!"
I   you   love

"Taisez-vous,   ne   remuez   plus,   nous   parlerons   de   tout
Be silent you   not   move   anymore we   will talk   of   all
                    (don't)

cela,   quand   il   fera   noir...   Attendons   que   la   lune   soit
that   when   it   will do   black   (Let's) Wait   that   the   moon   is
                    (will be) (dark)   (until)

derrière   l'arbre..."
behind   the tree

590 Un Bain

VII
VII

La **lune** **se** **cacha** **derrière** **l'arbre.** **L'Amour** **de** **plâtre**
The moon itself hides behind the tree The Cupid of plaster

éclata **de** **rire.**
broke out of laughter
 (in)

591　Un Bain

592 L'Inconnue

593 L'Inconnue

I - L'Inconnue
I The Unknown
(The Stranger)

Minuit sonnait, et tout était en mouvement dans Paris;
Midnight sounded and everything was in movement in Paris

tout s'agitait, tout courait au plaisir; c'était une nuit de
everything moved everything ran to the fun it was a night of

Lundi gras.
Monday fat
(Carnival)

Léon de Préval, jeune officier de cavalerie, venait d'entrer
Léon de Preval young officer of (the) cavalry came of to enter
[had just entered]

au bal de l'Opéra. Après avoir erré plus d'une heure
at the ball of the Opera After to have wandered more of an hour
(than an)

à travers cette cohue dont les flots agités se pressaient
through this mob of which the waves agitated pressed

et se repoussaient tour à tour, ne connaissant personne,
and pushed back turn at turn not knowing anyone
(time) (after)(time)

ne comprenant rien aux phrases insipides que lui
not understanding nothing to the sentences tasteless that him
(of the)

adressaient quelques femmes;
addressed some women

594 L'Inconnue

étouffé de poussière, accablé de chaleur, étourdi du glapissement continuel de tous ces spectres couverts de noir, il se demandait si c'était là du plaisir et cherchait à gagner la porte pour se retirer.

Dans ce moment, deux femmes masquées, remarquables par les grâces de leur tournure et l'élégance de leurs costumes, descendaient les marches de la salle; un homme sans masque et de bonne mine leur donnait le bras. Un murmure flatteur s'éleva autour d'eux, et une troupe de jeunes étourdis se mit à leur suite en leur adressant des propos galants.

595 L'Inconnue

Léon suivit comme les autres: la foule curieuse accourait et s'augmentait à chaque pas; bientôt quelques masques de caractère, qui l'on suivait aussi et qui venaient à leur rencontre, augmentèrent tellement le désordre qu'une des dames, celle qui paraissait la plus jeune, se vit tout à coup séparée de sa société. En cherchant avec inquiétude autour d'elle pour y trouver un protecteur, ses yeux se portèrent sur Léon qui l'avait suivie avec intérêt et, saisissant vivement son bras:

596 L'Inconnue

"Oh! je t'en prie," lui dit-elle d'une voix émue, "tire-moi d'ici et fais que je retrouve mes amis."

"Dispose de moi, beau masque; sois sans crainte, daigne me suivre et te confier à mes soins."

Et la soutenant d'un bras, écartant de l'autre tout ce qui s'opposait à leur passage, il parvint à la conduire dans la salle de la pendule, où, après l'avoir fait asseoir sur une banquette, il voulut courir lui chercher quelques rafraîchissements.

597 L'Inconnue

"Non, reste," lui dit-elle, "je suis bien... En vérité, j'ai honte d'avoir cédé à cette vaine terreur."

"Et moi je la bénis; je lui dois le bonheur d'avoir été choisi par toi pour te protéger."

"Oui, j'avoue que tu m'as rendu service, et j'en suis reconnaissante; j'implore même encore ta protection pour m'aider à retrouver ma société."

"Quoi! tu veux déjà me quitter? Ah! ne fût-ce que par récompense;"

598 L'Inconnue

"tu dois bien m'accorder quelques instants."

"Eh bien, donc, par récompense, causons," reprit-elle avec gaieté.

Ils reprirent leurs places, la conversation s'engagea et se soutint assez longtemps sur un ton spirituel et galant.

Enfin l'aimable masque parla de nouveau de rejoindre ses amis.

"Mais," dit Léon, "quels sont donc ces amis? Une mère, une soeur, un mari peut-être?"

599 L'Inconnue

"Un mari! non, Dieu merci."
A husband no God thank

"Tu n'es pas mariée?"
You not are not married
(are)

"Je ne le suis plus."
I not it am anymore

"Quoi! déjà veuve? Que je te plains!"
What already widow What I you pity

"Et qui te dit que je sois à plaindre? Tous les maris
And who you said that I am to pity All the husbands

sont-ils donc si bons, tous les hommes si tendres? En
are they then so good all the men so caressing Of it

est-il un qui mérite des regrets?"
is it one who merits of the regrets
(there)

"Ah! quel anathème!"
Ah what anathema

600 L'Inconnue

"Heureux, mille fois heureux celui qui fera naître dans ton coeur des sentiments plus justes et plus doux!"

"Pour un homme!... que le ciel m'en préserve..."

"Quoi! veux-tu désespérer à jamais la foule d'adorateurs qui, sans doute..."

"Je n'en ai point; j'arrive de l'autre monde, je ne connais personne."

"Personne! Ah! beau masque, je m'inscris le premier et serai toujours le plus dévoué, le plus fidèle..."

601 L'Inconnue

"Fidèle! bon Dieu! je te quitte si tu continues sur ce ton."

"Quoi! la fidélité..."

"La fidélité n'est qu'une chaîne que l'on fait semblant de porter pour l'imposer à un autre. Je suis libre, parfaitement libre, et je veux toujours l'être; ce n'est pas un homme qui me fera manquer à mon serment."

"Et moi je ne suis plus libre, je le sens, et je ne m'en plains pas:"

602 L'Inconnue

"La chaîne sera pour moi seul; tu ne peux m'empêcher
The chain will be for me alone you not can forbid me

de t'aimer, d'espérer..."
of to love you of to hope

"Hé! non, non, monsieur, je ne veux point qu'on
Hey no no sir I (do) not want at all that one
(that anyone)

m'aime, je ne veux point qu'on me le dise, et surtout
loves me I (do) not want at all that one me it says and especially

qu'on espère."
that one hopes
(that anyone)

"Mais, cruel masque, masque inconcevable, que voulez-vous
But cruel mask mask inconceivable what want you

donc? que faut-il faire pour obtenir au moins votre
then what needs-it to do for to get at the least your
(is necessary)

pitié?"
pity

"Il faut n'être ni fou, ni trompeur; ne point exagérer ce
It needs not be neither crazy nor misleading not at all to exaggerate what
(One) (to be)

que l'on sent à peine;"
that it one feels barely

603 L'Inconnue

"Ne point croire qu'avec quelques phrases bien romanesques, une douceur bien hypocrite, on amènera une femme raisonnable à changer ses projets; il faut être soumis, discret, patient; attendre que mes idées soient bien fixées, que ma volonté soit décidée... et peut-être alors..."

"Peut-être alors? ... Masque charmant, achève, prononce mon sort... J'obéirai; silence, soumission, patience, je promets tout..."

En parlant ainsi, Léon fixait des regards animés par l'amour et l'espérance sur ce masque importun;

604 L'Inconnue

à travers lequel deux grands yeux noirs, doux et brillants, semblaient l'examiner avec une attention calme et réfléchie. Sans prendre garde au ton passionné avec lequel il venait de s'exprimer, elle reprit d'un air préoccupé:

"Ce ruban, marque de la valeur, annonce que tu es au service, sans doute?"

Léon, confondu de cette tranquillité, ne put répondre que par un signe de tête affirmatif.

605 L'Inconnue

"Quel régiment?"

"Je suis capitaine au 6e de cavalerie," répondit-il avec un peu d'humeur.

"Tu es en congé, peut-être? Ta famille est de cette ville?"

"Non, ma famille, honnête, respectée, mais peu riche, habite une province éloignée. Venu ici, avec mon régiment, comme toi, trop aimable masque, je suis depuis peu dans la capitale;"

606 L'Inconnue

"Comme toi, je n'y connais personne; comme toi, libre,
sans lien, sans attachement, le hasard m'a amené dans ce lieu pour y perdre mon cœur, ma liberté, mon repos..."

"Et pour y trouver, n'est-ce pas, une cruelle, une ingrate?... Ce sont là les grands mots d'usage. Eh bien, moi, plus juste envers ce hasard, quelquefois si obligeant, je commence à croire qu'il m'a bien servie en nous rapprochant, et que je lui devrai le seul bien qui manquait à ma vie."

607 L'Inconnue

"Adorable inconnue, que ne puis-je tomber à vos pieds, y jurer que Léon de Préval, reconnaissant et soumis, fera tout pour mériter un si doux aveu!"

"Un aveu!" dit-elle. "Ah! j'ai fait un aveu... Mais voyez donc la présomption de ces hommes!"

"Comment ne pas se flatter un peu de ce qu'on souhaite avec tant de passion? ... Mais, à mon tour, ne pourrai-je donc connaître cet être séduisant qui se plaît à me lutiner? Ne pourrai-je soulever ce masque jaloux qui me dérobe des traits... ?"

608 L'Inconnue

"Qui peut-être sont assez bien."
Who maybe are enough well
(Which)

"Ah! qu'un instant seulement je puisse les contempler, y
Ah but an instant only I can them contemplate there

lire..."
read

"Ne peux-tu lire dans mes yeux?"
Not can you read in my eyes

"Ils sont enchanteurs, mais s'il s'y joignait un doux
They are enchanting but if it itself there joined a sweet
(if there itself)

sourire..."
smile

Elle se leva et, d'un ton plus sérieux et plus froid:
She herself rose and of a tone more serious and more cold
[stood up] (with a)

"Non," dit-elle, "jamais tu ne me verras, jamais tu ne
No said she never you not me will see never you not

pourras me connaître, ni rien savoir de ce qui me
can me know nor nothing know of this that me

regarde."
pertains

609 L'Inconnue

Léon s'arrêta, stupéfait:

"Vit-on jamais un plus inconcevable caprice? Il est inutile, madame, que je vous importune plus longtemps. Vous désirez, je le vois, rejoindre votre société... il faut la chercher..."

Elle l'interrompit sans faire attention à sa colère:

"Léon de Préval, c'est ton nom, n'est-ce pas?" dit-elle d'un ton rêveur.

610 L'Inconnue

"Capitaine au 6e de cavalerie? Es-tu pour quelque temps encore dans cette ville?"

"Hé! que vous importe, cruelle, puisque vous ne voulez plus me revoir, puisque..."

"Mais où donc as-tu pris que je ne veux plus te revoir? Qu'il faut peu de chose pour troubler le jugement de ces sages du monde!... Je veux si bien te revoir que..."

"Eh! mon Dieu, ma chère, qu'êtes-vous donc devenue?" s'écria derrière eux une voix de femme;

611 L'Inconnue

"Il y a deux heures que nous vous cherchons."

C'était la compagne du joli masque avec leur cavalier.

On se rejoint, on se raconte en peu de mots les évènements de la soirée.

"Je suis excédée de fatigue et d'ennui," dit la dame qui arrivait, "et je vous demande en grâce de nous retirer."

"Très volontiers; je n'ai, je crois, plus rien à faire ici!"

L'Inconnue

"Quoi! si tôt!" s'écria Léon; "du moins, vous me permettez de vous accompagner jusqu'à votre voiture?"

Elle accepta son bras et l'on suivit l'autre couple.

"Ah! de grâce," continua Léon; "reprenons cette phrase charmante si malheureusement interrompue; il était question de nous revoir: quand? où? comment? ... Songez que dans un moment j'aurai tout perdu, hors le souvenir; n'y joindrez-vous pas un peu d'espérance? ..."

613 L'Inconnue

"Monsieur veut donc bien oublier cette grande colère? ..."
Meneer   wil   dus   wel vergeten deze grote   boosheid

"Trêve de malice, par pitié... Vous allez m'échapper...
Truce of malice   by   pity   You   go to escape me

Comment pourrai-je... ?"
How   could   I

"Mais il serait possible que je revinsse au bal de la
But   it will be possible that I see you again at the ball of the

mi-carême..."
mid Lent

"Trois semaines, grands dieux, ce sont trois siècles."
Three weeks   great   gods these are three centuries

"Oui! trois semaines! ou jamais."
Yes three weeks   or never

L'Inconnue

"Je serai mort, d'ici là, d'impatience et d'ennui."
I   will be   dead   from here (to) there   of impatience   and   boredom

"Cela dérangerait fort mes projects! ..."
That   would bring in disorder   strongly   my   projects

"Vos projects? ..."
Your   projects

On était à la porte; une voiture, dont la nuit ne
One (They)   was (were)   at   the   door   a   coach   of which   the   night   not

permettait de distinguer ni la couleur, ni l'écusson, venait
allowed   of   to distinguish   neither   the   color   nor   the crest   came

d'avancer; un servant tenait la portière ouverte.
of to advance (forward)   a   servant   kept   the   door   open

"Puis-je espérer, au moins," reprit Léon, "que vous
Then I   hope   at the   least   continued   Léon   that   you

plaindrez mes tourments?"
pity   my   torments

615 L'Inconnue

"Mais je crois que je vais m'occuper beaucoup de toi..."
But I think that I go take care myself (a) lot of you

En achevant cette phrase, elle montait légèrement dans
In ending this sentence she climbed lightly into

le carrosse, et les chevaux partirent comme l'éclair.
the coach and the horses left as the lightning

Léon suivit des yeux cette voiture qui lui enlevait sa
Léon followed of the eyes this coach which (of) him took away his
(with the)

nouvelle conquête, et, sans vouloir retourner au bal, il
new conquest and without to want to return to the ball he
(wanting)

rentra chez lui la tête troublée, le coeur ému, rêvant à
returned with himself the head troubled the heart moved dreaming at
(to) (of)

son aventure et se reprochant de ne pas s'être réservé
his adventure and himself reproaching of not to have reserved
(having)

plus de moyens de la continuer.
more of means of her to continue
(it)

616 L'Inconnue

"Mais quelle est donc," se disait-il, "cette femme séduisante et bizarre? Son maintien noble, décent, la fierté, l'autorité même de ses manières éloignent toute idée que ce puisse être une courtisane..."

"Mais que veut-elle? Pourquoi faire naître et éteindre tour à tour mes espérances? Elle a des projects, elle s'informe des détails de mon existence; ma rencontre peut devenir un bonheur pour elle... et je ne la reverrai jamais, je ne dois jamais la connaître! ... Peut-être elle n'a voulu que se jouer de moi..."

617 L'Inconnue

"Ah! si je le croyais, comme je saurais me venger! .... Et sur qui? comment? Elle peut ne pas revenir à ce bal; j'ai peut-être perdu pour jamais sa trace..."

"C'est dommage, car elle est charmante, j'en suis certain... Quelle mollesse voluptueuse dans cette taille élégante et souple! Que ses yeux sont beaux, sa voix touchante! Que d'esprit, de grâce dans ses discours! ... Ces trois semaines vont être éternelles... Il faut les employer à la chercher, à la trouver... Ah! tâchons bien plutôt de trouver le sommeil! ..."

618 L'Inconnue

Et Léon ne put dormir; il se leva de bonne heure
And Léon not could sleep he rose of good time

pour commencer ses recherches.
to start his researches
(research)

619 L'Inconnue

Trois Semaines

II - Trois Semaines

La première semaine se passa tout entière à parcourir sans relâche les rues, les boutiques, les spectacles, les glaciers, suivant toutes les femmes dont la tournure lui rappelait celle de son inconnue, faisant mille quiproquos, presque des impertinences, sans autre fruit que de se convaincre de l'inutilité de ses efforts. Déjà découragé dès la seconde semaine, il commençait dans la troisième à se demander s'il devait encore aller servir de jouet à une coquette qui peut-être même se déroberait à ses regards pour jouir de son embarras, lorsqu'un billet contenant ce peu de mots fut mis à sa porte:

622 Trois Semaines

"M. de Préval se souviendra sans doute qu'on l'attend
jeudi au bal de l'Opéra, à une heure, sous la pendule."

Toutes ses espérances se ranimèrent en lisant ce billet;

Au jour indiqué, minuit sonnait à peine à cette pendule que Léon était assis au-dessous dans toute l'agitation d'une tendre impatience et d'une vive curiosité.

623 Trois Semaines

Une grande heure s'était écoulée ainsi, lorsque l'aimable
A large hour itself was elapsed like that when the lovable
(long) (had)

domino blanc passa légèrement, fit un petit signe et,
domino white passed lightly made a small sign and

ralentissant sa marche pour laisser éloigner ceux qui
slowing her walk to let move away those who

l'accompagnaient, appuya sur le bras de Léon, qui venait
her accompanied leaned on the arm of Léon who came

la rejoindre, un bras arrondi qu'il serra tendrement.
her join an arm rounded that he gripped tenderly

Charmé de la revoir, plein d'espoir et de bonheur, il
Charmed of her to see full of hope and of happiness he

peignit éloquemment tout ce qu'il avait souffert, ses
painted eloquently all this that he had suffered his
(described)

vaines recherches, ses craintes, son impatience; elle
vain researches his fears his impatience she

l'écoutait tranquillement; elle l'interrompit bientôt.
him listened to quietly she him interrupted soon

624   Trois Semaines

"J'ai donc été plus heureuse que toi," elle lui dit, "car j'ai appris tout ce qu'il m'importait de savoir sur ton compte."

"Sur moi!"

"Oui; tu m'avais dit l'exacte vérité, et je sais de plus que tu as su mériter l'amitié de tes compagnons d'armes et l'estime de tes chefs. Enfin tu es capable," elle dit, "d'être honnête homme, même avec une femme, et de tenir religieusement la parole qu'elle exigerait de toi."

625 Trois Semaines

"Ce ne serait que mon devoir; mais parlons de mon
This not would be but my duty but speak (let's speak) of my

bonheur... Quoi! tu t'es occupée de moi? Tu daignes
happiness What you yourself is occupied (have) of me (with) You deign

prendre assez d'intérêt à mon sort pour avoir souhaité
take enough of interest to my fate for to have desired

que je fusse digne de ton estime, pour t'informer..."
that I was worthy to your respect for yourself inform

"Oui, sans doute, cela était nécessaire à mes projects."
Yes without doubt that was necessary to my projects

"Ah! ces projects, je les saurai, j'espère... Aimable
Ah these projects I them will know I hope Lovable
(will get to know)

masque, achève; bannis toute défiance avec l'heureux
mask finish ban all distrust with the happiness

mortel dont le coeur, déjà tout plein de toi, n'attend
mortal of which the heart already all full of you not await

qu'un mot pour se donner à jamais."
but a word for itself to give to never
(for) (ever)

Trois Semaines

"J'en serais bien fâchée," reprit-elle vivement.

Léon se tut quelques instants.

"Ah!" reprit-il enfin, "cesse ce jeu cruel. Pourquoi me tourmenter par ces alternatives de bonté et de rigueur? C'est aujourd'hui le dernier bal, ne crois plus m'échapper: je m'attache à tes pas et te suivrai sans relâche jusqu'à ce que j'obtienne l'assurance de te revoir, de mettre à tes pieds mes voeux et mon coeur, de connaître ces aimables projets."

627 Trois Semaines

"Oh! non, non, non, il faut auparavant que je m'assure de ta docilité, de ta prudence; j'ai des conditions à prescrire et ta parole d'honneur, scellée de ta signature, doit me répondre de leur exécution."

"Ma parole d'honneur! ma signature!" reprit Léon, assez étonné des précautions réfléchies, du ton solennel que l'on mettait à un traité fait au bal de l'Opéra.

Il regarda sa compagne; son maintien était embarrassé, rêveur;

Une agitation visible soulevait son sein, il croyait presque la voir rougir sous le masque. Elle l'observait de son côté, d'un air incertain et préoccupé.

Léon, persuadé qu'il devait la décider en devenant plus pressant, reprit avec feu:

"Être charmant, mais inexplicable! Eh bien, oui, je souscris à tout, je renouvelle le serment, que je fis dès le premier bal, d'être soumis, docile, discret; j'accepte d'avance les conditions que tu m'imposeras;"

629   Trois Semaines

"Pourvu que j'obtienne en retour l'espoir enivrant de
provided that I get in return the hope heady of
revoir, de posséder celle..."
to see of possess that

"Il le faudra bien," reprit-elle avec distraction et
It it will do well went on she with distraction and
(That)
paraissant plutôt répondre à sa pensée qu'à tout ce
appearing rather answer to her thinking than to all this
qu'il venait de lui adresser.
that he came of her to say to

Mais Léon ne prit garde qu'aux paroles qui achevèrent
But Léon not took attention than to the words which achieved
(paid) (except to the)
de l'exalter.
of him to exalt
(to exalt him)

"Ah! je suis trop heureux," s'écria-t-il; "venez, adorable
Ah I am too happy exclaimed he come lovely
inconnue; mettez le comble à mon bonheur en me
unknown put the peak to my happiness by me
suivant hors de cette foule importune;"
following out of this crowd unwelcome

Trois Semaines

"Souffrez que je puisse faire tomber enfin ce masque
Suffer that I can make fall finally this mask
(Allow)

odieux, recevoir vos ordres, et répéter avec plus de
odious (that I can) receive your orders and repeat with more of
()

liberté les serments et les voeux de l'Amour."
freedom the oaths and the wishes of the Love

En parlant ainsi, il l'entraînait doucement; mais elle
In speaking thus he her pulled along softly but she

s'arrêta tout à coup, retira son bras en reprenant toute
stopped all at strike pulled back her arm in retaking all
 (once)

la fierté qui semblait lui être naturelle, et d'un ton
the pride which seemed her to be natural and of a tone

calme et froid:
quiet and cold

"Vous vous abusez étrangement, monsieur de Préval," lui
You yourself abuse strangely Mr de Préval him

dit-elle;
said she

631 Trois Semaines

"Vos transports indiscrets, vos vaines protestations m'offensent et me blessent. Je ne suis point, croyez-moi, ce que vous osez supposer, et j'ai droit à attendre de vous plus de ménagements, de prudence et d'égards. Je veux bien cependant pardonner cette erreur, à laquelle j'avoue que la singularité de ma conduite a pu donner lieu; mais il faut vous soumettre à tout ce que j'exigerai: demain vous aurez de mes nouvelles vous saurez mes conditions; jusque-là, patience et résignation."

A ces mots, elle se jeta dans la foule pour lui échapper; mais il la suivit précipitamment.

Trois Semaines

"Non, je ne vous laisse point," s'écria-t-il; "vous ne me quitterez pas ainsi, cruelle; vous enflammez mon coeur, vous exaltez mon imagination, et c'est pour m'abandonner..."

"Conduisez-moi jusqu'à ma voiture," lui dit-elle, avec une sorte d'autorité.

Il saisit cette main qu'elle lui offrait et recommença vivement ses plaintes et ses prières, sans obtenir aucune réponse.

633 Trois Semaines

Le fidèle servant était à la porte; l'inconnue se précipita
dans sa voiture en disant à Léon:

"A demain, comptez sur ma promesse."

"Souffrez au moins que je vous accompagne," s'écria-t-il,
prêt à monter sur le marchepied...

"Fermez et marchons," dit-elle avec force.

634 Trois Semaines

Son ordre fut ausitôt exécuté, et Léon vit encore
Her order was immediately executed and Léon saw again

disparaître ses espérances avec celle qui en était l'objet.
disappear his hopes with that who of it was the object

635   Trois Semaines

Les Conditions

III - Les Conditions

On peut juger avec quelle impatience Léon attendit le
One can judge with what impatience Léon awaited the

lendemain. Combien de fois il rentra chez lui dans
next morning. How many of times he returned to him (home) in

l'espoir d'y trouver une lettre! Quelle fut sa joie
the hope of there to find a letter. What was his joy

lorsqu'on la lui remit! Mais avec quel étonnement il lut
when they it him handed over But with what astonishment he read

ce qui suit:
this which follows

"M. de Préval paraissait hier désirer vivement de revoir
M de Préval appeared yesterday to desire strongly of to see again

la dame au domino blanc avec laquelle il s'est
the lady on the domino white with which he himself is
(with the) (mask) (has)

entretenu au bal de l'Opéra; il promettait de se
conversed at the ball of the opera he promised of himself

soumettre à tout ce qu'on exigerait de lui pour cela."
to submit to all this that one requires from him for that

638 Les Conditions

"Voici les conditions auxquelles il peut espérer obtenir ce
Here the conditions at the which he can hope to obtain this
(by which)

qu'il demandait avec tant d'instances:
that he asked with such of insistances
(insistance)

1. M. de Préval se trouvera chez lui demain à minuit:
1 Mr. de Préval himself will find at himself tomorrow at midnight
(will be located) (his home)

un homme de confiance qu'il a déjà vu viendra le
a man of confidence that he has already seen will come him

prendre dans une voiture de place qui le conduira à
take in a vehicle of place which him will lead to
[a taxi]

sa destination; mais il faudra que M. de Préval
his destination but it will be necessary that Mr. de Préval

consente à ce qu'on lui bande les yeux.
consents to this that they him blindfold the eyes.

2. Il ne fera aucune question à son guide et
2 He not will make any question to his guide and

n'essayera pas de le gagner (ce qui d'ailleurs serait
not will try not of him win this which of otherwise would be
() (to) (in any case)

inutile);
useless

639 Les Conditions

Mais il se laissera conduire avec docilité.

3. *Il doit s'engager expressément à ne faire aucun bruit, aucun esclandre, à ne point réclamer contre l'obscurité, à ne point exiger de la personne avec laquelle il se trouvera de rompre le silence auquel elle est décidée.*

4. *Enfin, lorsque son conducteur viendra le reprendre, il se laissera ramener à sa voiture, et de là chez lui avec les mêmes précautions, et, sans faire de vaines perquisitions pour découvrir ce qu'on veut lui faire,*

640 Les Conditions

Il attendra patiemment les éclaircissements qu'on promet
He awaits patiently the clarifications that one promises

sous serment de lui donner.
under oath of him to give

5. *Si M. de Préval consent à ces conditions, il écrira*
5 If Mr. de Préval consents to these conditions he will write

au bas de ce papier qu'il accepte, signera cette
at the bottom of this paper that he accepts will sign this

acceptation et remettra le paquet sous enveloppe à sa
acceptance and will deliver the package under envelope to his

porte où l'on viendra le reprendre."
door where him they will come it take again

Après avoir lu ce singulier écrit, Léon, frappé
After to have read this strange writing Léon struck
(having)

d'étonnement, resta longtemps immobile, livré à une foule
of astonishment remained long immobile delivered to a multitude

de réflexions, agité de mille sentiments divers.
of reflections agitated of (a) thousand feelings diverse

641 Les Conditions

Comment concilier les précautions solennelles de ce bizarre traité avec les éclaircissements qu'on lui promettait? Comment accorder avec cette démarche le ton noble, décent et froid de son inconnue?

Il se répétait qu'il y aurait autant de folie que d'imprudence à signer une telle proposition, à risquer une aventure si peu vraisemblable... Et cependant l'image gracieuse du joli masque était devant ses yeux, les conversations animées du bal se retraçaient à sa mémoire;

642 Les Conditions

Et le contraste de tant de fierté, de tant de faiblesse, la singularité piquante de sa situation, la curiosité vivement excitée, l'amour-propre mis en jeu, tout devenait pour lui une séduction irrésistible. Il pensa même un moment qu'il pouvait y avoir du danger à se laisser conduire ainsi par un inconnu dans un lieu ignoré, lié par sa parole, livré à tous les hasards... Mais ce danger était un attrait de plus.

"Non," s'écria-t-il, "je ne reculerai point; on peut bien risquer une folie pour cette récompense charmante qui m'est offerte!"

643 Les Conditions

Et saisissant une plume, le sage Caton écrivit comme un étourdi:

"J'accepte toutes les conditions que l'on m'impose, et m'engage sur ma parole d'honneur à les remplir scrupuleusement. Je demande seulement la permission de porter mon épée."

"Léon de Préval."

Le paquet fut pris dans la soirée, et le lendemain matin il reçut un nouveau billet contenant ce peu de mots: "L'épée est accordée;"

644 Les Conditions

"Mais M. de Préval n'a rien à redouter pour son
But Mr. de Préval not has anything to fear for his

honneur et sa sûreté."
honor and his safety

Jamais journée n'avait été si longue.
Never (a) day not had been so long
                (had)   (this)

Depuis deux heures, Léon, tout habillé, se promenait à
Since two hours Léon all dressed himself walked at

grands pas dans sa chambre, lorsque le bruit d'une
large steps in his room when the noise of a

voiture qui s'arrêtait enfin à sa porte lui causa une
car which halted finally at his door him caused a

vive émotion. Il saisit son épée, descend rapidement
lively emotion He gripped his sword descended quickly
[great excitement]

l'escalier et trouve le servant qui ne l'eut pas plus tôt
the stairs and found the servant who not him had not more soon
                                            ()

fait monter en voiture que, dans son mauvais patois, il
made climb in (the) coach that in his poor dialect he
                        (when)

le pria respectueusement de se laisser bander les yeux.
him asked respectfully of himself to let blindfold the eyes

645 Les Conditions

Léon ne s'y opposa pas.

La voiture, après avoir roulé quelque temps, s'arrêta par l'ordre du servant. Celui-ci aida Léon à descendre, fit avec lui une centaine de pas dans la rue.

Bientôt ils entrent dans une maison où, après avoir monté quelques marches, Léon s'aperçoit qu'il traversait des appartements assez vastes, au bout desquels il entra dans une chambre parfumée des plus douces odeurs.

646 Les Conditions

En même temps, son bandeau fut détaché, et Léon,
In (At) (the) same time his blindfold was taken off and Léon

portant de toutes parts ses regards curieux, se trouva
bearing of all parts his looks curious himself found
(directing) (to)

dans une pièce obscure, au bout de laquelle une port
in a room dark at the end of which a door

ouverte laissait distinguer un élégant boudoir faiblement
open let distinguish an elegant boudoir weakly

éclairé par une lampe d'albâtre.
lit by a lamp of alabaster

Le servant, debout près de lui, sa lanterne sourde
The servant standing close of him his lantern dark

d'une main, de l'autre lui montra le boudoir, et,
of one hand of the other him showed the boudoir and
(in one) (with)

prononçant à voix basse: "Honneur et silence!" il disparut
pronouncing at voice low Honor and silence he disappeared

aussitôt.
immediately

Léon pose son épée, s'approche précipitamment...
Léon put his sword approached hurriedly
(put away)

647 Les Conditions

Une femme... Son inconnue elle-même, dans un simple négligé, la tête couverte d'un voile, était à demi couchée sur un sopha.

Léon se précipite à ses pieds.

"Que je suis heureux!" s'écrie-t-il; "mais quoi? toujours me dérober vos traits... De grâce, plus de mystère! plus de voile! ..."

En même temps, il y porte une main impatiente qu'on ne cherche point à arrêter...

648 Les Conditions

Mais	tout	à	coup	la	lampe	s'éteint.
But	all	at	strike (once)	the	lamp	itself extinguished (turned off)

Nous	ne	porterons	pas	une	lumière	indiscrète	au	milieu
We	not	will carry	not ()	a	light	indiscreet	into the	middle

de	ces	ténèbres	qu'il	respecta.	Nous	n'enfreindrons	pas
of	these	darknesses (shadows)	that he	respected	We	not shall infringe upon	not ()

ce	silence	tant	recommandé;	nous	dirons	seulement	que
this	silence	so much	recommended	we	will say	only	that

son	bonheur	dépassa	ses	espérances	et	ne	lui	laissa
his	happiness	passed	his	expectations	and	not	him	left

pas	même	le	désir	de	manquer	à	ses	promesses.
not	even	the	desire	to	miss (break)	to ()	his	promises (promise)

Le	temps	s'écoulait	avec	rapidité	et	la	nuit	était	déjà
The	time	flowed	with	speed	and	the	night	was	already

avancée	lorsqu'un	bruit	léger	se	fit	entendre	dans
advanced	when a	noise	light	itself	made	hear	in

l'appartement;	une	port	secrète	s'ouvrit,	l'inconnue	disparut
the apartment	a	door	secret	itself opened (was opened)	the unknown	disappeared

et	Léon	se	trouva	seul.
and	Léon	himself	found	alone

649 Les Conditions

Aussitôt le servant parut, et, d'un ton respectueux, le pria et de reprendre son bandeau et de le suivre.

"Non," répondit-il avec dépit, "je ne sortirai pas d'ici que je n'aie vu cet être adorable... que je n'aie obtenu..."

Une voix de femme l'interrompit en prononçant tout près de lui: "Honneur et silence! ..."

Léon se précipite du côté d'où elle partait et ne trouve que la muraille;

650   Les Conditions

Il tâtonne, rencontre une petite porte bien fermée
He groped encountered a small door well closed

à travers laquelle il entrevoit une lumière qui s'éloigne et
through which he saw a light which itself moved away and

disparaît.
disappeared

"Cruelle," dit-il sans oser élever la voix; "arrêtez un
Cruel person said he without daring raise the voice; stop (for) a

moment... un seul mot..."
moment one only word
*   (single)*

"Honneur et silence!" dit le servant d'un ton plus ferme.
Honor and silence said the servant of a tone more firm
*   (in a)*

"Oui," reprit tristement Léon; "l'honneur m'enchaîne, j'ai
Yes continued sadly Léon the honor binds me I have

promis... je me soumets...
promised I myself submit

651 Les Conditions

J'espère au moins que l'on tiendra, avec la fidélité dont
I hope   at the least that it they will keep with the fidelity of which
                                (they)

je donne l'exemple, la promesse que l'on m'a faite.
I give the example the promise that it one me has made

Le bandeau fut remis, Léon suivit son guide et monta
The band was given Léon followed his guide and climbed

dans sa voiture; il se retrouva bientôt chez lui, où,
in his coach he himself found soon at his where
                                       (own place)

livré tour à tour à des souvenirs délicieux, à de vifs
delivered turn on turn to of the memories delicious to of lively
        (time) (after)(time) (the)   ()

regrets, heureux, inquiet, follement épris, il se demanda
regrets happy worried wildly enamored he himself demanded

si tout cela n'etait qu'un songe, et s'endormit enfin pour
if all that not was but a dream and fell asleep finally for

le continuer.
it to continue

IV - La Lettre Finale

Mais qui pourrait peindre ses inquiétudes, ses tourments, lorsque plusieurs jours, puis une semaine, puis deux, puis trois, s'écoulèrent sans recevoir aucunes nouvelles de son inconnue, sans qu'elle daignât s'occuper au moins de calmer son impatience. Toutes ces réflexions étaient pénibles.

"Eh quoi!" disait-il, "n'aurait-on invoqué ma loyauté, mon honneur, que pour satisfaire le caprice éphémère d'une femme sans principes et sans moeurs?"

654 La Lettre Finale

"Mais non, je suis injuste, ingrat... J'ai senti les battements de son coeur que précipitait la crainte... o ma charmante maîtresse! pourquoi te dérober à mes transports? Pourquoi m'élever au comble du bonheur pour m'en précipiter aussitôt? Le souvenir de ces moments délicieux qui remplit et bouleverse mon âme n'a-t-il donc aucun pouvoir sur la tienne?"

Léon fut interrompu dans cette apostrophe à sa belle mystérieuse par une lettre qu'on lui remit, et qui semblait arriver précisément pour y répondre.

655 La Lettre Finale

Il reconnut la main qui avait tracé les conditions, l'ouvrit
He recognized the hand which had traced the conditions it opened

en tremblant de plaisir et lut ce qui suit:
while trembling of pleasure and read this which follows

"Que d'illusions je vais détruire! Quel aimable espoir va
What of illusions I go destroy What friendly hope goes
(will go and)

s'éteindre! Quel prestige s'évanouir!"
to be extinguished What pride to go up in air

"Vous croyez avoir vaincu, et c'est vous de qui l'on
You believe to have conquered and it is you of who it one
(one)

dispose; votre amour-propre a dû se flatter d'exercer sur
disposes your love of yourself has must itself flatter of to exercise on
(disposes of)

une faible femme un pouvoir irrésistible, et c'est à sa
a weak female a power irresistible and it is to her

seule volonté que vous obéissez;"
sole will that you obey

656 La Lettre Finale

"Enfin vous attendez avec impatience sans doute le moment de la voir, de la connaître, d'assurer votre empire par de nouveaux transports de votre part, de nouvelles faiblesses de la sienne... et ce moment n'arrivera jamais; tout est fini entre elle et vous."

"Cependant la loyauté, la délicatesse de votre conduite méritaient quelque reconnaissance de ma part; je ne puis mieux vous la témoigner qu'en vous confiant ces projets que votre curiosité souhaitait si vivement de connaître, qu'en vous apprenant les motifs d'une conduite qui paraît bizarre, imprudente même;"

657 La Lettre Finale

"Mais dont, grâce à vous, je n'aurai pas, je crois, à me repentir."

"Une union disproportionnée dans laquelle je n'ai trouvé que malheur, humiliation, injustice et violence m'a laissé une aversion invincible pour ce lien funeste qui, pesant tout entier sur le plus faible, soutient la force et sanctionne l'injustice. Me trouvant à vingt-cinq ans libre, riche, parfaitement maîtresse de moi-même, je fis serment de l'être toujours, mais je sentis bientôt que j'achetais mon indépendance par le sacrifice des plus doux sentiments de la nature;"

658 La Lettre Finale

"Je regardais autour de moi sans y trouver un seul
I watched around of me without there to find a single

être qui eût besoin de mes soins, de ma tendresse,
being who had need of my cares of my tenderness

qui pût m'aimer et me le dire."
who could love me and me it say

"Le regret de n'avoir point été mère m'occupait sans
The regret of not to have at all been mother occupied me without

cesse, et s'accrut au point de devenir un véritable
stop and itself increased to the point of to become a true

chagrin. Née sous un ciel ardent, ma tête est vive,
grief Born under a sky fiery my head is lively

mon âme sent avec chaleur..."
my soul feels with heat

"Que dirai-je enfin? Je formai le singulier dessein de
What shall say I finally I formed the singular purpose of

jouir au moins du bonheur de la maternité sans
to enjoy at the least the happiness of the maternity without

m'imposer une chaîne que je déteste..."
impose on myself a chain that I hate
(marriage)

659 La Lettre Finale

"Ne croyez cependant pas que je sois un esprit fort,
Not (Don't) believe though not that I am a mind strong

que je traite de préjugés les lois utiles de la société;
that I treat of (as) prejudices the laws useful of the society

non, je les respecte, et si cette seule fois je
no I them respect and if this single time I

m'y soustrais, ce n'est qu'une fois, et des circonstances
myself there subtracted this not is but one time and of the (with) circumstances

particulières me donnent les moyens de sauver au moins
specific me give the means of to save at the least

ma réputation et les convenances."
my reputation and the proprieties

"Ce project, d'abord timidement conçu, m'occupa toujours
This project from start timid designed occupied me always

davantage, je le méditai; j'avoue même que peut-être ce
more I it meditated I confess even that maybe this

qu'il présentait de romanesque lui donnait un nouveau
what it presented of romance it gave a new

charme à mes yeux... Il devint une passion."
charm to my eyes It became a passion

660 La Lettre Finale

"Vous savez comment j'ai pu l'exécuter et vous devoir
You know how I have been able to execute it and you owe

l'espérance du seul bonheur qui manquait à ma vie.
the hope of the only happiness which missed to my life
(in)

J'avais décidé d'abord de vous laisser tout ignorer, tout
I had decided from start of you let all not know all
(from the start)

oublier; je suis revenue depuis à penser que je vous
forget I am come back since to think that I you

devais bien quelques éclaircissements. D'ailleurs, si mes
owed well some clarifications Of otherwise if my
(Anyway)

voeux sont comblés, je puis mourir avant que l'objet de
wishes are peaked I can die before that the object of
(fulfilled) (may)

tous mes soins soit en état de se suffire; je lui
all my cares is in state of itself suffice I it
[can take care of itself]

laisserai toute ma fortune, mais je ne crois pas devoir
leave all my fortune but I not think not must

le priver de son protecteur naturel."
it deny of its protector natural

661 La Lettre Finale

"Comptez donc que partout où vous appellera votre
Count then that everywhere where you will call your
(Count on it)

devoir, vous recevrez, quand il en sera temps, un
duty you will receive when it of it will be time a

anneau coupé dans son épaisseur, sur lequel sera
ring cut in its width on which will be

gravée la date de la naissance: le chaton désignera par
engraved the date of the birthday the collet will mean by

un diamant un fils, l'autre sexe par une émeraude."
a diamond a son the other gender by an emerald

"La seconde moitié de cette bague serait remise à
The second half of this ring would be given to

l'enfant, s'il me perdait, avec les indications nécessaires
the child if he me lost with the indications necessary

pour vous trouver; en vous la présentant, si elle
for you to find in you it presenting if she
(the ring)

se rejoint à la vôtre, il prouvera ses droits à votre
joins to the yours it will prove its rights to your
()

protection, et mon estime pour vous m'assure qu'il ne
protection and my esteem for you assures me that it not
(that the child)

les réclamerait point en vain."
them would claim at all in vain
(the rights)

662 La Lettre Finale

"Adieu, monsieur; adieu, Léon; pour jamais adieu! Epargnez-vous toute démarche dont je serai l'objet; vous les feriez vainement, car je pars sous très peu de jours. Oubliez un être fantastique que vous ne connaissez pas, que vous ne devez jamais connaître; oubliez ce songe d'une nuit qui ne peut plus revenir; soyez heureux, je le désire, et, si je puis l'apprendre, mon coeur s'en réjouira."

"Heureux!" s'écria Léon en jetant avec dépit la lettre loin de lui;

663   La Lettre Finale

"Que je sois heureux quand elle m'annonce froidement
That I be happy when she tells me coldly

que je ne dois plus la revoir, quand son insultante
that I not must anymore her see again when her insulting

confiance ne m'apprend tout le prix de ce que j'ai
confidence not me learns all the price of this that I have

perdu que pour me l'enlever à jamais! Mais qu'elle ne
lost that to (of) me take it away for never (ever) But that she not

croie pas m'échapper, elle est à moi; c'est elle-même
believes not to escape me she is to me (belongs) it is she herself

qui a formé ce noeud... N'était-ce donc que pour le
who has formed this knot (bond) Not was this then that to it

briser ainsi? Oui, je la poursuivrai partout; en tous
break like this Yes I her pursue everywhere in all

temps je réclamerai mes droits... Elle ne pourra
time I will claim my rights She not will be able

s'y soustraire..."
herself there subtract

"Hélas!" reprit-il après un moment de réflexion.
Alas continued he after a moment of reflection

664 La Lettre Finale

"J'oublie qu'elle va partir... Peut-être elle retourne dans sa patrie, et des mers immenses vont nous séparer... Ah! que je suis malheureux! Pourquoi ai-je été au bal? Pourquoi ai-je eu la folie d'accepter ces perfides conditions?"

La perte subite des espérances les plus flatteuses affecta tellement Léon qu'il en fut malade pendant quelques jours. Dès qu'il put sortir, il recommença ses recherches avec plus de vivacité que jamais.

665 La Lettre Finale

Mais,	étranger	lui-même	dans	la	capitale,	il	avait	peu
But	stranger	himself	in	the	capital	he	had	little

de	moyens	de	réussir	et	fut	bientôt	réduit	à	ce	regret
of	means	of	to succeed	and	was	soon		reduced	to	this	regret
( )										

inactif	qui	est	le	pire	des	maux;	son	caractère	même
inactive	who	is	the	worst	of the	evils	his	character	even

en	prit	une	teinte	de	mélancolie	qui	lui	devint	habituelle.
of it	took	a	hue	of	melancholy	which	(to) him	became	habitual

Élevé	dans	des	principes	honnêtes,	par	une	famille
Raised	in	of the	principles	honest	by	a	family

respectable,	Léon	ne	s'étais	jamais	livré	à	la	license
respectable	Léon	not	himself was	never (ever)	delivered	to	the	license (vice)

des	camps;	les	études	de	son	métier,	des	campagnes
of the	(army) camps	the	studies	from	his	profession	of the (the)	campaigns

fatigantes	et	glorieuses	ne	lui	avaient	jamais	laissé	le
tiring	and	glorious	not	him	had	never	left	the

temps	de	former	une	liaison	suivie:
time	of	to form	an	affaire	followed (followed through)

666 La Lettre Finale

Capable d'attachement, il n'avait point aimé, et cette première impression en fut d'autant plus profonde; et lorsque le hasard venait de lui offrir une femme aimable que le mystère dont elle s'enveloppait rendait plus piquante encore, elle avait disparu comme une ombre; peut-être il allait bientôt être père, et jamais il ne presserait sur son coeur l'enfant de son amour; attaché par les liens les plus doux, les plus forts, à des objets que son imagination seule lui retraçait, il ne devait jamais les connaître.

667 La Lettre Finale

Telles étaient les pensées qui l'assiégeaient sans relâche; cependant, à force de relire et de commenter sa lettre, il crut enfin y trouver quelques lueurs d'espérance.

Tout espoir de retrouver son inconnue n'était pas encore perdu; cette bague énigmatique qu'on lui promettait, et qui devait annoncer l'événement le plus désiré, n'était-elle pas une sorte de correspondance? Enfin, puisqu'on s'arrangeait pour que l'enfant pût toujours retrouver son père, on ne renonçait donc pas à s'occuper du sort et de l'existence de ce dernier.

668 La Lettre Finale

Et l'idée que son invisible s'intéressait encore à sa destinée s'empara de son esprit et y porta quelque consolation.

Mais un nouveau chagrin l'attendait: son régiment reçut l'ordre de partir pour se rendre en garnison dans une petite ville du nord de la France, et Léon, obligé de le suivre, désespéra de nouveau. En quittant Paris, il perdait tout espoir de retrouver la trace de celle qu'il cherchait, et lui-même, caché dans le fond d'une province, pouvait y être oublié:

669 La Lettre Finale

Le message qu'il attendait avec tant d'impatience ne viendrait peut-être pas l'y chercher. Il fallut partir cependant, et le séjour d'une petite ville, sans société, sans autre ressource que des promenades solitaires, ne contribuai pas à égayer les pensées mélancoliques de Léon.

670 Triste Exil

V - Triste Exil

Tandis que, livré à ses regrets dans ce triste exil, il calculait avec impatience les mois qui devaient s'écouler jusqu'au message annoncé, son inconnue, retirée aussi, mais dans une terre charmante située sur la route de Tours à Bordeaux, s'abbandonnait, avec la vivacité d'une tête ardente, aux douces espérances qu'elle s'était créées. Tout était nouveau pour elle, tout l'enchantait dans la position indépendance où elle se trouvait.

672 Triste Exil

Née à la Martinique, élevée à la campagne au milieu d'un peuple d'esclaves, la jeune Elinor, à seize ans, ne connaissait d'autre contrainte que l'indulgente volonté de ses parents; et jamais les lois sévères de la société ne lui avaient imposé leur joug salutaire.

Mais à cette époque sa beauté, qui commençait à faire quelque bruit, excita les désirs de M. de Roselis, le plus riche colon de toute l'île. Il se présenta pour demander sa main, et l'éclat de ses richesses éblouit tellement une famille trop ambitieuse, qu'il l'obtint presque aussitôt.

673 Triste Exil

C'était un homme de quarante ans, d'une belle figure, mais d'un caractère aussi odieux que méprisable. D'abord intendant de l'habitation dont il était devenu possesseur, il ne l'avait jamais quittée, et l'habitude de commander en tyran lui avait fait contracter tous les vices qui naissent presque toujours de l'isolement et d'un pouvoir sans bornes. Soupçonneux, violent, sans principes et sans moeurs, sa vanité, flattée un moment d'obtenir la main de la plus belle personne de la colonie;

674 Triste Exil

Ne lui laissa bientôt pour elle d'autre sentiment qu'une basse jalousie qu'il exerça avec toute la dureté d'un caractère impérieux.

Elinor, enfermée au milieu de ses négresses dont elle ne pouvait même disposer, parmi lesquelles plusieurs étaient de ses rivales, eut à souffrir les plus indignes traitements; son âme sensible et fière en conçut un ressentiment profond, et voua dès lors à tous les hommes la haine et la mépris que méritait en effet le seul d'entre eux qu'elle eût jamais pu apprécier.

675 Triste Exil

Ses parents moururent du regret d'avoir sacrifié leur fille unique, et son époux, blasé sur un genre de vie dont il avait épuisé tous les plaisirs, se préparait à passer en France, où déjà il avait des fonds pour l'acquisition d'une terre, lorsque la mort le surprit au milieu d'une partie de débauche. La belle Elinor de Roselis se trouva donc tout à coup, à vingt-cinq ans, la veuve la plus riche et la plus libre de la colonie, mais dégoûtée d'un pays où elle n'avait connu que des chagrins;

676 Triste Exil

Elle résolut de réaliser les projects de son mari et de
She resolved of to realize the projects of her husband and of

venir s'établir en France.
to come herself establish in France
(to go)

Une amie de son enfance, Mme de Gernancé, dont
A friend of her childhood Mrs de gernancé of whom

l'union avait été plus heureuse de la sienne, s'étant
the union had been more happy of the hers herself being
(the mariage) (than)

décidée à transporter dans la même contrée sa fortune
decided to transport in the same country her fortune
(determined) (move)

et sa famille, un vaisseau fut frété à leur compte et,
and her family a ship was freighted to their account and
(commissioned and loaded)

après avoir renouvelé sur la tombe de ses parents le
after to have renewed on the grave of her parents the

serment de ne jamais donner à aucun homme le
oath of not never to give to any man the
()

pouvoir de disposer de sa destinée, Mme de Roselis
power of to dispose of her destiny Mrs de Roselis

s'embarqua en vormant mille projets, en caressant mille
herself embarked while forming thousand projects in caressing thousand

espérances.
expectations

677 Triste Exil

Pendant les premières années de sa malheureuse union, Mme de Roselis avait senti vivement le chagrin de n'être pas mère et ne s'en était consolée ensuite par la crainte de voir son enfant hériter des vices dont elle avait eu si longtemps à souffrir.

Ce regret se renouvela avec plus de force que jamais au milieu même des premières jouissances de la liberté, et seule, sans famille, sans attachement, prête à se rendre sur une terre étrangère où elle ne connaissait personne;

678 Triste Exil

Elle sentit que cette indépendance n'était pas tout pour le bonheur, et qu'il fallait encore quelque intérêt dans la vie pour nous y attacher. La présence des enfants de son amie, qui l'entouraient sans cesse dans la traversée, ramena toutes ses pensées sur ce sujet, et ce fut en recevant leurs caresses, en se mêlant à leurs jeux, qu'elle conçut la première idée du projet bizarre que nous lui avons vu réaliser. Les loisirs d'une longue navigation lui donnèrent tout le temps de le combiner de manière à éviter les graves inconvénients qu'il semblait offrir.

679 Triste Exil

Enfin, toujours plus enchantée de son projet à mesure
Finally always more enchanted of her project to measurement

qu'il se déroulait dans son imagination, il l'occupait tout
that it itself unfolded in her imagination it kept her busy wholly

entière lorsqu'elle débarqua à Bordeaux.
entirely when she got off the ship at Bordeaux

Après un séjour fort court dans cette ville, elle suivit
After a stay quite short in this city she followed

M. et Mme de Gernancé à Paris, où ils venaient
Mr and Mrs de Gernancé to Paris where they came

passer l'hiver. Nous avons vu avec quelle étourderie et
to spend the winter We have seen with which thoughtlessness and

quel bonheur elle accomplit sa folle entreprise, et
which happiness she accomplishes her mad mission and

comment son heureux destin lui fit trouver dans Léon
how her happy destiny her made find in Léon

de Préval assez d'honnêteté et de solidité de caractère
de Préval enough of honesty and of solidity (strength) of character

pour la sauver des chances dangereuses auxquelles elle
for her to save of the chances dangerous to the which she

s'exposait.
exposed herself

Triste Exil

Ne voulant mettre dans sa confidence que son fidèle servant, elle l'avait chargé, dans l'intervalle qui s'était écoulé jusqu'au dernier bal, de louer dans le fond d'un faubourg éloigné une petite maison qu'elle avait fait disposer pour ses desseins. Un ressort caché au moyen duquel la lampe pouvait s'éteindre à volonté, les issues secrètes qui assuraient sa fuite, tout était l'ouvrage de l'espèce de prévoyance raisonnée qu'elle mettait à une chose qui, assurément, ne l'était pas.

681 Triste Exil

Comme elle habitait le même hôtel que ses compagnons de voyage, il fallut leur donner le change en annonçant d'avance qu'elle partirait pour sa terre le lendemain de la mi-carême. En effet, au jour fixé, malgré les instances de ses amis, elle leur dit adieu et partit avec le seul servant, mais ce fut pour aller descendre à sa petite maison. Le reste de ses gens s'étant mis en route quelques heures auparavant, tout réussit au gré de ses désirs.

Après ce rendez-vous préparé avec tant de soins;

682 Triste Exil

Elle resta quelque temps encore cachée dans sa maison; ce fut de là qu'elle écrivit à Léon la lettre qui le rendit si malheureux; elle partit pour la Touraine quelques jours après.

Son premier soin en arrivant fut de faire répandre dans les environs que son mari, déjà malade en s'embarquant, était mort dans la traversée; le deuil qu'elle portait confirmait son récit. Bientôt elle laissa soupçonner qu'il lui restait au moins l'espoir de posséder un gage tardif de son union.

683 Triste Exil

Au bout de quelques mois, cet espoir devint à tous les yeux une certitude, et vers la fin de l'automne Mme de Roselis, au comble de ses désirs, mit au monde une fille qui fut nourrie dans la château.

Avec quels transports elle pressa sur son coeur cet enfant tant désiré, sur lequel reposait tout le bonheur de sa vie et qui devait réunir ses plus tendres affections!

"Tu m'aimeras," disait-elle;

684 Triste Exil

"Oui, tu seras reconnaissante des soins, de la tendresse
que je te prodiguerai; je vivrai pour toi seule et je
n'aurai point à craindre que l'abandon et l'outrage soient
le prix de mon dévouement. Il est donc enfin au
monde un être auquel je tiens par les liens les plus
doux, les plus forts, et dont les caresses innocentes, le
bonheur enfantin, suffiront, je l'espère, à ma félicité."

Il était naturel qu'au milieu des transports d'une
jouissance toute nouvelle vînt se placer le souvenir de
celui à qui on la devait;

685 Triste Exil

Elle pensa au bonheur qu'éprouverait Léon s'il pouvait
She thought to the happiness that would feel Léon if he could

voir cet enfant, et cette idée lui rappela la promesse
see this child and this idea her recalled the promise

qu'elle lui avait faite de lui annoncer l'époque de sa
that she him had made of him to announce the time of her

naissance.
birth

Le servant fut dépêché à Paris, pour faire exécuter la
The servant was sent off to Paris for to make execute (create) the

bague qu'on avait promise à Léon.
ring that one had promised to Leon

On lui donna l'ordre de s'informer aux bureaux de la
One him gave the order to inform himself at the offices of the
(She)

Guerre de la ville où se trouvait son régiment, et de
War of the city where himself (could be) found his regiment and of

partir aussitôt à franc étrier pour lui porter ce dernier
to leave immediately at straight stirrup for him to carry this last
[at high speed] (to bring)

message.
message

Triste Exil

Il devait le remettre à lui-même et surtout s'éloigner à l'instant, sans laisser à M. de Préval la possibilité de l'arrêter et de lui faire une seule question. Le servant remplit ses ordres avec autant d'exactitude que d'intelligence.

687   Triste Exil

688   Une Fille

VI - Une Fille

Léon, qui n'avait pas vu commencer le mois de novembre sans émotion, revenait un matin de l'exercice, triste, rêveur. Prêt à rentrer, il entend derrière lui le pas d'un cheval, tourne la tête, reconnaît le servant et pousse un cri de surprise et de joie; celui-ci l'aborde et, sans descendre de cheval: "Voici ce qu'on m'a chargé de vous remettre," lui dit-il, en lui présentant une boîte cachetée.

Il pique des deux et disparaît aussitôt.

690 Une Fille

Léon, interdit, le suivait des yeux, et ce ne fut qu'en les reportant sur la boîte qu'il put se convaincre que cette disparition subite n'était pas une vision de son esprit troublé.

Il l'ouvre avec précipitation; elle ne contenait que la moitié d'un anneau d'or, coupé comme une alliance, sur lequel était gravé: 22 november 18..; une fort belle émeraude formait le chaton.

"C'est une fille!" s'écria Léon; je suis père! ...

691 Une Fille

Et pas une lettre, pas un mot! ... Elle se joue encore de moi! ... C'en est fait peut-être! Je n'entendrai plus parler d'elle... Mais quel est donc cet être inconcevable qui dispose ainsi de mon sort, enchaîne jusqu'à mon avenir? ... qui, toujours invisible, me suit au fond de cette province et, selon sa convenance, me cherche et m'abandonne tour à tour? ... Malheureux bal! Funeste rendez-vous! "

Et son esprit agité retournait de cent manières ces réflexions, sans pouvoir les rendre plus satisfaisantes.

692 Une Fille

Une longue année s'écoula ainsi. Aux approches du printemps suivant, des bruits de guerre commencèrent à circuler; on parlait d'une expédition en Espagne, et les militaires, rêvant à l'avancement et à la gloire, se réjouissaient d'échapper au repos. Léon surtout, fatigué de ses souvenirs et de l'oisiveté qui les alimentait, attendait avec impatience le signal des combats. Mais quelle fut sa surprise en recevant un jour une dépêche du ministère de la Guerre, qui contenait sa nomination d'aide de camp du général de X...

693 Une Fille

Et l'ordre de se rendre sur-le champ à Paris, auprès de cet officier supérieur! Léon, qui ne le connaissait pas et qui ne croyait avoir aucune protection auprès de lui, ne pouvait concevoir d'où venait cette nomination; mais depuis quelque temps il ne lui arrivait que des choses extraordinaires. Celle-ci le remplit de joie et d'espérance. Peut-être son inconnue avait-elle part à ce nouvel événement. Alors, c'était un moyen de découvrir son nom, sa résidence.

Une Fille

Enfin, il retournait à Paris, et, quoique son séjour dût y être fort court, quelque chance favorable pouvait l'aider dans ses recherches.

Voilà donc Léon dans la capitale, parfaitement accueilli du général qui l'installe dans son hôtel et l'admet à sa table.

D'abord la multiplicité de ses occupations ne lui permit guère de se livrer à des démarches dont il avait d'ailleurs éprouvé déjà l'inutilité;

695 Une Fille

Mais, au bout de quelque temps, distingué par son chef et devenu presque un favori, il osa demander quelle était la personne à laquelle il devait ce poste honorable. Le général lui apprit alors que la recommandation de M. de B., chargé du personnel de la guerre, et le souvenir de la conduite distinguée de Léon dans les campagnes précédentes, l'avaient décidé à le demander pour aide de camp.

"Cela me fait penser," continua-t-il, "qu'il serait convenable que vous lui fissiez une visite de remerciements:

Une Fille

Je compte y aller un de ces soirs, et si vous voulez,
je vous y mènerai. "

Léon, quoique trompé dans son espoir, accepta avec reconnaissance, et, peu de jours après, le général le conduisit dans sa voiture chez M. de B...

Une société assez nombreuse était déjà réunie dans le salon, et Mme de B..., après avoir arrangé quelques parties, venait de reprendre sa place auprès du feu, au milieu d'un petit cercle de trois ou quatre femmes et autant d'hommes qui causaient avec beaucoup de gaieté, lorsque Léon lui fut présenté.

697 Une Fille

Mais ce fut en vain qu'il essaya d'obtenir d'elle les éclaircissements qu'il désirait; après quelques mots de politesse, Mme de B... fit reprende à la conversation le ton général en priant un de ces messieurs de continuer l'anecdote qu'il avait commencée, et Léon, trompé dans son attente, se vit réduit à écouter comme les autres.

Les histoires plaisantes ou singulières se succédaient depuis quelque temps, quand Mme de B..., attentive à faire briller chacun à son tour,

698 Une Fille

se tournant vers Léon, lui demanda en souriant si, dans
herself turning towards Léon him asked in smiling if in

le cours de ses campagnes et des vicissitudes de la
the course of his campaigns and the vicissitudes of the

vie militaire, il n'avait pas aussi rencontré quelque
life military he not had not also encountered some
                                    ()

aventure digne d'être racontée. Léon, l'esprit toujours
adventure worthy of to be narrated Léon the mind always

rempli de la sienne, en fit le récit en le mettant sur
filled of that which was his of it made the description in it putting on

le compte d'un officier de son régiment, et lui donna
the account of an officer of his regiment and him gave
                                                                    (the story)

d'autant plus d'intérêt qu'il était tout plein de son sujet.
of moreover more of interest that he was all full of his subject
(with moreover)   (charm)   (as he)

Dès qu'il l'eut achevée, une vive discussion s'engagea
From that he it had completed a lively discussion itself engaged
(After)

sur ce caprice bizarre d'indépendance.
on this whim bizarre of independence

699 Une Fille

Les dames jugèrent avec une juste sévérité l'imprudence inexcusable qui avait pu porter une femme à s'exposer aussi légèrement, et la blamèrent d'avoir sacrifié ses devoirs à un goût déplacé de liberté.

Les hommes trouvèrent que sa conduite annonçait du caractère, de l'imagination, qu'elle avait exécuté son roman avec autant d'esprit que de fermeté et que ce devait être une femme charmante.

Tous souhaitèrent avoir été à la place de l'officier;

Une Fille

Mais tous assurèrent qu'ils ne se seraient pas laissés jouer ainsi, et qu'aucun serment n'aurait pu les empêcher de découvrir et de soumettre la belle fugitive.

"En vérité," reprit sèchement une dame d'un certain âge, "il n'était pas besoin de beaucoup de ménagements avec une personne qui se respectait si peu elle-même."

"Je conviens," reprit une fort jolie femme qui était assise dans le coin de la cheminée, "qu'il est impossible de la justifier;"

701 Une Fille

"Mais on peut supposer au moins que des motifs
 But one can suppose   at the least that of the motives

puissants et secrets avaient fait naître cette aversion
powerful and secret had   made born this dislike

décidée pour un second lien: la passion d'une mère
determined for a second link the passion of a mother
                          (marriage)

paraît avoir fait le reste, et quelle est celle d'entre
appears to have made the rest and which is that of between
                                     (who)   (between)

nous qui, en caressant un enfant qui lui sourit, ne
 us who while caressing a child who her smiles not
                                              (smiles at)

trouve pas dans son coeur quelque excuse pour une
finds   not   in her heart some excuse for a

erreur causée par ce sentiment?"
mistake caused by this sentiment

"Vous avouerez du moins qu'elle a joué là un tour
 You admit of the least that she has played there a turn
                                                          (card)

sanglant à ce pauvre officier?"
bloody at this poor officer

"Quel si grand mal lui a-t-elle donc fait?" demanda d'un
 What so large evil him has she then made asked of a
                                                        (with a)

ton léger la jolie dame.
tone light the pretty lady
(tone of voice)

702 Une Fille

"Quel mal?" s'écria Léon avec feu; "n'est-ce donc rien pour cet officier que d'être poursuivi sans cesse par le souvenir d'une femme charmante, dont les grâces et l'esprit l'ont rempli d'amour, dont la possession l'a comblé de délices, et qui se dérobe obstinément à sa vue, à sa tendresse? qui semble n'avoir enflammé son cœur que pour l'abandonner à ses regrets et ne conserver de rapports avec lui que pour entretenir des désirs qu'elle ne veut jamais satisfaire? Il est époux, il est père, et jamais peut-être il ne connaîtra ces objets du sentiment le plus naturel;"

703 Une Fille

"Il ignore dans quels lieux ils existent, tandis que,
soumis lui-même à une surveillance invisible, on le suit,
on le trouve, on dispose de son existence; des devoirs
lui sont imposés, et, plus malheureux que le dernier
des humains, il n'en sera pas récompensé par ce
bonheur domestique qui appartient à tous, hors à lui."

"Convenez qu'il y a là un peu d'exagération: car, enfin,
pourquoi ne se marierait-il pas?"

"Eh! le peut-il, madame?"

704 Une Fille

"En supposant que le temps efface enfin l'impression trop profonde d'un bonheur passager, s'appartient-il encore? Tant que celle qu'il aime sera libre, peut-il cesser de l'être? Ah! si cette aversion bizarre pour un lien naturel venait à s'éteindre, s'il devait obtenir un jour cette main si longtemps désirée, pourrait-il se consoler d'avoir engagé la sienne?"

"Il y a du moins bien de la délicatesse dans les sentiments que vous lui prêtez," reprit la dame, en fixant sur Léon un regard plein de douceur et d'intérêt.

705 Une Fille

Il en fut ému et, continuant avec une chaleur croissante:

"Et cette bague partagée entre son enfant et lui, n'est-elle pas une chaîne qui l'attache à jamais? Dans quelque situation qu'il se trouve, on peut venir réclamer sa tendresse, ses soins paternels... On le possède et il ne possède rien! Et pour mettre le comble à cette situation unique, il ne peut espérer de connaître son enfant qu'en perdant la mère!"

706 Une Fille

"Le premier aspect de cet être chéri lui apprendra qu'un autre plus cher encore n'existe plus; et ce n'est qu'au prix du bonheur d'être époux qu'il peut obtenir celui d'être père!"

La voix de Léon s'altéra en prononçant ces derniers mots; une larme semblait prête à s'échapper de sa paupière.

"D'honneur, mon cher Préval," dit en souriant le général, "vous avez fait un tableau si pathétique de la position de ce jeune homme, qu'on serait tenté de croire que vous le traciez d'après nature."

707 Une Fille

Mme de B..., voyant l'embarras et l'émotion de Léon, se hâta de changer l'entretien. Il resta debout contre la cheminée près de l'aimable dame.

Après un moment de silence: "Vous nous avez vivement intéressés à votre ami, monsieur," lui dit-elle avec douceur; "il est impossible de faire une peinture plus éloquente de ses sentiments."

"Du moins, madame, elle est parfaitement vraie; mais la campagne qui s'ouvre va faire une puissante diversion à sa tristesse;"

708 Une Fille

"Et l'espoir de terminer glorieusement une vie qui ne lui
présente plus de chances heureuses..."

"Que dites-vous, monsieur?" reprit la jolie dame; "si vous avez quelque influence sur lui, vous devez l'employer à le détourner de cette affreuse pensée, lui dire qu'il est de son devoir de se conserver pour cet enfant..."

"Eh! pourquoi reconnaîtrait-il des devoirs sans récompense? De quel droit devrait-il sa vie à ceux qui l'ont empoisonnée? ..."

709   Une Fille

"Mais   un   boulet,"   ajouta-t-il   avec   un   sourire   mélancolique,
But   a   bullet   added he   with   a   smile   melancholy

"un   boulet   arrange   bien   des   choses..."
a   bullet   arranges   well   of the   things
                              (the)

Dans   ce   moment,   le   général   l'appela;   ils   firent   leurs
In   this   moment   the   general   him called   they   made   their
(At)

adieux,   reçurent   des   voeux   de   gloire,   d'heureux   retour...
farewells   received   of the   wishes   of   glory   of happy   return
                                                                (for a happy)

"Ce   jeune   homme   est   fort   intéressant,"   dit   Mme   de   B...
This   young   man   is   very   interesting   said   Mrs   de   B

lorsqu'ils   furent   partis;   "une   figure   charmante,   une   belle
when they   were   left   a   figure   charming   a   beautiful
           (had)

âme;   ce   serait   dommage   qu'il   pérît   en   Espagne."
soul   this   would be   (a) shame   that he   perishes   in   Spain
       (it)   (if he)

710 Une Affaire Meurtrière

VII - Une Affaire Meurtrière

Depuis ce moment, Mme de Roselis (car on se doute bien que c'était elle) ne put retrouver cette insouciance paisible, cette fière indifférence qu'elle s'était flattée de conserver toujours.

Elle mesura enfin l'étendue et le danger de sa faute par la sévérité avec laquelle les femmes l'avaient jugée, tandis que les propos légers des hommes lui apprenaient combien elle était redevable à la rare délicatesse de Léon.

712 Une Affaire Meurtrière

Cette réflexion augmentait son estime pour lui, et l'idée d'avoir fait le malheur d'un homme qui l'adorait, qu'elle ne pouvait s'empêcher de trouver aimable, ce mélange de péril et de gloire si puissant sur le cœur des femmes, l'inquiétude enfin, cet aliment de l'amour et du souvenir, tout concourait à éveiller dans son cœur des sentiments nouveaux pour elle.

Tourmentée du désir de revoir sa fille et de retrouver sa solitude, elle n'eut plus d'autre soin que celui de son départ.

713 Une Affaire Meurtrière

Dans la visite d'adieu qu'elle fit chez Mme de B..., on lui apprit que le général X... et son aimable aide de camp devaient être déjà près de l'Espagne, où les hostilités étaient commencées. Son cœur se serra; sa visite fut courte: une sorte d'impatience douloureuse la ramena chez elle pour y presser les préparatifs du voyage.

Mais quelle différence entre la situation d'esprit où elle se trouvait alors et celle qu'elle avait apportée au commencement de l'hiver.

714 Une Affaire Meurtrière

Lorsque, cédant aux instances de Mme de Gernancé, elle s'était décidée à venir le passer à Paris. Heureuse, tranquille, à la fleur de son âge et ne rêvant déjà que projets de plaisir, telle était alors Mme de Roselis, et l'on peut se figurer avec quelle faveur une veuve belle et riche fut accueillie dans le monde où le bonheur est un si grand mérite. La maison de Mme de B... fut une de celles où Elinor fut présentée; M. de Gernancé était très lié avec le mari de cette dame,

715 Une Affaire Meurtrière

Et lorsque les premiers bruits de guerre commencèrent à circuler, Elinor eut la pensée de se servir de cette liaison pour procurer à Léon un poste moins dangereux et plus honorable. Elle supposa auprès de M. de Gernancé que la famille de ce jeune homme le lui avait recommandé et demanda seulement de n'être point nommée dans cette négociation.

Le succès répondit à ses désirs, et le hasard ensuite amena cette rencontre qui changea subitement toute son existence.

716 Une Affaire Meurtrière

Mme de Roselis reprenait donc la route de Touraine, inquiète, pensive, se reprochant une étourderie dont elle n'avait pas senti les conséquences. Sa vive imagination lui retraçait comme certain tout ce qui pouvait arriver de plus affreux et son coeur s'attendrissait aux funestes images qu'elle se plaisait à créer d'avance. Le servant, resté à Paris, devait lui faire passer exactement les nouvelles d'Espagne, auxquelles elle commençait à s'intéresser beaucoup.

En revoyant sa fille, elle sentit qu'elle lui était devenue plus chère.

717 Une Affaire Meurtrière

Une ressemblance qu'elle n'avait point remarquée jusqu'alors la frappa vivement, et de nouveaux baisers, plus tendres encore que les premiers, suivirent cette découverte.

Plus solitaire que jamais, Mme de Roselis passa l'été à suivre avec un intérêt délicieux les progrès de cet enfant chéri: chaque mois amenait une grâce de plus, faisait faire un pas à son intelligence. Elinor était enchantée; mais souvent elle cherchait auprès d'elle quelqu'un qui partageât son enthousiasme maternel.

718 Une Affaire Meurtrière

"Il est triste, pourtant," se disait-elle, "de n'avoir personne avec qui je puisse parler de mon bonheur, qui le sente comme moi... Ah! sans doute," continuait-elle avec un soupir que l'orgueil étouffait aussitôt, "sans doute il n'y aurait qu'un père qui pût prendre autant de plaisir à ces enfantillages... Et qui sait, après cela, si ce despote altier ne me contrarierait pas dans son éducation, si sa dure sévérité... Ah! Léon ne serait pas un despote... Son regard est doux, son sourire est tendre... Il serait un bon père..."

719 Une Affaire Meurtrière

Puis elle pensait qu'il était bien loin, exposé à tous les dangers de la guerre, qu'il voulait mourir, qu'il était mort peut-être...

Et Mme de Roselis écrivait pour avoir des nouvelles d'Espagne, et sa tranquillité, sa fierté ne revenaient qu'en apprenant que M. de Préval était dans telle ville et qu'il se portait bien.

Aux approches de l'hiver, ses amis, qui ne concevaient pas quel attrait la retenait si longtemps dans sa solitude, lui écrivirent pour la presser de venir les rejoindre.

720 Une Affaire Meurtrière

Ne pouvant se résoudre à quitter sa petite Léonie qu'elle aimait chaque jour plus passionnément, n'osant encore faire connaître l'existence de cette enfant à Mme de Gernancé, elle éloigna son départ sous différents prétextes.

Ce ne fut que dans le courant de janvier qu'enfin elle se rendit à Paris. Mais ces plaisirs brillants, ces sociétés charmantes qui l'avaient enchantée l'année précédente étaient maintenant sans attraits à ses yeux;

721   Une Affaire Meurtrière

Ils   lui   parurent   fatigants,   insipides;   elle   rentrait   chez   elle
They her   seemed   tiring   insipid   she   returned with herself
                                                                (to)

excédée,   mécontente,   s'y trouvait   seule,   et   commençait   à
exasperated   dissatisfied   herself there found alone   and   began   to

penser   que   cette   indépendance,   dont   elle   avait   fait   son
think   that   this   independence   of which   she   had   made   her

souverain   bien,   était   souvent   trop   achetée   par   le   vide
sovereign   good   was   often   too   bought   by   the   emptyness
                                             (paid for)

du   coeur   et   par   l'ennui   qui   en   est   inséparable.
of the   heart   and   by   the boredom   which   of it   is   inseparable

Fatiguée   des   hommages   indiscrets   d'une   foule   d'étourdis
Tired   of the   hommages   indiscrete   of a   crowd   of besotted
                                                             (of men in love)

dont   sa   position   encourageait   les   espérances,   elle   se
of which   her   position   encouraged   the   hopes   she   herself
                  (of rich widow)

disait   que   peut-être   eût-il   mieux   valu   s'attacher   à   un
said   that   maybe   it would be   better   value   attach herself   to   a

seul   pour   se   débarrasser   des   autres;
single   for   herself   to get rid   of the   others
(single man)

722 Une Affaire Meurtrière

Que, dans la société, une femme aimable et belle avait
That in the society a woman pleasant and beautiful had

besoin d'un protecteur qui la fit respecter; et, sans
need of a protector who her made respect and without

s'en apercevoir, le souvenir de Léon lui devenait moins
herself of it notice the memory of Léon her became less
(noticing it)

indifférent.
indifferent

Tout à coup le bruit se répandit qu'une affaire très
All at blow the rumour itself spread that a affair very
 (once)

meurtrière venait d'avoir lieu en Espagne.
deadly came of to have place in Spain
 (taken place)

Elinor, pleine d'inquiétude et de tristes pressentiments,
Elinor full of worry and of sad forebodings

courut aussitôt chez Mme de B... La conversation roulait
ran at once with Madam de B The conversation rolled
 (was moving)

déjà sur le sujet qui l'intéressait;
already on the topic who her interested
 (which)

723 Une Affaire Meurtrière

Mais combien elle fut émue lorsque, après avoir cité plusieurs officiers qui avaient péri, Mme de B... lui dit:

"Vous souvient-il, madame, de cet aimable aide de camp du général X... qui nous contait cette histoire si singulière? Eh! il a disparu depuis la bataille: on ne peut le retrouver ni parmi les vivants, ni parmi les morts."

Un cri de surprise fut la seule réponse d'Elinor; heureusement pour elle, il s'engagea une longue discussion sur cet événement.

724 Une Affaire Meurtrière

Après avoir écouté en silence des conjectures toujours plus désespérantes les unes que les autres, Mme de Roselis se retira vivement, et sentit enfin que, malgré ses préventions, un homme avait le pouvoir de troubler son bonheur, et d'influer sur sa vie.

Elle resta près d'un mois encore à Paris, espérant toujours obtenir des nouvelles positives; mais, rien ne venant éclaircir l'obscurité qui couvrait le sort de Léon, elle se décida à retourner en Touraine.

725 Une Affaire Meurtrière

En vain Mme de Gernancé, étonnée de sa tristesse, inquiète de sa santé, craignant que la solitude n'augmentât ces dispositions, voulut s'opposer à son départ; elle partit, mais l'inquiétude et les regrets l'accompagnèrent.

La vue de sa fille ne fit que les augmenter encore:

"Elle n'a plus que moi, disait-elle; celui qui pouvait me remplacer un jour peut-être n'existe plus! ..."

726 Une Affaire Meurtrière

Chaque courrier était attendu avec impatience, mais pendant près de deux mois ils n'apportèrent aucune nouvelle sur le sort de Léon.

727 Une Affaire Meurtrière

VIII - Confidence

Un soir, elle était assise au fond de son parc, s'amusant des jeux de sa petite Léonie, et rêvant à celui dont elle lui rappelait l'image, lorsqu'elle entendit les voix confuses de ses gens qui la cherchaient.

"Madame," disait l'un d'eux, "doit être dans le parc avec sa fille..."

"Sa fille!" reprit avec surprise une voix étrangère qu'Elinor reconnut aussitôt pour être celle de Mme de Gernancé.

730 Confidence

Elle-même parut en même temps, et les deux amies coururent s'embrasser.

"Ma chère Elinor," dit affectueusement cette dernière, "je n'ai pu résister plus longtemps à mon inquiétude; vos lettres devenaient si rares et si courtes, j'y trouvais une teinte de mélancolie si marquée que j'ai voulu juger par moi-même de l'état où vous êtes; je viens pour quelque moment partager et égayer, si je puis, votre solitude."

Tandis que son amie la remerciait tendrement de cette touchante marque d'amitié,

731 Confidence

Mme de Gernancé fixait des regards pleins de surprise et de curiosité sur cette enfant qu'elle voyait traiter par les domestiques comme la fille de la maison et qui, dans son babil enfantin, appelait sans cesse sa mère.

Lorsqu'elles furent rentrées:

"Je vois votre étonnement," dit en souriant Mme de Roselis, "et je devine votre curiosité... Oui, ma chère amie, j'ai pu avoir un secret pour vous, un secret que je n'ai jamais osé vous révéler;"

732 Confidence

"Mais demain, cependant, vous saurez tout, et ce récit
 But tomorrow however you will know everything and this account

vous fera connaître en même temps ce qui cause ma
you will let know at same time that which causes my
              (at the)

tristesse."
sadness

Malgré les fatigues du voyage, Mme de Gernancé dormit
In spite of the exhaustions of the trip Madam de Gernancé slept

à peine, tant elle éprouvait d'impatience de connaître ce
at pain so much she felt of impatience of to know this
[hardly]   (the impatience)

mystère, auquel elle ne pouvait rien comprendre.
mystery to which she not could nothing understand

Levée de bonne heure le lendemain, elle fut la
Raised of good hour the following day she was the
(gotten up) (early)

première à aller trouver Elinor, et toutes deux
first to go find Elinor and all two

se rendirent aussitôt dans le parc pour y causer en
themselves rendered at once in the park for there to talk in
(went)   (to)

liberté.
freedom

733 Confidence

Mme de Roselis marchait en silence auprès de son amie, assez embarrassée de la confidence qu'elle allait lui faire.

Enfin elle commença ainsi, en hésitant un peu:

"Il n'est plus temps, ma chère amie, de cacher à vos yeux un secret que je voulais toujours vous communiquer et dont je ne différais l'aveu que par la certitude où j'étais de n'être point approuvée par vous... Mais enfin, il faut bien vous l'avouer... cette enfant qui excitait hier votre curiosité..."

734 Confidence

"C'est ma fille... J'ai voulu être mère, sans pouvoir consentir à porter une seconde fois ce joug dont j'ai senti le poids affreux...

Mme de Gernancé ne put retenir un cri de surprise; mais, sans lui laisser le temps de parler, Elinor continua le récit du projet imprudent qu'elle avait formé dans la traversée et des moyens dont elle s'était servie pour l'exécuter.

Elle arrivait enfin à la naissance de sa fille, lorsque son amie l'interrompit vivement:

735 Confidence

"Que desseins," s'écria-t-elle; "que de prudence pour faire une folie! Combien vous vous êtes exposée! ... Compromettre ainsi votre réputation, votre existence dans le monde! Et pourquoi tant de sacrifices? Pour un bonheur imparfait qui se cache et n'ose paraître! Voilà donc où vous a conduite l'excès d'une prévention insensée. Séduite par votre imagination, vous avez embrassé avec ardeur une chimère qui vous fait préférer, aux vrais biens de la vie, la triste facilité de satisfaire un caprice! ..."

736 Confidence

"Ah! croyez-moi, rapprochez-vous au plus tôt du père de cette aimable enfant; ne la privez pas plus longtemps de son meilleur ami, de son protecteur naturel; ne vous privez pas vous-même des charmes d'un amour naturel, de la plus douce des intimités..."

"Eh! cela n'est plus en mon pouvoir," s'écria Mme de Roselis; "écoutez au moins comment je suis punie des fautes que vous me reprochez si sévèrement."

Alors elle lui rappela cet aide de camp dont on avait tant parlé chez Mme de B...

737 Confidence

Et qu'on y regrettait encore.

"Quoi! c'était lui!" s'écria Mme de Gernancé. "Qu'avez-vous fait, Elinor? et que je vous plains! Vous le voyez, cette imprudence a détruit la paix de votre coeur, le calme de vos beaux jours, et, par une juste punition, il n'est plus même en votre pouvoir de la réparer. Ainsi, femme sans être épouse, mère sans oser à peine en porter le titre, votre vie se passera à rougir du sentiment le plus naturel, le plus respectable, et vous si belle..."

738 Confidence

"Si brillante, comblée des dons de la nature et de la fortune, vous vous êtes privée du bonheur dont jouit la dernière des femmes, ce bonheur si doux d'avoir son mari et son enfant! Mais ce n'est pas tout encore. Je lis dans votre coeur: en vain votre orgueil voudrait le cacher aux autres et à vous-même... Ce coeur n'est plus à vous: il aime, il s'est donné..."

A ces mots, Mme de Roselis couvrit son visage de ses mains; des larmes s'échappèrent de ses yeux.

739 Confidence

"Chère Elinor," reprit avec bonté Mme de Gernancé en se rapprochant d'elle et la serrant dans ses bras. "Ah! je sens à vos pleurs que je suis trop votre amie pour être votre juge. Cessez de vous abandonner à des regrets qui ne sont peut-être pas sans remède; espérons que Léon vit encore, et que tout pourra se réparer."

A ce mot, les larmes d'Elinor s'arrêtèrent:

"Se réparer!" s'écria-t-elle avec fierté; "non, ma chère, je ne crois pas que je consentisse aussi facilement à ce que vous appelez une réparation."

740 Confidence

"J'ai fait une faute, il est vrai, mais ce n'est pas par faiblesse que je l'ai faite, c'est par ma volonté, c'est après les longues réflexions sur les maux que j'ai soufferts..."

"Je pleure sans doute sur le sort d'un homme intéressant, dont j'ai troublé et peut-être abrégé la vie; je ne serai heureuse qu'en apprenant qu'il existe encore; mais renoncer à mon indépendance, laisser croire par ce retour que j'ai été faible ou que je suis inconséquente, c'est à quoi je ne consentirai jamais."

741 Confidence

Mme de Gernancé vit bien qu'il n'était pas encore temps de heurter de front les préventions et l'orgeuil de son amie; mais depuis ce moment Léon devint le sujet habituel de leurs entretiens, et Elinor, en parlant sans cesse de lui, augmentait, sans s'en apercevoir, le penchant qui était déjà dans son coeur.

De son côté, Mme de Gernancé traçait le tableau séduisant du bonheur dont elle jouissait elle-même et l'assurait qu'il pouvait aussi être le sien.

742 Confidence

Elinor, tantôt attendrie, ébranlée, souriait aux conseils de son amie, et tantôt, revenant à ses chimères de liberté, s'indignait à l'idée de renoncer à ce système, auquel elle avait déjà tant sacrifié. Mais toujours les deux amies étaient d'accord sur les voeux qu'elles formaient pour le retour de Léon.

Elinor et Mme de Gernancé étaient un jour ensemble, s'entretenant de leur sujet favori, lorsqu'on vint leur annoncer que le domestique d'un voyageur qui passait au bout de l'avenue implorait avec instance des secours pour son maître;

743 Confidence

qui malade et souffrant, venait de perdre connaissance dans sa voiture. Mme de Roselis donna aussitôt des ordres pour que tous les soins lui fussent prodigués, et, poussée par un sentiment de compassion, bien naturel à une femme, elle-même, suivie de son amie, se rendit à l'instant près du malade. On l'avait déjà sorti de sa voiture; il était étendu sur le gazon, pâle, immobile, couvert de sang; son domestique, désespéré, criait en pleurant que la blessure venait de se rouvrir et que son maître était perdu.

744 Confidence

Mme de Roselis arrive dans ce moment; mais, à peine
Madam de Roselis arrived in this moment but at pain [just]

a-t-elle jeté les yeux sur ce corps inanimé, qu'elle
has she thrown (set) the eyes on this body inanimated that she

pousse un cri et, cachant sa tête dans le sein de
utters a cry and hiding her head in the breast of

son amie:
her friend

"C'est lui!" dit-elle d'une voix étouffée; "c'est lui qui vient
It is him! said she with a voice choked it is him who comes

mourir à mes yeux!"
to die to my eyes (before)

"Au nom du ciel," reprend tout bas Mme de Gernancé,
At the name of the sky retook (said) all low (soft) Madam de Gernancé

"prenez courage; craignez de vous trahir."
take courage fear of yourself betray

745 Confidence

Ce peu de mots rappelle Elinor à elle-même; elle sent
This little of words recalled Elinor to her self she felt

tout le danger de sa position et, rassemblant ses forces
all the danger of her position and re-assembling her forces
(collecting)

prêtes à l'abandonner, elle fait transporter au château
ready to abandon her she made transport to the castle

l'intéressant blessé encore évanoui.
the interesting wounded (who was) still unconscious
(wounded person)

Le Malade

IX - Le Malade

En rouvrant les yeux, Léon se trouva placé sur un lit auprès duquel un chirurgien, qui venait de bander sa blessure, lui prodiguait tous les soins nécessaires; son domestique, qu'il interrogea, voulut lui dire en peu de mots ce qui était arrivé, mais le chirurgien l'interrompit en recommandant le silence et le repos. Mme de Roselis, qui attendait impatiemment des nouvelles du malade, apprit avec inquiétude que la perte de sang l'avait extrêmement affaibli et que, si la fièvre se déclarait, il était à craindre qu'il ne pût la supporter;

748 Le Malade

Le plus grand calme était ordonné; il fut décidé que les dames n'entreraient pas dans la chambre et se contenteraient de veiller à ce que rien ne lui manquât.

Le lendemain Elinor, ayant sonné avant le jour, fut frappée de terreur en apprenant que la fièvre avait commencé pendant la nuit; bientôt même il s'y joignit du délire. Ce fut alors que, étonnée elle-même de son désespoir, elle sentit à quel point Léon lui était cher, et s'avoua que sans lui elle ne pourrait plus être heureuse;

749 Le Malade

Plus d'orgueil, plus de vaines préventions; une seule pensée, celle du danger où il se trouvait, remplissait son âme. Mme de Gernancé, craignant toujours que son agitation ne la trahît, eut beaucoup de peine à l'empêcher, pendant toute cette journée, d'entrer dans la chambre du malade; mais la nuit suivante, lorsque tout le monde fut retiré, au milieu de ce silence solennel qui rend la douleur plus vive, les craintes plus insupportables, Elinor, seule, sans sommeil, ne pouvant résister à son inquiétude, se lève, sort dans le corridor, et s'arrête à la porte de Léon pour écouter ce qui se passe:

750 Le Malade

Il était encore dans le délire, et les sons entrecoupés
de sa voix oppressée et tremblante arrivaient par
intervalles jusqu'à elle.

Et, n'écoutant que son désespoir, elle ouvre doucement,
elle entre...

La garde s'était endormie.

A la faible clarté de la lampe, elle reconnaît cette
aimable figure, si bien gravée dans sa mémoire; mais
les yeux sont fixes, le visage enflammé;

751 Le Malade

La respiration oppressée soulève péniblement un drap qui semble encore trop pesant. Elinor tombe dans un fauteuil près de la porte et cache dans ses deux mains son visage et ses larmes.

Le bruit léger qu'elle vient de faire réveille Léon d'un assoupissement momentané.

"Est-ce elle?" dit-il. "Viendra-t-elle? ... Je vais mourir... Que je la voie enfin! Dites-lui que je vais mourir..."

752 Le Malade

"Mais où la trouver? ... Je l'ai perdue... perdue à jamais! ..."

Il s'arrête et reprend bientôt:

"Ma fille... qu'on me l'amène... Quand je meurs, peut-on me refuser de voir ma fille? ... Pauvre enfant! Ne cherche pas ton père... Tu n'en as plus... Il n'a pu même te bénir à ses derniers moments..."

A ces mots, Elinor ne put retenir ses sanglots.

753 Le Malade

Léon tressaille, tourne un peu la tête, mais ses yeux,
Léon shook turned a bit the head but his eyes

toujours fixes, ne distinguent rien.
always fixed not distinguished nothing

"Quel est," dit-il, "ce réduit mystérieux? Que vois-je sur
What is said it this retreat mysterious What see I on

ce sopha? ... C'est toi, toi que j'adore... toi que je
this couch It is you you that I adore you that I

cherchais... Tu me souffres à tes pieds... Tu restes
was looking for You me suffer at your feet You stay
 (tolerate)

dans mes bras... Mais ce masque! ... ôtez, ôtez ce
in my arms But this masque lift lift this

masque... Quoi! tu veux fuir encore! ... Non, non, tu ne
masque What you want to flee still No no you not

m'échapperas plus..."
will escape me (any)more

En même temps, il se soulevait avec effort.
at same time he himself lifted up with effort
(at the)

754   Le Malade

"Léon," s'écrie Elinor en courant impétueusement vers le lit, "Léon, arrêtez..."

Il la regarde d'un air surpris, incertain; puis, après un moment de silence:

"Que je suis accablé!" reprend-il d'un ton plus calme; "soulevez ma tête. Ah! si je pouvais dormir!"

Alors la garde, que le cri de Mme de Roselis avait réveillée, s'approche pour le soutenir;

755 Le Malade

Mais il se détourna et, laissant tomber sa tête sur le sein d'Elinor, un sommeil plus tranquille parut enfin s'emparer de ses sens.

Un moment après, Mme de Gernancé entra, inquiète de son amie. Elle s'était levée avant le jour; surprise de ne pas la trouver dans son appartement, elle courut à la chambre du malade et s'arrêta près de la porte, frappée du spectacle qui s'offrit à ses regards. Léon dormait, appuyé sur l'épaule d'Elinor qui, assise sur le bord du lit, immobile, la tête baissée sur celle de son amant, s'efforçait en vain de retenir les larmes qui s'échappaient de ses paupières.

756 Le Malade

Mme de Gernancé s'approcha du lit aussitôt. "Que faites-vous ici, Elinor?" dit-elle à voix basse; "quelle imprudence!"

"Laissez-moi," interrompit son amie; "rien ne pourra m'arracher de ce lit jusqu'à ce que cet infortuné soit mort ou sauvé... Qu'on sache que je l'aime, que je suis à lui; c'est la juste punition de ma faute... Ah! qu'il vive seulement! Qu'importe tout le reste! ..."

La crainte de réveiller le malade leur imposa silence à toutes deux et le sommeil de Léon continua d'être aussi calme que profond.

757 Le Malade

Il avait dormi plusieurs heures lorsque, entr'ouvrant ses paupières et les soulevant avec peine, son premier regard rencontra la tremblante Elinor qui cherchait doucement à le replacer sur l'oreiller. Il referme les yeux, les rouvre aussitôt:

"Où suis-je?" dit-il d'une voix faible.

Et se trouvant presque dans les bras d'une femme dont l'extérieur n'annonçait pas une simple garde, il fait un mouvement pour l'aider à se débarrasser de son fardeau;

758 Le Malade

Ses regards, où ne se peint plus l'égarement, mais qui expriment la surprise et le doute, suivent Elinor jusque derrière le rideau, où elle cherche à se cacher.

"Est-ce un rêve?" reprend-il avec peine. "Ces traits... je les ai vus. Ah! madame, croirai-je..."

"Il me reconnaît!" s'écria-t-elle avec effroi et rougissant à l'excès.

"Une fois, je crois, chez Mme de B..., mais une fois suffit pour s'en souvenir toujours."

759 Le Malade

Et ses grands yeux languissants se fixaient encore sur elle.

"Paix! paix! Ne parlez plus. Le plus strict silence vous est prescrit. Taisez-vous, ne pensez pas; espérez et dormez."

Bientôt le médecin arriva; il annonça que ce long sommeil avait produit les plus heureux effets, que la fièvre était tombée, et que, si l'accès ne revenait pas la nuit suivante, on pouvait regarder le malade comme sauvé.

760 Le Malade

Pendant qu'il parlait, Elinor, respirant à peine, recevait dans son coeur ces paroles consolantes; sa joie, qu'elle ne pouvait contenir, ramenait sur ses joues humides et pâles un aimable coloris.

Lorsque le soir fut venu, rien ne put l'empêcher de s'établir dans un coin de la chambre de Léon, pour attendre le retour de cet accès tant redouté; il ne vint pas, la nuit fut bonne, et le lendemain le médecin déclara qu'il n'y avait plus de danger; mais il crut devoir prévenir Mme de Roselis que la convalescence serait longue;

761 Le Malade

Qu'il	y	aurait	du	danger	à	transporter	le	malade	avant
That it (that)	there	would have (would be)	of the ()	danger	to	move	the	sick person	before

que	la	blessure	fût	bien	fermée.
that	the	wound	was	well	closed

Elinor,	s'efforçant	de	ne	montrer	qu'une	froide	compassion,
Elinor	forcing herself	of	not	to show	than a	cold	compassion

palpitait	de	joie	à	l'idée	de	tout	ce	temps	où,	dans
shook	of	joy	at	the idea	of	all	this	time	where	in

une	douce	intimité	elle	ne	s'occuperait	que	de	Léon	et
a	sweet	intimateness	she	not	would worry	than (only)	of	Léon	and

le	rendrait	enfin	au	bonheur	après	l'avoir	rendu	à	la	vie.
him	would give over	finally	to the	happiness	after	him to have	rendered (given over)	to	the	life

Bientôt	il	put	témoigner	sa	reconnaissance	à	l'aimable
Soon	he	could	witness	his	reconnaissance	to	the amiable

châtelaine	qu'il	croyait	n'avoir	vue	qu'une	fois;
lady of the castle (host)	that he	believed	not to have	seen	than one (except for one)	time

762 Le Malade

mais dont la beauté, l'indulgence, la sensibilité s'étaient
but   of which   the   beauty   the indulgence   the   sensitivity   themselves were (had)

gravées dans sa mémoire.
engraved   in   his   memory

Les deux amies quittaient peu sa chambre; on l'amusait,
The   two   friends   left   a bit (hardly)   his   room   they   him amused

on lui faisait quelque lecture, un peu de musique à
they   him   made   some   lecture (reading)   a   bit   of   music   to

petit bruit; c'était Bayard soigné par les deux soeurs;
small (soft)   noise (sound)   it was   Bayard (famous French knight)   healed   by   the   two   sisters

c'était bien mieux encore. Elinor, attentive, devinait,
it was   well   better   still (even)   Elinor   attentive   guessed

prévenait ses désirs, savait toujours trouver la position la
prevented (fulfilled before being required)   his   desires   knew   always   to find   the   position   the

plus commode, et l'entourait de ces mille petits soins
most   easy   and   him surrounded   of   these   thousand   small   cares

dont on sent le bien-être sans les remarquer.
of which   one (they)   feel   the   well be (being)   without   them   to notice

763 Le Malade

Ce fut alors que Léon leur apprit que, blessé grièvement en Espagne dans une affaire meurtrière, et resté sur le champ de bataille, une femme, touchée de sa jeunesse et de sa position, l'avait soustrait à une mort certaine en le recueillant chez elle, et lui avait prodigué les plus tendres soins.

Il commençait à se remettre lorsque l'arrivée d'une troupe de guérillas le força de quitter précipitamment sa bienfaitrice, pour ne pas tomber dans leurs mains.

764 Le Malade

Arrivé à Bayonne à travers mille dangers, son impatience ne lui permettant pas d'y attendre une entière guérison, la fatigue de la route avait enfin causé l'accident auquel il devait une si généreuse hospitalité.

Tel fut son récit, et Elinor comprit alors la longue incertitude qui avait régné sur son sort.

765 Le Malade

La Passion

X - La Passion

Cependant la pauvre petite Léonie avait seule à se plaindre de l'arrivée de ce nouvel hôte; on l'éloignait avec soin de la chambre où sa gaieté eût été trop bruyante.

Elinor éprouvait une sorte de honte à la montrer à Léon, comme s'il eût pu deviner combien elle devait l'intéresser; mais, habituée à ne pas quitter sa mère, elle la cherchait sans cesse.

768 La Passion

Trouvant un jour la porte du malade entr'ouverte, elle la
Finding one day the door of the sick person half open she it
(patient)

poussa doucement, passa sa jolie tête dans la chambre:
pushed softly passed her pretty head in the room

son regard craintif et curieux à la fois se porte sur
her look apprehensive and curious at the (same) time itself carried on
(set)

cet étranger qu'elle ne connaît point encore. Léon
this stranger that she not knew at all still Léon

l'aperçut le premier; il fit un cri de surprise.
her saw the first he did a cry of surprise
(uttered)

"Quelle est," s'écria-t-il, "cette charmante enfant? ..."
What is exclaimed he this charming child

Elle avait déjà fui, mais sa mère, le coeur palpitant, la
She had already fled but her mother the heart beating hard the

rougeur sur le front, la rappela, la prit dans ses bras
blush on the face her called back her took in her arms

et vint la déposer sur les genoux de Léon.
and came her deposit on the knees of Léon

769 La Passion

Agité de ses souvenirs, de mouvements inconnus, il la regardait avec amour, lui prodiguait mille caresses, demandait d'un ton ému quel était son âge.

Elinor, embarrassée, se croyant déjà devinée, lui donne un an de plus.

"Je l'aurais crue plus jeune," dit Léon en soupirant; et il se mit à rêver.

L'enfant, oubliant ses craintes, ne voulait plus quitter les genoux de son nouvel ami; lui-même ne pouvait se résoudre à l'éloigner.

770 La Passion

"Il faut pourtant que je vous sépare," dit en souriant Elinor; "car l'émotion où je vous vois me fait regretter de l'avoir amenée."

"Ah! madame, si vous saviez tout ce qu'elle me rappelle! ..."

"Mais en vous supposant le héros d'une anecdote intéressante que je n'ai point oubliée, je pourrai aisément deviner..."

"Eh bien, oui, madame, c'est moi qui, trahi, repoussé par celle qui semblait m'avoir choisi;"

771 La Passion

"Fidèle, malgré moi, à son souvenir, regrette une ombre,
poursuis une vaine chimère, moi qui n'ai pu mourir et
qui ne peux plus vivre heureux."

Elinor retenait à peine ses larmes.

"Ainsi donc," dit-elle timidement, "vous l'aimez toujours? ..."

"Je ne sais si je l'aime, si je suis assez faible pour
l'aimer encore; mais ses doux entretiens, les moments
que j'ai passés près d'elle, ses grâces et jusqu'à ses
caprices..."

772 La Passion

"tout est resté gravé dans ma mémoire; elle a flétri mon âme, désenchanté ma vie..."

"Ah!" s'écria Elinor, du ton le plus attendri, "tant de constance mérite bien d'être récompensé... Croyez qu'un jour enfin, touchée, soumise à son tour, elle viendra réparer ses torts et mériter son pardon..."

"Jamais... Depuis trois ans cette femme orgueilleuse, insensible, n'a pas daigné m'adresser un mot de souvenir. Elle est sans doute retournée dans sa patrie, aux Indes, en Amérique, que sais-je?"

773 La Passion

"Elle triomphe à présent et rit de ma crédulité... Ah! je veux l'oublier. Depuis quelque temps je sens que cela me sera possible et peut-être," ajouta-t-il d'un ton plus ému, "n'y parviendrai-je que trop tôt."

"Vous l'oublierez, Léon! ..."

Ces paroles furent dites d'un ton de reproche si tendre que Léon la regarda; il vit ses yeux humides.

"Ah! madame," reprit-il après un moment de silence,

774 La Passion

"que cet intérêt m'est précieux! Que n'avait-elle votre âme, votre touchante sensibilité! ... je serais heureux maintenant... Ma fille, peut-être jolie comme celle-ci, serait, comme elle, sur mes genoux..."

Et, relevant sur Elinor ses yeux encore pleins de langueur:"... Sa mère... près de moi... attendrie aussi..."

"Ces souvenirs, ces émotions ne valent rien du tout," dit Elinor, tremblante, en reprenant sa fille;

775 La Passion

"décidément, je vous sépare."

"Pardon, madame, j'ai rêvé un moment, et pourquoi me réveiller si vite? ..."

Sans oser l'écouter davantage, Elinor s'enfuit avec sa fille et fut tout raconter à Mme de Gernancé. Depuis ce moment, la petite Léonie fut aussi assidue que sa mère auprès du convalescent; il la demandait sans cesse. Il s'y attachait avec passion.

776 La Passion

De son côté, l'enfant l'appelait son ami, lui faisait mille caresses, voulait toujours être entre lui et sa mère; son affection naïve pour tous deux faisait naître sans cesse des scènes embarrassantes, mais délicieuses pour Elinor et dont Léon sortait toujours plus triste et plus rêveur.

Cependant sa santé se rétablissait à vue d'oeil; la blessure allait bien; le temps, si rapide dans les moments heureux d'une naissante intimité, ramenait déjà l'hiver avec le mois de décembre.

777 La Passion

Mme de Gernancé, qui depuis longtemps parlait de son départ, déclara enfin qu'elle ne pouvait plus le différer; et tout à coup Léon, d'une voix altérée par l'effort visible qu'il se faisait, lui demanda la permission de l'accompagner.

Etonnée de cette décision si subite, Mme de Roselis voulut la combattre.

"Ah! madame," s'écria-t-il vivement, "laissez-moi partir; je n'ai déjà goûté que trop longtemps ce bonheur dangereux qui n'est pas fait pour moi;"

778   La Passion

"laissez-moi fuir votre présence, celle de cette enfant, et vos soins enchanteurs, et ces journées si rapides; laissez-moi me replonger dans la solitude qui doit être à jamais mon partage."

"Mais il faudrait au moins savoir du docteur si vous pouvez sans danger..."

"Il est des dangers dont le docteur et tout son art ne pourraient me garantir... Mon sort est de fuir tout ce qui est aimable, tout ce qui peut attacher et plaire..."

779 La Passion

"Je ne saurais trop tôt m'éloigner de ces lieux..."

"Eh bien, ma chère," dit Elinor en se tournant vers son amie, "il faut donc vous confier mon chevalier blessé; mais vous m'en répondez, au moins."

Léon, peut-être un peu surpris de ce qu'on le laissât aller si facilement sortit pour donner les ordres relatifs à son départ. Elinor le suivait des yeux en souriant.

"M'expliquerez-vous," dit Mme de Gernancé qui l'observait avec dépit;

780   La Passion

"m'expliquerez-vous cette nouvelle comédie? Il est clair
explain me   you   this   new   comedy   It is clear

qu'il craint de vous aimer, qu'il vous fuit.
that he fears of you to love that he you flees

Qu'attendez-vous donc pour vous faire connaître, pour
What wait you then for you to make know for
(What are waiting)

terminer enfin une trop longue folie? Vous plaisez-vous
to end finally a too long madness You please yourself

encore à cette nouvelle manière de le tourmenter?"
again at that new manner of him to torment

"Ah! ma chère, qu'il est charmant d'être ainsi rivale de
Ah my dear that it is charming of to be thus rival of
          (how it)   (to be)

soi-même, de lui plaire deux fois sous des formes si
oneself of him to like two times under of the forms so

différentes! il m'est fidèle jusque dans son inconstance;
different he me is faithful up to in his inconsistence

toujours délicat, plein d'honneur;"
always delicate full of honor

781   La Passion

"Il   me   fuit   pour   ne   pas   me   trahir;   il   m'a   aimée;   il
He   me   flees   for   not   not   me   to betray   he   me has   loved   he
                                   ( )
n'aime   que   moi   seule;   que   je   suis   heureuse!"
not loves   than   me   only   that   I   am   happy
                              (how)

"Et   Léon,   le   pauvre   Léon!   quand   voulez-vous   enfin   vous
And   Léon   the   poor   Léon   when   want   you   finally   yourself
occuper   de   son   bonheur?   Déclarez-vous,   Elinor,   et   partons
occupy   of   his   happiness   Declare   yourself   Elinor   and   let's leave
                                         (Reveal)
ensemble   pour   Paris   où   vous   formerez   une   union   qui
together   for   Paris   where   you   will form   a   union   who
                                                                   (which)
n'a   plus   rien,   je   crois,   de   redoutable   pour   vous."
not has   more   nothing   I   believe   of   frightening   for   you

"Non,   mon   plan   est   fait: partez   avec   lui,   je   ne   tarderai
No   my   plan   is   made   leave   with   him   I   not   will be late
                              (made up)
pas   à   vous   suivre."
not   to   you   follow

782 La Passion

"Elinor, Elinor, encore du roman, de l'imagination! ..."

"Mon amie, encore cette seule fois! Ce sera la dernière, je vous le jure."

Léon rentra dans ce moment; il était ému, agité: tout s'apprêtait pour son départ.

Mme de Gernancé, mécontente de son amie, mais forcée de lui céder, fut elle-même ordonner le sien; mais, au moment de se séparer, le courage manqua à tout le monde.

783 La Passion

Elinor, en pleurs, recommandait son malade à Mme de
Elinor in   tears   recommended   her   ill person   to Madam de
                    (entrusted)   (patient)

Gernancé, qui lui promit de le loger chez elle et de
Gernancé   who him promised to him have stay with her and of

lui continuer ses soins. Léon, pâle, sérieux, restait debout
him to continue her cares Léon   pale serious remained upright

près de la voiture, répétant les expressions de sa
near of the carriage repeating the expressions of his

reconnaissance, du ton que l'on donne à une passion
appreciation   of the tone that it one gives to a   passion
                (with the)   (one)

plus vive; il quittait, reprenait l'enfant qui jetait des cris
more lively he stopped took again the child who threw of the cries
                                                (uttered)

en voyant partir son ami.
in seeing leave her friend

Mme de Gernancé s'approche d'Elinor.
Madam de Gernancé approached herself of Elinor
                  (approached)   (Elinor)

"Il est encore temps," lui dit-elle à voix basse.
It is still time   her said she with voice low
(There)   (soft)

784 La Passion

Un moment indécise, Mme de Roselis répond enfin:

"Non, je n'ai qu un moyen de faire cet aveu difficile."

Alors, entraînant Léon, Mme de Gernancé se place avec lui dans la voiture, qui part à l'instant et disparaît.

785 La Passion

786　Nouvelle Rencontre

XI - Nouvelle Rencontre

Rentrée dans sa solitude, Elinor sentit qu'elle lui était devenue insupportable; le bonheur dont elle venait de faire l'essai pouvait seul désormais satisfaire son coeur. Aussi n'eut-elle plus d'autre pensée que celle de rejoindre au plus tôt son amie et celui qu'elle regardait déjà comme son époux.

Huit jours après leur départ, elle descendit secrètement à son hôtel avec sa fille.

788 Nouvelle Rencontre

Mme de Gernancé fut seule instruite de son arrivée.

Après un long entretien dans lequel elle développa la manière toujours un peu romanesque dont elle méditait de se faire connaître à Léon, elle obtint enfin de son amie de l'aider dans ce projet qui l'enchantait, et toutes deux se séparèrent après être bien convenues de ce qu'elles devaient faire.

Les bals de l'Opéra venaient de recommencer, et Mme de Gernancé pria un soir Léon de l'y accompagner;

789 Nouvelle Rencontre

Il refusa d'abord avec une vivacité à laquelle elle ne s'était pas attendue; ce lieu où il avait eu la faiblesse de s'engager dans une aventure qui devait influer sur le reste de sa vie lui était devenu odieux; il s'était promis de n'y rentrer jamais.

Mme de Gernancé insista; elle lui demandait son bras seulement jusqu'à ce qu'elle eût trouvé un étranger qui devait s'y rendre, et qu'elle se promettait d'intriguer. Léon, ne pouvant rien refuser à l'amie de Mme de Roselis, consentit enfin, quoique avec répugnance; ils partirent.

790 Nouvelle Rencontre

En entrant dans la salle, il sentit une vive émotion:
mille souvenirs assiégeaient son esprit.

Mme de Gernancé fit quelques tours avec lui, puis, tout à coup, feignant d'apercevoir ce qu'elle cherchait, elle lui rendit sa liberté en lui disant adieu.

A peine elle quittait son bras, qu'une voix, qui, malgré l'accent du bal, le fit tressaillir, prononça tout près de lui:

791 Nouvelle Rencontre

"Ah! je vous y prends, infidèle; ce n'est plus moi que vous cherchez au bal de l'Opéra? ..."

Il se retourne et trouve à ses côtés... qui? son inconnue elle-même. Le domino blanc, le masque, jusqu'à l'agrafe de diamants qui retenait sa ceinture et qu'il avait remarquée autrefois, tout est pareil.

"C'est elle," s'écria-t-il en saisissant avec vivacité son bras qu'il passa dans le sien.

792   Nouvelle Rencontre

"Quoi! je vous retrouve? ... je vous vois, je vous tiens! Par quel prodige inconcevable?"

"Faut-il tant s'étonner? Tu connais mon talent pour les prodiges."

"En effet, c'est tout ce que j'ai jamais connu de vous."

"Ce n'est rien encore que le passé; tu vas voir bien autre chose: te voilà retombé dans mon pouvoir, tu dois t'attendre aux effets les plus extraordinaires. Ton sort est décidé, tes destinées vont s'accomplir..."

793 Nouvelle Rencontre

A mesure qu'elle parlait, le dépit remplaçait dans le coeur de Léon le premier mouvement de joie que sa présence avait fait naître.

Ce ton léger, impérieux, lorsqu'elle avait à réparer un oubli de trois ans et tant d'autres torts, le blessait vivement; toutes les pensées peu favorables pour elle qu'il avait nourries pendant ce temps renaissaient en foule dans son esprit.

Il s'arrêta.

794 Nouvelle Rencontre

"Eh bien, madame," dit-il froidement; "que voulez-vous de moi? Quelle nouvelle scène préparez-vous? Quels nouveaux moyens de me décevoir encore?"

"Combien un homme peut changer en trois ans! Est-ce là ce Léon, tendre, doux, empressé, qui à cette même place jurait avec ardeur constance et soumission entière? ..."

"Ah! si je suis changé, qui devez-vous en accuser, cruelle?"

795 Nouvelle Rencontre

"N'est-ce pas vous qui repoussiez la constance, vous qui, employant pour me séduire les charmes les plus puissants sur le coeur d'un homme, m'avez trompé, repoussé sans remords et sans pitié? Vous enfin qui, contente de m'avoir fait connaître tous les biens que vous me dérobiez, me livrez depuis trois ans aux regrets et à l'oubli?"

"Léon, vous êtes trop sévère. Me voilà près de vous; je viens réparer mes torts, vous rendre ces biens que vous regrettez."

"Eh! quelle foi puis-je prendre à vos paroles?"

796 Nouvelle Rencontre

"Peut-être, dans un moment, allez-vous disparaître à mes yeux, sans laisser d'autres traces que le mal que vous me faites; peut-être préparez-vous encore quelque ruse..."

Elle l'interrompit et, d'un ton attendri:

"Non, plus de ruses, plus de secrets... Ah! Léon, j'ai souffert aussi... Mais oublions les folies, les tourments qui ne sont plus. Connaissez, recevez enfin votre épouse..."

"Vous n'avez pas voulu l'être..."

797 Nouvelle Rencontre

"Il est vrai, je fus coupable; mais je viens rendre à votre amour..."

"Vous avez dédaigné cet amour pur, durable, que mon coeur pouvait vous offrir. Par quel nouveau caprice venez-vous le réclamer? Êtes-vous sûre de l'y trouver encore? Devais-je nourrir une passion insensée pour un être invisible qui m'abandonnait? Qui vous dit que je sois toujours le même, qu'à mon tour je ne repousserai pas ce lien qui vous était odieux, que je ne chérisse point aussi mon indépendance? Elle ne me coûterait pas si cher qu'à vous..."

798 Nouvelle Rencontre

Ces terribles paroles frappèrent Elinor jusqu'au fond du coeur. La gaieté, les tendres espérances qu'elle avait apportées au bal s'évanouissaient. Humiliée, pénétrée de la justice sévère de ces reproches inattendus, le courage et les forces l'abandonnèrent. Léon sentit qu'elle pouvait à peine se soutenir, et, la conduisant vers une banquette écartée, s'y plaça près d'elle. Des larmes vinrent heureusement soulager l'oppression qu'elle éprouvait.

799 Nouvelle Rencontre

"Ah! pardon," répétait Léon, touché de cette douleur si

Ah pardon repeated Léon touched of this pain so

vraie; "pardon, vous que je ne puis comprendre. Que je

true pardon you that I not can understand What I

m'en veux de cette dureté déplacée! Mais, après tant

myself of it want of this hardness misplaced But after so much

de marques d'indifférence, devais-je m'attendre à vous

of signs of indifference must I myself expect to you

trouver sensible?"

find sensitive

En même temps, il la pressait d'ôter son masque, de

In (the) same time he her pressed of to remove her mask of

lui permettre de la reconduire; un instant elle fut tentée

him to allow of her bring back a moment she was tempted

(lead back to her apartment)

de céder et de lui montrer ses traits qui le

of yield and of him show her traits who him

désarmeraient aussitôt; mais la crainte d'une scène qui

would disarm immediately but the fear of a scene which

pouvait attirer tous les regards sur eux, le désir de

could draw all the looks on them the desire of

faire une nouvelle épreuve la retinrent encore.

to make a new test her kept back still

800 Nouvelle Rencontre

Elle ramena son camail sur ses yeux et, déguisant plus
She brought back her hood over her eyes and disguising more

que jamais sa voix:
than never (ever) her voice

"Non," dit-elle avec tristesse; "me reconduire? l'heure est
No said she with sadness me lead back the hour is

peu convenable, et vous m'avez appris la prudence...
not very suitable and you me have taught the caution

Ôter mon masque? pourquoi vous faire connaître celle
Remove my mask why you make know this

que vous ne pouvez plus aimer? Je vois quelle est la
that you not can (any)more love I see what is the

cause de votre froideur, je sais où s'est passée votre
cause of your coldness I know where itself is past your

convalescence, et quelles mains vous ont soigné."
convalescence and which (whose) hands you have healed

801 Nouvelle Rencontre

"Eh bien, madame," reprit Léon d'un ton sérieux, "vous savez que ma reconnaissance ne saurait être trop tendre, mon admiration trop vive. Oui, je ne m'en défends pas. Pendant trois mois de la plus heureuse intimité, objet des soins d'une femme dont la beauté est le moindre avantage, d'une femme sensible, raisonnable, qui joint la modeste dignité de son sexe à cette touchante bonté qui l'embellit si bien, comment n'aurais-je pas apprécié tant de qualités aimables? Comment n'en conserverais-je pas à jamais le souvenir?"

802 Nouvelle Rencontre

Elinor, comblée de joie en l'écoutant, sentit qu'en restant
Elinor filled of joy while him listening to felt that in remaining

un moment de plus elle se trahirait malgré ses efforts.
a moment of more she herself would betray in spite of her efforts

Se leva donc aussitôt:
Herself rose so immediately
(She rose)

"Soyez heureux," lui dit-elle; "votre bonheur sera le
Be happy (with) her said she your happiness will be the

mien... Je ne vous parle plus de moi... Je n'exige plus
mine I not you speak (any)more of me I not require more

rien, vous êtes libre... Mais peut-être souhaiterez-vous au
nothing you are free But maybe will want you at the

moins de voir votre fille?"
least of see your daughter

"Si je le souhaite! Ah! vous n'en doutez pas."
If I it wish Ah you not of it doubt not
()

803 Nouvelle Rencontre

"Eh bien, venez demain matin déjeuner chez moi, vous la verrez."

Alors elle lui indiqua sa demeure, mais sans donner son nom. "Mes gens seront prévenus," ajouta-t-elle; "ils vous feront entrer."

Elle partit, profondément affectée de ce qui venait de se passer.

"Où en serais-je?" répétait-elle avec effroi; "où en serais-je si le hasard ne m'avait pas offert l'occasion d'obtenir sous une autre forme son estime et son amour?"

XII - Bonheur

Léon, de son côté, passa la nuit dans une extrême agitation.

Il avait donc enfin retrouvé l'objet de tant de soins, de si longs regrets! Il allait le connaître. Il verrait sa fille... sa fille dont si souvent il voulut se former l'image! Sans doute on ne lui refuserait plus d'être époux, d'être père! Ces titres si chers, si désirés, il pourrait les obtenir! ...

806 Bonheur

Et pourtant le souvenir de cette Mme de Roselis venait
And however the memory of this Madam de Roselis came

se placer au milieu de ce tableau, et la comparaison
itself place at the middle of this scene and the comparison
        (in the)

n'était pas en faveur de l'inconnue. Quelle femme à ses
not was not in favor of the unknown woman What woman to his
()

yeux pouvait égaler Elinor?
eyes could equal Elinor

Exact au rendez-vous du lendemain, il s'y rendit
Exactly at the meeting of the following day he himself there gave over
                                                    (turned up)

à l'heure indiquée, et la première personne qui frappa
at the time indicated and the first person who struck
                                                    (came into)

ses regards fut ce servant qui lui rappelait tant de
his looks was this servant who him recalled so many of
    (view)   ()

souvenirs.
memories

Celui-ci le conduisit par de riches appartements jusqu'à
That one this him led by of rich appartements up to
                        ()

une porte qu'il ouvrit en annonçant M. de Préval.
a door that he opened in announcing Mr de Préval

807 Bonheur

Léon s'avance et se trouve dans un boudoir qui lui rappelle à l'instant celui que trois années n'avaient pu effacer de sa mémoire; sur un sopha, une femme dans la même attitude, vêtue de même, complétait l'illusion. Un enfant était sur ses genoux.

A l'approche de Léon, elle se retourne.

"Que vois-je?" s'écrie-t-il. "Elinor! Tant de bonheur serait-il possible! ... Ah! si c'est un jeu cruel, faites-le cesser, ou je meurs à vos yeux."

808   Bonheur

Dans ce moment, la petite Léonie courut se jeter dans ses bras et, lui montrant l'autre moitié de bague suspendue à son cou:

"Mon ami Léon," lui dit-elle avec une grâce enfantine, "veux-tu me raccommoder ma bague?"

Il y jette les yeux, fait un cri et, saisi de surprise, de bonheur, il est obligé de s'asseoir en répétant d'une voix faible:

809 Bonheur

"Elinor... Ma fille..."
 Elinor My daughter

Elinor est déjà près de lui; il passe un bras autour
Elinor is already near of () him he passes an arm around

d'elle, l'autre soutient leur enfant sur ses genoux; ils
of her (her) the other supporting their child on his knees they

se regardent, leurs larmes s'échappent en même temps,
look at eachother their tears escape in (at) (the) same time

se confondent; ils ne trouvent pas d'expressions pour tout
mix themselves they not find (don't) not (any) of expressions (expressions) for all

ce qu'ils éprouvent.
this that they feel

Enfin, Elinor, appuyant doucement sa tête sur l'épaule de
Finally Elinor resting softly her head on the shoulder of

son amant, reprend avec tendresse:
her lover retakes (continues) with tenderness

810   Bonheur

"Oui, voilà ta fille; et ton inconnue, ta maîtresse, ton amie, ta garde attentive, qui sous tant de formes différentes s'occupa toujours de toi, ne veut plus être désormais que sa mère et ton heureuse épouse... Pardonne, Léon, pardonne les épreuves que je t'ai fait subir; pardonne une coupable imprudence dont j'ai souffert aussi; elle fut la première, elle sera la dernière; l'inconnue altière, étourdie, reçut hier au bal une leçon salutaire, que n'oubliera jamais ta compagne."

"Ah! pardonne à ton tour," s'écria Léon.

811 Bonheur

"Mon amie, mon enfant, objets chéris de tant
My friend my child objects loved of so much ()
d'inquiétudes et de regrets, comme mon coeur va réparer
of worries and of regrets as my heart goes to repair
ces trois années dérobées à ma tendresse!"
these three years stolen to my tenderness

Mme de Gernancé arriva dans ce moment, et sa vive
Madam de Gernancé arrived in this moment and her lively
amitié partagea tous les transports de l'heureux couple.
friendship parted all the exultations of the happy couple

Mais, toujours sage et réfléchie:
But always wise and reflected

"Convenez, Elinor," dit-elle à son amie, "que, sans vous
Understand Elinor said she to her friend that without you
écarter de la route tracée par les devoirs et les lois
pushing aside of the road traced by the duties and the laws
de la société, vous seriez arrivée à cet heureux but
of the society you would be arrived to this happy goal
en vous épargnant à tous deux trois ans de chagrins."
in you sparing to all two three years of griefs
    (yourself)   (grief)

812 Bonheur

"N'en parlons plus," reprit Mme de Roselis en l'embrassant; "mes amis, n'en parlons jamais. J'en suis bien convaincue maintenant: ce n'est qu'aux dépens de son bonheur qu'une femme peut essayer de se soustraire aux entraves sévères qui furent imposées à son sexe."

813   Bonheur

The book you're now reading contains the paper or digital paper version of the powerful e-book application from Bermuda Word. Our software integrated e-books allow you to become fluent in French reading, fast and easy! Contact us, and get 25% Discount on the Windows PC software version of this e-book!

The standalone e-reader software contains the e-book text, and integrates **spaced repetition word practice** for **optimal language learning**. Choose your font type or size and read as you would with a regular e-reader. Stay immersed with **immediate mouse-over pop-up translation** and click on difficult words to **add them to your wordlist**. The software knows which words are low frequency and need more practice.

With the Bermuda Word e-book program you **memorize all words** in a fraction of the time just by reading and efficient practice!

LEARN-TO-READ-FOREIGN-LANGUAGES.COM

Copyright © 2006-2015 Bermuda Word

www.ingramcontent.com/pod-product-compliance
Lightning Source LLC
Chambersburg PA
CBHW051122230426
43670CB00007B/642